好玩的物理

张铭伟 著

科学普及出版社

·北 京·

图书在版编目（CIP）数据

好玩的物理 / 张铭伟著 . —北京：科学普及出版社，2021.6（2024.3重印）

ISBN 978–7–110–10206–0

Ⅰ.①好… Ⅱ.①张… Ⅲ.①中学物理课–课外读物 Ⅳ.① G634.73

中国版本图书馆 CIP 数据核字 (2020) 第 211207 号

策划编辑	鞠　强	
责任编辑	鞠　强	
装帧设计	马术明	
内文制作	马术明	
责任校对	吕传新	
责任印制	马宇晨	

出　　版	科学普及出版社
发　　行	中国科学技术出版社有限公司发行部
地　　址	北京市海淀区中关村南大街 16 号
邮　　编	100081
发行电话	010–62173865
传　　真	010–62173081
网　　址	http://www.cspbooks.com.cn

开　　本	710mm×1000mm　1/16
字　　数	325 千字
印　　张	20
版　　次	2021 年 6 月第 1 版
印　　次	2024 年 3 月第 3 次印刷
印　　刷	河北鑫兆源印刷有限公司
书　　号	ISBN 978–7–110–10206–0/G·4292
定　　价	45.00 元

编者的话

物理学是一门以实验为基础的科学。自伽利略奠基以来，物理学家通过实验不断探索未知的领域，发现世界的奥秘，取得了辉煌的成绩，建筑起现代物理学的大厦。数百年来，物理学的发展深刻改变了人类的生活，我们现在使用的手机、乘坐的飞机、加热食物用到的微波炉等等无一不依赖于大量物理学实验的结果，而互联网最初的发端正是为了解决欧洲核子研究中心的实验数据存储和传输问题。

物理实验在物理的学习和研究中占有非常重要的位置。目前，学生们在小学科学课上已经开始接触简单的物理实验内容了，接下来在中学阶段更是要进行系统的物理实验学习。深入、准确地理解这些实验的操作、步骤、方法、目的以及其中蕴含的物理学原理及精神，对于学生学好物理进而爱上物理至关重要。

本书作者张铭伟老师深耕中学物理教学数十年，不仅长期在一线从事教学工作，而且担任过北京市西城区物理教研员，有非常丰富的教学与研究经验，对于物理教学有深刻而独到的见解。他重视在中学物理教学过程中培养学生的观察、实验、联系实际和思维能力，曾经出版过《怎样培养物理观察能力》一书。在教学过程中，他发现学生在学习和掌握物理实验时存在一些困难和误区，因此在教学实践中摸索出一套适合学生的学习方法，本书正是他在培养学生实验能力方面的尝试和探索的成果展示。

在这本书里，张铭伟老师以虚构的"玩家老师"和各有特点的四位同学为主角，设计了一系列操作简单、充满趣味、内涵丰富的物理实验，涉及中学物理中重要的概念与知识，结合师生之间的交流、讨论和分析，向读者展示了一套行之有效的物理学习方法以及物理实验的精髓。

同时，张铭伟老师在工作之余还热心科普工作，他的科普作品曾多次在北京市科普动漫创意大赛、北京科普新媒体创意大赛等科普比赛中获奖。本书就是他将中学物理实验的内容与科普的形式相结合的产物。他亲手绘制了书中的大部分插图，也是本书的一个特色。这些插图也许不如专业插画师的作品那般精美，但是体现了他对这些物理实验的理解，科学地解释了物理实验原理，简洁明了，通俗易懂。

对于正在学习中学物理的同学们，本书中的实验既是对课堂内容的补充，又可以拓宽同学们的知识面，了解物理实验的诸多历史和趣闻，还可以为一些熟悉的物理实验提供不同的探究思路，对于同学们提高物理实验能力大有裨益。对于从事中学物理教学的物理教师，本书作者丰富的教学经验，特别是实验设计和分析能力，是可供借鉴和参考的宝贵教学资源。对于物理爱好者来说，可以以轻松的心态来阅读本书，无论是历史上的著名物理实验还是一些生活中就可以完成的简单实验，背后都蕴藏着值得一探究竟的物理规律。

张铭伟老师倡导"玩中学""学会玩"，学与玩做到相辅相成，他在书中安排的"从玩开始"的系列活动正是这一宗旨的体现。无论是图书的读者，还是他从教数十年培养的学生，都是这种教学方法的受益者。希望读者朋友们从这本《好玩的物理》中收获学习、理解物理的快乐，体会书中蕴含的热爱科学、热爱自然、热爱生活的情怀，永远以一双善于发现的眼睛去观察和探索我们的世界。

本书编者

2021 年 5 月

目 录

上 篇

下　篇

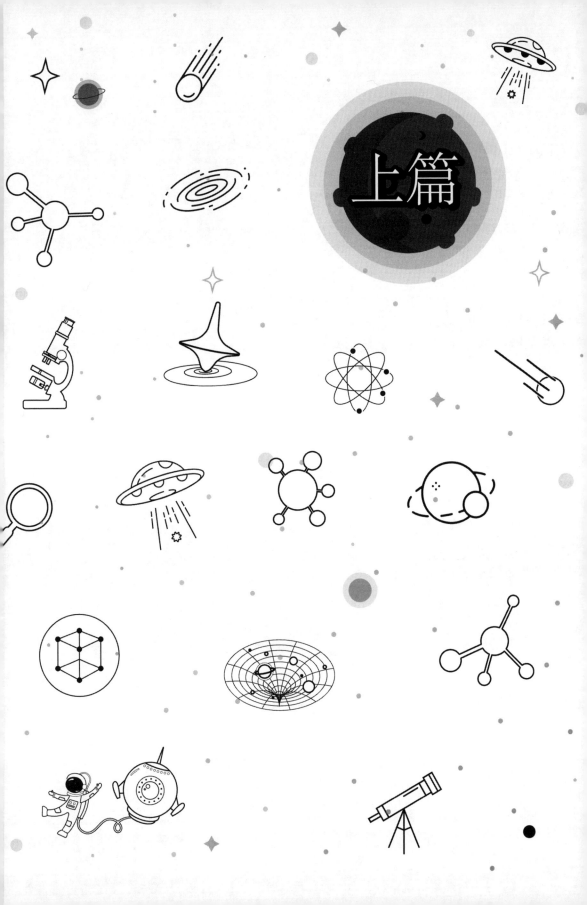

上篇

一

做实验真好玩

"玩家老师"和他的学生

先介绍要出场的几位主人公。

领头人姓王，一位爱玩、会玩的物理老师。他喜欢和同学们一起玩，玩什么都有一套。他常说："不喜欢玩、不会玩，就不会学。"他对自己的要求是："当老师一定要会带同学们玩。"所以，他的物理课，堂堂离不开实验。课外，他建立了"科学实验小组"。他口头语是"来！玩一把实验。"

有的同学有口音，把"Wang"发成"Wan"，他就顺水推舟，给以"名正言顺"的解释：因为自己名字"王元家"的前两个字合起来正好是个"玩"字，自己又嘴不离"玩"，叫成"玩"老师倒是很好玩的。如果把最后的字加上，那么，全名就是"玩家"。有这个"家"、那个"家"，也可以有"玩"的"家"嘛。于是，"玩家老师"就成为科学实验小组里的尊称了。"玩家"者，会玩的"行家"也。

跟着"玩家老师"，科学实验小组里爱玩的同学很多，有四位不能不提，因为他们是"玩家老师"的忠实"粉丝"。他们不仅上课积极跟着老师"玩"，在小组活动中还都是骨干，也是玩的能手。而且，各自有自己的一套玩法，"玩功"了得。

王元家老师（"玩家老师"）　　石童同学（"百事通"）　　向吉同学（"相机"）　　董栋同学（"动手迷"）

现在，介绍一下这几位同学，女生优先。

第一位叫石童，一位求知欲强、见多识广、知识丰富的同学。大家爱叫她"百事通"。她的主张是："什么都好玩！什么都想知道！"

第二位叫向吉，是玩照相、摄像的行家，所以大家干脆叫她"相机"。她的特点是观察敏锐而且细致，善于捕捉精彩的"瞬间"和奇妙的"过程"。她的宣言是："把好玩的都拍下来！"

文浩同学（"小问号"）

接下来是两位男生。

第三位是大个子董栋，人称"动手迷"，是一位非常喜欢动手的同学。他从小就爱做手工、做模型、修理东西，后来又迷上了做实验。他有一句口头语是："做完了再说！"

第四位是小个子文浩，大家叫他"小问号"——顾名思义，他特别爱提问题。他的问题来得飞快，就像玩一样轻松。他的座右铭是："凡事要问为什么！"

小不点精灵（"精点"）

是谁在旁边插话？

噢！还有一位不请自来。这是一位像精灵一样的家伙，爱凑热闹，每次玩都少不了它。按惯例，也给它起个名吧，就叫"小不点精灵"，大名"精点"。它会关注着小组的一切活动。

主人公介绍完毕。当然，小组里还有许多和他们一样的同学。这些人凑在一起玩什么？怎么玩？

来吧！参加科学实验小组的活动，和他们一起玩吧！

②

神秘才好玩

刚开学，师生们在一起闲聊，三句话就进入主题。

"玩家老师"开门见山："要开物理课了，你们了解这门课吗？"

"百事通"石童抢先表达喜悦的心情："听说学物理能解释和日常生活有关的科学问题，长见识，非常实用。"

"动手迷"董栋毫不掩饰自己的兴奋："物理有实验，我最喜欢动手做实验，好玩！"

"小问号"文浩总是以"？"出场："听说实验很神秘，是吗？"

"相机"向吉马上附和："对！有一次我参观科技展览，走进一个光线较暗的展厅。好多人围着一个玻璃球看，被这美丽而又神秘的球吸引住了。从这个球的下面不断发射出好多橙红色、淡紫色的透明光束，那一条条弯曲、灵动、飘逸的彩光，不停地变换着形状，就像一条条'彩蛇'一样扭来扭去，追向球壁四方，形成一个个光斑，让人目不暇接。真是太美了！我马上给拍了下来。当时，我有一种奇妙的感觉，觉得这个玻璃球就像吉卜赛人占卜用的水晶球那样神秘。"

吉卜赛人的水晶球

老师："这叫'辉光球'，和霓虹灯的光一样非常好看。我们看到的光是高电压在稀薄气体中的放电现象。"

向吉接着说："我用手指小心地触到球面，一下子搅乱了里面的'彩蛇'，一条更亮、更粗的光带弯曲着像蛇一样扑向我的手指，在旁边形成一圈光晕。当好多人的手指贴上去，光束就像在水里的一群鳝鱼冲向水面抢鱼食一样，更多的'光蛇'窜向手指，密密麻麻，看得眼花缭乱。一个小小的玻璃球，竟然有如此大的'魔法'。"

受到启发，大家不约而同地晒出自己的"神秘经历"。

文浩接过来说："有一次，我路过实验室，恰好门开着。往里看，高年级正在上课。看见实验桌上放着一截一米多长的三角形角铁，上面还趴着另一小段角铁，小角铁竟然在长角铁上自由地来回滑动。仔细一看不是滑，轻盈的姿态简直就是贴着下面导轨在'飞'。太神奇了，不知道是什么东西？"

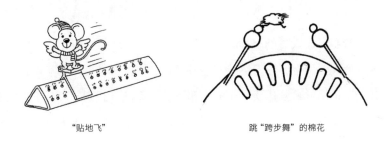

"贴地飞"　　　　　　　　　　跳"跨步舞"的棉花

老师回答："那是滑块在气垫导轨上滑动。这就是气垫船的原理。"

"哦？"文浩好像还觉得不可思议。

石童也有一件印象深刻的事："上小学时，老师给我们做电的实验。他手摇几下起电盘，然后将一小块棉花放到两根放电杆上端的小'葫芦球'之间。奇怪的事发生了，两边的'葫芦球'在'争抢'棉花，好像有无形的'手'在拉扯，一边拉，另一边也不让走，棉花两头都被拉长了。僵持片刻，一边胜利拉了过来。但是，对方不甘心，要往回拉，于是，双方反复争夺，棉花又被拉了回去。就这样来来回回，棉花像在'跳舞'。虽然知道这无形的'手'就是电，不过，这样'拉拉扯扯'，还是觉得挺神奇。"

董栋紧接着说："有一次科技讲座，看老师做实验，一大一小两个注射器（也就是针管）固定在支架上，两边的管口下端由胶皮管连接，针管里有红颜色的水。老师先在大个针管的活塞上面放一个大砝码，向下压大活塞。然后，往小活塞上放个小砝码，也向下压小活塞。两边都压，比比谁能压过谁？我想，那还用问？小砝码一定不是对手。但是，出人意料的事发生了，大活塞一边竟然被小的一边压得一点一点升高，看得我目瞪口呆。大的压不过小的、重的压不过轻的，完全颠倒了！

大的压不过小的

"魔法箱"

难道小的针管有'放大'的'神力'？"

听到"放大"两字，石童突然产生共鸣："有一次早上闹钟响了，为了不影响家人，我顺手把闹钟藏到床头一个空木箱里。万万没有想到，声音不但没有减弱，反而变强了，而且是出乎意料的响，把我自己都吓了一跳。难道这个小木箱有'魔法'，能把声音变大了？"

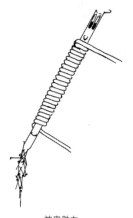

神来助力

"这样的怪事还有。"董栋说："制作电磁铁时，用一根软电线绕在一根大铁钉上，电线两头接到电池两极，铁钉就能吸引不少大头针。为什么要绕在大铁钉上？绕在筷子上行吗？我又试着用铅笔、铜棍和塑料棍绕电线，吸力都很小。唯有大铁钉有'本事'，能'放大'吸引力。"

听大家回忆这些"神秘"经历，"玩家老师"很高兴地说："实验好玩，正是因为有点'神秘'。'神秘'才吸引人，玩实验就是要揭秘。"

3

魔术很时髦

"玩家老师"带大家玩从"变魔术"开始。

这天，阶梯教室布置得像个表演大厅，前面帷幕上挂着可笑的小丑画像和一些动漫画，灯光照射下闪烁着魔幻的彩光。在欢快的音乐声中，"玩家老师"闪亮出场了。只见他一身魔术师的行头，头戴礼帽，身着燕尾服，手中还有一根魔术棒。引来全场一片掌声和喝彩。

老师："今天，我带大家玩，'秀'几个小戏法给大家看看。"

"请看第一个：这里有一根长约60厘米、直径约2厘米的长玻璃管，还有一个较细的试管。"

老师一边讲一边把小试管插进长玻璃管里，然后把长玻璃管竖起来，用手潇洒地接住从长玻璃管里掉下来的小试管。

"你们看，小试管插到长玻璃管里是要掉下来的。"

大家哈哈一笑。

"魔术"表演

"又没有用胶粘住，当然往下掉。"不知是谁冒出一句。

老师做了一个魔术师常用的手势，说："现在，请我的助手董栋同学帮我把玻璃管的下端堵住。我从上端向管里倒水，一直倒满，然后用橡胶塞把上端口塞住。请看，这根玻璃管里是不是有满满一管水？"

大家齐答："是——"

这时，老师举起魔术棒，像煞有介事地对着玻璃管指了一下。他又拿起小试管，让它开口朝下、尾端朝上，在董栋的配合下，小心插进玻璃管的下端口内。管里的水流出一些。这时，他一只手拿着玻璃管，另一只手扶着管下端的小试管头，不动了。老师故意摆个滑稽的姿势让大家看清楚，引起了又一阵笑声。

"请注意！"老师向玻璃管下端的小试管吹了一口"仙气"。

突然，他大叫一声"看！"同时快速把扶着下面小试管的手撒开。

"哎呀！"有人担心地叫起来。

老师笑眯眯地打了个响指，同时说："Music（音乐）！"

在音乐的伴奏下，小试管不但没有掉下来，反而出人意料地徐徐向上升，在全场的注视下，一直升到玻璃管顶端。

表演完毕，老师得意洋洋，问道："好玩吗？"教室爆发出热烈的掌声和欢呼声。

第二个是近景小魔术。

老师拿来一个没有针头的注射器。他用一个小橡皮帽堵住针管口，并用手指压紧。然后，他把注射器拿到大家眼前说："你们仔细看看。"

"针管里面有水。"细致的向吉看见了。

她用手一指，大家看见了，针管内壁上附着一点水。

"看清楚！"老师大声说，然后手拿着针管在空中上下左右晃动一阵，还顺势向上一甩，突然叫道："变！"随后把针管又拿到大家眼前。

奇怪的事情发生了。

眼尖的向吉叫起来："水没有了！"

大家都看见针管里面干干净净，一点水的痕迹都没有。

"接着看。"老师用声音把大家吸引住，继续快速地晃动针管，施着"魔法"，然后突然停下，再次把针管送到大家眼前。

前面几个人几乎同时叫起来："水！"

大家眼睁睁看着水又变回来了，不禁为神奇的变化鼓起掌。

石童激动地说："太神了！就在眼皮底下变没有了，又变回来，不亚于春节晚会的魔术表演！"

董栋看出了点问题："老师，您拿针管晃动，有什么玄机？"

文浩也有疑问："为什么用注射器？"

"问得好。"老师说道，"现在我要揭开谜底了，请大家仔细再看一遍。"

近景魔术——针管里的秘密

老师举着针管让大家看清楚里面，然后用另一只手捏住针管内筒（活塞）的末端，慢慢地向外拉。众目睽睽下，针管里的水一点一点变少，最后消失得一干二净。众人疑惑地看着空空的针管，有的点点头，有的摇摇头。

"仔细盯着，别眨眼！"老师提醒大家。然后，他用手指向里推内筒，大家眼睁睁地看见针管里水又再次出现。

大家没有想到过程是这样简单，不禁报以热烈的掌声。

接下来，老师请同学们上来自己玩。场内顿时活跃起来，大家争先恐后地玩，拿着针管，一会儿拉活塞，一会儿推活塞，一边看，有人嘴上还喊着"变！变！"亲自当了一回魔术师。

文浩问老师："针管里是水吗？"

老师故作泄露天机的样子，神秘地小声说："是乙醚。"

大家还在议论时，老师已经开始表演下一个魔术了。

这回他拿出一个玻璃瓶，又拿出一个熟鸡蛋，当场把蛋壳剥掉，然后把鸡蛋竖着放在玻璃瓶口上。瓶口比鸡蛋略小，鸡蛋被架住了。

老师准备好了，开始表演。他把鸡蛋从瓶口拿下，将一团纸点燃后扔进瓶内，纸团继续燃烧，直到燃尽。说时迟那时快，只见他迅速拿起鸡蛋放在瓶口上，然后松开手。

"快看！"有人惊叫起来。好像有一只看不见的"手"把鸡蛋往瓶子里压；又好像瓶子是一个"妖魔"，在把鸡蛋慢慢地吸进口中。口小蛋大，鸡蛋有的地方都挤破了，蛋黄都露了出来，还是在不停地向下蹭。大家有节奏地鼓掌加油。终于，鸡蛋一下子被"吃"进去，掉到了瓶底。"啊！"同学们发出一阵惊叹，

"妖瓶"吞蛋

"太刺激了！"

场内七嘴八舌议论开了。

老师开始表演第四个魔术，同学们马上安静下来。

首先，他拿上来的是一个木框，上面的横梁中间穿过一个摇把，摇把下端吊着一个倒"U"形的东西，姑且先叫"马蹄铁"吧。它外面被纸包得严严实实，看不出是什么。转动摇把，它能绕竖轴旋转。

然后，他又拿出一个长方形金属框，框架的顶边中点被一个顶针支撑，使框架可以沿纵轴线自由转动。老师把金属框放到木框下方，正好被罩在了"马蹄铁"的下方。

桌上的东西很简单，却让人摸不着头脑。

表演开始。老师比画了几个神秘动作，像是在运气。然后，他假装对金属框发力，好像想让金属框动起来，但是没有效果。他无可奈何地耸耸肩、摊开两手，做了个鬼脸。随后，他从空中抓了一把，往木框上一撒，仿佛要注入些"灵气"。这时，他慢慢转动摇把，使"马蹄铁"转起来，好像要隔空带动金属框。

"怎么可能呢？"下面有人议论。

老师不为所动，很慢很慢地转，好像要把"灵气"注入进去。转啊转，像是用力在克服什么阻碍。啊！奇迹出现了，金属框动了，像是很不情愿地但又慢慢被说服了而转起来，逐渐"心甘情愿"地跟上"马蹄铁"转动的"步伐"。

"哇！""太神了！"大家看傻了，不敢相信这是真的。直到老师停止转动，金属框才跟着停下来。

同学中又响起一阵热烈的掌声，脸上也露出疑惑的表情。

石童试图解密："我猜，那'马蹄铁'有吸引力，可能是磁铁。"

老师说："猜对了。"他把包在"马蹄铁"外面的纸撕开，露出蓝、红两极的颜色，果然是块马蹄形磁铁。

文浩有疑问："这金属框是铁做的？"

向吉摇摇头："不像。"

旁边的董栋拿起一根磁铁去接近金属框，金属框没有反应。"不是铁的。"

"是铝做的。"老师补了一句。

文浩的问题又来了："铝不能被磁铁吸引，为什么会跟着转？"

"是呀！"有人表示赞同。

"难道是空气带动的？"有人半开玩笑问。

"当然不是。"董栋一口否定。

没有答案。大家看向老师。不过，老师正忙着准备下一个魔术的道具。

据说有精彩的"压轴戏"。

老师取出三样东西：第一个是10厘米高、深色的扁圆柱体，第二个是钢铁做的、银白色的小陀螺，第三个是块薄塑料板。让大家看清楚后，老师开始表演。

他先将陀螺放在塑料板上，然后用一股线绳绕在小陀螺上用力一拉，小陀螺快速旋转起来，一会儿就转得很平稳了。这时，他双手将承载着陀螺的塑料板轻轻拿起来，慢慢地移到旁边扁圆柱体的上方，停在几厘米高的地方。他小心地调整塑料板的平衡和位置，生怕破坏了陀螺的稳定转动。

大家屏住气息，不眨眼地紧紧盯着，不知道要发生什么事。

还是向吉的眼睛尖，忽然发觉老师手拿着的塑料板并没有托着陀螺，而是离开一点点，她情不自禁地叫了一声："哎呀！"在大家的注视下，老师把塑料板从陀螺下方小心地抽了出来。展现在大家面前的是：陀螺悬在空中静静旋转。

太震撼了！

老师像魔术师一样，用魔术棒在陀螺上方和下方分别慢慢扫过，以示没有作假。周围安静得连根针掉到地上都能听见。不知道过了多久，陀螺转得慢了，开始轻微晃动，老师及时伸手把它接住。

大家如释重负，发出一片放松的喘气声，忍不住都笑起来。接着又是一阵欢呼和喝彩。

董栋："真是太不可思议了！"

向吉："魔术是假的，这可是真的。"

石童："一个活生生的不明飞行物！"

文浩："底下那个扁圆盒子是什么东西？"

老师没有回答，而是拿出一块用线系好的小磁石，手提着线头将磁石移到扁圆柱体的上方。小磁石出现不稳定的状态，好像被一种力量推来拉去。

"看出来是什么了吗？"老师问。

文浩："原来是块大磁石。"

老师微微一笑："大家一定想知道真相。但是，魔术的魅力就在于不知道谜底，保持它的神秘。我的几个小魔术暂时不揭秘，你们尽可以去猜、去分析。最好是自己也玩，玩多了、学多了，谜底一定会被你们揭开的。"

是不明飞行物吗？

一场精彩的魔术秀在热烈的气氛中结束。毫无疑问，同学们的玩心被撩动了。

二

玩具和游戏

玩玩具

其实，我们人生中最早做的实验不是在课堂上和实验室里。从小时候玩玩具开始，我们就在做实验了。

今天老师要来个"玩具总动员"——通过玩，看看玩具里面有什么奥秘。活动在校园里的空地上进行。中间有一张桌子，大家围在四周。风和日丽，是玩的好时候。

老师事先布置好，把同学们分成几个小组，每组要拿出自己玩过的一两件玩具，并且玩给大家看。

文浩小组自告奋勇先上场。看来男同学很喜欢这种玩具，他们拿出来一堆大大小小、各式各样的陀螺。小的只有指头大，大的足有一尺上下。陀螺是转着玩的，这里面有用手捻动的，有用绳子绕着抽拉的，有用鞭子抽的，有用弹簧启动的，还有电动的。有的涂得五颜六色，吸引眼球；有的边转边"叫"；还有会闪闪发光的，琳琅满目，像摆地摊一样。

陀螺的"拧脾气"

文浩拿起一个圆锥形的木制陀螺，熟练地用一根绳子从它的锥顶盘绕上去，用手拿住陀螺和绳子头，用力抽拉出绳子，陀螺便稳定地在地上转起来。同时，小组的同学分别让好多陀螺都转了起来，看起来好威风。

大家围着看，有的上去玩一把，有的在旁边议论。

向吉仔细观察后说："我发现，陀螺一开始转得不大稳定，一边移动一边晃动，然后稳定在一个点，旋转也稳定了，纹丝不动，像站立在那里；后来，转速变慢，开始打晃，变得不稳；最后，乱晃几下，倒在地上。"

文浩解释说："陀螺旋转起来，可以不倒，旋转的速度越大立得就越稳。"

石童接着说："人也一样。芭蕾舞演员用足尖立地，如果要单足立住，就要不停地转圈。"

他们的话引起一阵笑声。

向吉接着说："花样滑冰运动员转得更快，立得更稳。"

文浩补充说："你们看，旋转的陀螺像不像个'不倒翁'？它不怕碰。"说完，他用手轻轻碰了一下一个正在旋转的陀螺，陀螺便摇晃起来，好像中心轴在画圆圈，一会儿又恢复了原状。

老师解释道："对。旋转的东西能够保持稳定，受到干扰后还能自行恢复，这是一个很重要的发现。你们听说过'陀螺仪'吗？它就是利用这个性质制造的。它是飞机飞行、轮船航海时确定方向的精密仪器。你们玩陀螺就是在做实验，小玩具里有大学问。"

看起来简单的陀螺，却如此奇妙，还有这样大的"本事"，大家开始对这个小小的玩具刮目相看。

下面表演的小组以石童为首，她们一人抖着一个空竹走到场中，动作整齐、熟练。空竹抖得越来越快，一会儿就发出"呼呼"的响声。突然，石童发出一声口令，大家一起将绳子一抖，空竹全都飞向空中，然后又准确地落到各自的绳子上，赢来一片掌声。整个过程一气呵成，看来个个都是玩空竹的高手。

"谁来试试？"石童邀请大家玩。

几个同学上去试了试，开始玩不好，空竹总是掉下来。

石童介绍经验说："关键是开始的几下，要让空竹迅速转起来。所以，手要控制好细细的线绳，空竹离地要稳，加速要快，只要转起来就好控制了。"

在小组同学手把手的帮助下，其他同学渐入佳境。

老师高兴地说："石童说得好，只要转起来就容易了。想想这是为什么呢？"

向吉说："转起来的空竹能够保持稳定的方向。"

石童接过来："这就能在空中保持稳定。你想，靠两股细绳吊着，如果不转起来，空竹就要翻跟头了。"

玩空竹

扁的空竹——悠悠球

"哦，有道理。"文浩明白了，"这利用了陀螺的原理。"

董栋马上作比较："陀螺基本上是原地旋转，好像纹丝不动，它的旋转轴是和地面垂直的。而空竹是在抛上抛下中转动，它旋转的轴是和地面平行的。"

文浩说："还有，陀螺的支持点在地上，空竹的支持点在绳子上。"

大家一下子把玩变成了研讨。

石童小组又展示了她们带来的其他宝贝：有单头的空竹，由于一头重，更难玩；有锅盖、壶盖、茶杯盖……她们又露了两手，赢得满场喝彩。

小组全体站成一排，大家以为要谢幕了，掌声刚起，不料她们每人从衣袋里拿出一个小玩意儿，耍了起来。

"悠悠球！"大家异口同声地叫道。

悠悠球像一个压扁的小空竹，由双手操绳变为一根手指勾住绳，靠细绳的收紧和展开操控旋转的快慢和位置的高低。悠悠球和空竹一样，靠旋转来保持稳定。

不少同学带着自己的悠悠球走进了场地内，各自表演起来，有些高手还比拼一把高难动作。只见同学们大显身手，操控自如，一个个球上下翻飞，场面相当精彩。

下面轮到董栋小组，他们拿出了自己带来的两件东西。

第一件是一根长约10厘米的细竹圆棍，上端连接着一个长条薄竹片——那是"T"形的螺旋桨。只见董栋双手合掌，夹住圆棍，对搓，然后迅速松开手，桨叶便快速旋转飞出，桨叶在空中飞行了一会儿才慢慢落下来，这神奇的小玩意儿被称为"竹蜻蜓"。

第二件大同小异。将一根长约40厘米的细铁丝对折，两股绞成了麻花状，将一段2厘米长的铁皮卷成的细管套入其中。同样用薄铁皮剪成一个双叶片螺旋桨，在中心点穿一小孔，并把叶片掰成一定角度。把套管和叶片先后穿入铁丝，叶片顺着麻花状的铁丝旋转着落到铁丝的下端套管之上。一手拿住"麻花铁丝"下端，另一只手捏住套管向上推，使叶片沿着铁丝向上旋转，越转越快，一下子飞离铁丝，和"竹蜻蜓"一样在空中飞行。这是个"铁蜻蜓"。

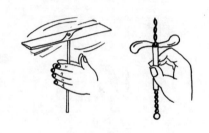

会飞的螺旋桨

小组同学拿出一些"蜻蜓"让大家玩，一时间"蜻蜓"满场飞。下面的人跟着到处追，跟不上的、找不到的、捡错的……乱成一锅粥，不过，大家却玩得挺开心。

董栋他们招呼说要比赛，大家马上各回原位，安静下来。

比赛内容是："蜻蜓"在空中飞行的时间。

比赛分两组进行，"竹"的一组，"铁"的一组，分别用秒表计时。大家很认真，很快就决出了胜负。获胜者谈经验：出手时旋转的速度要快。

文浩问旁边的董栋："你说蜻蜓和陀螺有什么相同点和不同点吗？"

董栋："它们都要转。但陀螺的旋转能使自己站立；'蜻蜓'有螺旋桨，旋转不但能保持方向稳定，还能飞，就像直升机。"

说罢，董栋等人拿出了一个直升机模型。直升机需要用遥控器操控，螺旋桨一转，就离地起飞了，在空中盘旋，忽停忽走，忽上忽下，忽快忽慢，做出各种高难度的精彩动作，引来阵阵惊叹。

大家正在聚精会神地看直升机的时候，空中突然出现了"不明飞行物"——几个奇形怪状的家伙旋转着飞过大家头顶。同学们还没有反应过来，它们已经绕一大圈，又返回后面，被向吉等几个同学稳稳地接住了。大家为他们的精彩表演鼓掌、叫好。有人叫道："回旋镖！"原来，向吉小组的表演开始了。

小组同学让大家观察一下这些造型奇特的东西：几个宽"V"字形的拐把儿，又像叉开的两条腿，另外还有"三条腿"和"四条腿"。

向吉介绍说："这正是澳洲原住民发明的打猎武器——回旋镖。如果扔出去后没有打到猎物，它会旋转着又飞回来。所以，人们也叫它'飞去来器'。现在，它们更多是作为玩具出现。"

这些回旋镖都被打磨成了流线型，边缘光滑，表面的彩绘很漂亮。

玩飞镖

董栋手痒了，说："我扔一下试试，行吗？"

接着，大家一个一个都试扔了几回，但全都不太成功。

向吉等人当起了教练，告诉大家应该拿什么位置、在什么位置出手、怎样用力、沿什么方向扔等，但成功率还是不高。

向吉劝慰大家："多练才能学会。我们还是先来做容易的吧！"

说着，小组同学又打开了一个纸盒，拿出一些硬纸板和剪刀。

向吉继续讲解："我们来亲手做一个回旋镖。这些硬纸板上画有图线，大家照着剪下来。然后，把每个叶片按同一方向掰下一个小角度，像螺旋桨叶片一样。"

各组分别做好了。向吉就给大家示范，把自制的简易回旋镖扔出去。一边玩还要一边调整，才能使它的飞行效果达到最佳。

同学们做得特别起劲儿，很快就陆续在空场上扔起来。虽然调整和试扔都不容易，但是大家兴致不减，通过互相交流进行改进，终于掌握得差不多了。一个个回旋镖被扔出去又自己飞回来，别提多好玩了。

最后，老师让大家分散开自由活动。大家高兴地叫起来，这边在一起玩陀螺、抖空竹、玩悠悠球，那边的转"蜻蜓"，远处的扔"飞去来器"。操场上充满了欢乐的笑声。

② 游戏和运动

又是好天气。今天的活动在操场进行。

一开始，大家分成小组散开，兴致勃勃地玩飞盘。文浩是个高手，别看他个子小，好像没有多大力气，实际上他动作连贯、灵巧，扔出的飞盘飞得又稳又远。他还能玩出几种花样，大家十分佩服，纷纷向他"取经"。

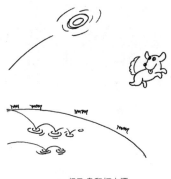

扔飞盘和打水漂

文浩拿着飞盘说道："要想扔得远，一定要用巧劲儿，出手的瞬间既要保持水平又要使它快速旋转，就要用上腕力，要有'甩'的爆发力，动作还不能走形。"

他一边说一边示范，潇洒的姿势真像个教练。

老师也边指导边说："我小时候家附近有些水塘，有时候就和小伙伴玩'打水漂'的游戏。捡来些小的破瓦片，平着扔向水面，瓦片旋转着在水上'飞'，落在水面还能再弹起来。扔出一个超水平的，能在水面上蹦十几下，像'多级跳远'，可高兴了。"

石童马上联想："嫦娥五号探月飞船返回地球好像就用上了'打水漂'的方法。"

老师："对。返回的飞船进入大气层边沿时，如果直插进去，速度很大，会与大气摩擦产生高温，对安全不利。如果运用'打水漂'的办法，进入大气层表面时弹几次再下来，速度会减小很多，然后再进入大气层就安全多了。"

文浩："要是像瓦片那样'打漂'怎么办？"

老师："问得好。如果老'打漂'，有可能出现危险。所以，调整进入的角度很重要。"

想不到"土"玩具还能和高科技有关系。

在操场另一边有田径队的同学在练投掷。老师指着他们问："你们知道吗？运动员投掷的铁饼和标枪也是转着向前飞的。"

董栋回答："我练过投掷。出手时，手指要带一下铁饼的边沿，是转着飞出去的，不然铁饼就会在空中乱摆，甚至翻跟斗，根本投不远。"

文浩不大理解："标枪怎么转？"

老师没有直接回答，而是反问道："你们知道子弹怎么飞吗？"

石童马上应答："是旋转着向前的。"

老师再问："子弹那么小，不旋转不行吗？"

石童又答："容易翻跟头，射不远也打不准。"

"怎么让它旋转？"老师接着问。

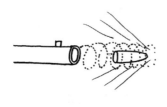

让子弹飞

参加过射击训练的向吉顺口回答："用来复线，就是在枪管内刻出的螺旋线。子弹被击发后在枪管里受螺旋线的引导高速旋转射出枪口。"

"说得不错。"老师表示满意，"标枪也需要旋转，当然，比子弹慢得多。"

董栋补充说："标枪和铁饼都是掷远的项目，但是两个旋转是不同的。"

观察细致的向吉接着说："标枪是长的，本身就是旋转轴。铁饼是扁圆的，是绕过圆心的轴旋转。"

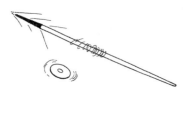

胖瘦"两兄弟"

最后文浩总结道："旋转轴的方向和前进的方向一个是互相垂直的，一个是重合的。飞盘和子弹也是这样。"

大家来到足球门周围，球门前立着一块一米多高、两米多宽的绳网，这是要做什么？

原来是老师让大家练射门，把绳网当成踢定位球前面的"人墙"，在门前的位置踢直线球会射在绳网上，或者射不到门里，只有踢"香蕉球"才能绕过"人墙"，射进球门。

这可难住大家了，结果可想而知，几乎都是"碰一鼻子灰"，弄得大家垂头丧气。

老师请来校足球队的高手，真是不一样，一脚"世界波"，球瞬间绕过绳网，拐回来射进门里。大家看傻了，缓过神来就开始拼命鼓掌叫好："太棒了！"

这弄得足球队的同学不好意思了。他说其实也没什么，就是要让球转，多练就会掌握的。

文浩说："又是转。其实，扔飞盘也能扔出'香蕉盘'。"

说完，他还真拿来飞盘做试验。经过几次练习，他扔的飞盘真的画出了一条弧线，飞进球门。他的表现同样得到一阵掌声。

喜欢打球的董栋说："除了足球，排球的发球也可以用不同的手法加转，发出不同的球，比如前冲、下沉、变线、飘忽不定等。还有，篮球也能转。"停了一下，他拿来一个篮球，用手把球转了起来，然后用食指顶在球的底下，球就在他的手指尖上转，做动作球也不掉下来，俨然像个职业篮球球星。

文浩接着说："乒乓球用旋转就更多了，有上旋、下旋、侧旋，还能把不同的旋转进行组合，最有名的是'弧圈球'。"

说起玩球，这些行家有说不完的话。

老师招呼大家看前面两组同学：一组在玩呼啦圈，另一组在玩滚铁环——都是

"香蕉球"

"弧圈球"

呼啦圈

圆圈，又都在转，可是转法完全不一样。

呼啦圈围着他们的腰转，不会掉下来。有几个没有玩过的同学想试试，套上转了一两圈就掉了下来。

石童充当起了教练的角色，边示范边说："其实，不掉圈的秘诀在于转，转的动力在人的腰，所以，腰发力要正好在和圈接触那部分，转腰和转圈要配合好，就是要'合拍'。"

说了那么多，要学会还得靠练，反复练。之前不会玩的同学，通过练习有了明显的进步。

滚铁环是一项古老的运动，有些同学没有玩过，有的甚至没有见过。

向吉用铁钩滚起一个铁环，铁钩推着铁环向前，很轻松的样子。

有的同学也想试试，结果一推就倒了，好一点的也没走两步就歪七扭八倒下来。

向吉边说边示范："铁环竖直放在地上，不要歪，左手扶着环的上沿轻轻地向前滚，不要滚歪；同时，右手拿的铁钩要跟上，对准铁环边轻轻向前推。边推边掌控速度和平衡，走起来就 OK 了。"

这么一说，大家还真领悟了要领，一个个慢慢推起来了，虽然有人还推得歪歪扭扭、小心翼翼。

向吉在旁边叫："走快点，滚得快就不倒了。"

果然，大家胆子大了，铁环滚得快了，操作也轻松了许多。

向吉和小教练们分别拿起大小不同的铁环，最小的只有盘子大，最大的足有一人高。

滚铁环

那边玩呼啦圈的小教练们，把套着的"圈"拿下来，竖立在地上，然后用力推、摩擦"圈"的边，"圈"就变成"环"了，也能向前滚。

好多人一看还能这么玩，就又把自己的"圈"变成"环"滚起来。

在操场跑道上排队滚起了大大小小不同的"环"，场面非常热闹，围观的同学也不少。

同学们玩尽兴了，老师带大家走到运动场边上的器械架旁。

荡呀荡秋千

这里的秋千大家经常玩，有人上去几下就可以荡起来，胆子大的能荡得很高。

老师开始提问："我们靠什么使秋千动起来而且能越摆越高？"

石童："小时候，是大人在后面推。"

向吉："在秋千摆到最大的位置时推它。"

董栋："在摆到头即将返回的那一瞬间推。"

文浩："哪来这么多讲究？我想怎样推就怎样推，难道不行吗？"

大家围着秋千你一言我一语地争论起来，一面说一面拉起秋千试验。

老师微笑着，拿出一段线绳，从地上拣起一个小石块，用线的一头绑住，线的另一头绕在树枝上，然后把大家叫过来。

大家看着摆动的小石头，按自己的想法去推，试了几个回合，意见差不多一致了。

董栋总结说："各有各的推法没有错，但是，在最高点，就是转变方向那一瞬间，给它加一个顺方向的力最有效。"

石童补充："小石块是来回摆动的，一个来回只要有节奏地推一下就有效果。"

老师笑了："说得对。秋千的摆动是一种重复的运动，有一定的节奏，也就是有一定的'拍子'。要让它摆起来，就要按'拍子'用力，就是要'合拍'。"

文浩："没有人推，靠自己用力蹬为什么也能把秋千荡高呀？"

董栋："靠自己一蹲一起就荡高了。"

向吉："这一蹲一起不是随意的，也是有一定节奏的，要和秋千的摆动合上拍。"

想不到经常玩的秋千背后还有这么多道理。

同学们最后开始了拔河比赛。老师把大家分成两组，没有多久胜负就见分晓了。输的一方有人说，对方个子高的多，有的说，对方胖子多，体重大，我们拉不动，分组不合理。另一方扬扬得意，说自己就是力气大，有劲儿，不服气再比一次。

这时，老师做了个奇怪的安排，把比赛场地换到另一个地方，一边是土地，另一边是水磨石地面。

比赛重新开始。

"不公平"的比赛

开始，原来胜出的一方信心满满，一起用力，绳子真的又被拉动了。可是，他们脚踩着光滑的地面，突然觉得脚蹬不住，甚至不由自主地被往回拉，一面蹬一边打滑，一下子就让对方轻松地拉过去。对方赢了。

"1：1，打平了！"有人大声叫。

这回是力气大的这方不服气："这不公平，地面不一样，脚底直打滑，怎么比？"

对方反问："你们不是力气大吗？手的力气大和脚有什么关系？"

文浩说出了问题："那么，到底什么是决定拔河胜负的因素呢？"

老师没有直接回答，反而说："平局很好。等弄清楚原因后，再接着比决胜局。"

同学们都有点累了，老师招呼大家围拢过来问："今天的活动就到这里，大家觉得好玩吗？"

同学们七嘴八舌讨论起来。有的说好玩，有的说还可以，有人问，不是科学实验小组吗，怎么玩起运动了？

老师回答："今天大家玩了球类和器械等。还有其他运动，比如体操、游泳、跳水、滑冰、滑雪等，里面都有科学道理。只有弄明白这些道理，而且在练习中加以运用，才能玩得好。今天我们就是在亲身体验'玩'实验。"

③

游乐场探秘

这次活动前，老师安排了课外作业，要求同学们去游乐场玩一次。游乐场是大家最喜欢去的地方，同学们自然都高兴地完成了作业。今天的活动就要说说在游乐场玩的情况。

首推的热门项目是过山车。说起过山车，大家话就多了。

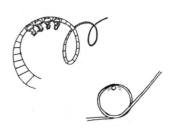

刺激的过山车　　钢球也会玩

石童："我第一次上去的时候紧张极了，手心都是汗。随着速度加快，爬坡上升、冲刺、左右翻转，我的心跳也在加快；冲上圆环的顶端时，生怕头向下掉下来；再从顶点冲下来时，心都凉了；最后下来，脸发白，脚发软，一直心有余悸。"

向吉："我也是。虽然有安全带、保护架，两手还是像抓住救命稻草一样紧紧握住扶手。惊险时刻，不由自主地大声喊，眼睛一闭，都不敢看了。"

董栋："过山车真的很好玩、很刺激，亲身体验过才有体会。"

文浩："这和做实验有关系吗？"

"当然。"老师边说边从仪器柜里拿出一段过山车轨道模型。模型由两根相距1厘米的平行铁条制成，前一段是直的斜坡，接着一段是一个圆周，后一段水平延伸出来，好像一个放倒的"6"。

老师手捧一个直径1.5厘米的钢球说："这个球相当于你们坐的过山车，把它放在轨道上就可以沿轨道滚动，用它来模仿坐过山车的过程。"

说罢，老师把钢球放到了轨道最高点，松开手。小球沿轨道滚下，速度越来快，说时迟那时快，球瞬间冲过最低点，顺势绕圆周轨道一圈，到达终点停住。

同学们一下子被吸引住了，有人说还没看清楚呢，要求再来一次。

老师让他们自己动手，同学们试了几次，都说好玩。

老师问："你们在过山车圆圈的顶端，就是头朝下时，有要向下掉的感觉吗？"

大家想了一下，都摇摇头，因为那时脑子里一片空白。

石童："有安全带，掉不下来。"

董栋："到那里一下子就冲过去了，来不及掉下来。"

老师将球放在了斜轨道的中间，问："从这里滚下去会怎样？"说完就放开手，只见球冲到最高点前就没了"力气"，掉了下来。

向吉："我知道了，关键是速度。钢球的起点降低，滚落的速度小，就可能冲不上顶点。"

董栋拿起钢球，放在轨道的不同高度，让球往下滚，试了几次，出现了不同的结果。钢球就是能冲过顶点，也有可能往下掉。要想让钢球完全贴着轨道滚下来，它下落的起点，一定要超过一个起码的高度。

老师对董栋的操作给予肯定："这个实验告诉我们，要使钢球滚完全部轨道，必须有足够大的速度，因此，就要保证起码的下落高度。"

文浩："那过山车一定要保证高速行驶，不然就会有危险，对不对？"

石童："过山车是由机器带动的，行驶速度是设计好的，不会在顶端减速的。"

文浩："万一在顶端停电怎么办？"

向吉："我想，只能靠安全带、保护架了。"

文浩："人在头朝下时会有什么感觉？"

董栋："依照刚才的实验来看，速度快，钢球稳稳地靠在轨道上。人应该还是坐在座椅上。老师，您说呢？"

老师："是的，身体向上贴紧座椅。"

文浩："'贴紧'是什么意思？"

董栋："就是'坐'在椅子上吧。"

第二个项目是"飞车走壁"，由向吉同学介绍。屏幕上出现了她专门拍摄的视频画面。

一个特大的、像酒桶那样的大木桶竖立在地上。桶下端接地处开了一个门，像个老鼠洞。进到里面，四周是近于垂直的桶壁，上端围着一圈观众席，下端桶壁向里收，和地面形成斜坡相接。

演员从门洞里进来，骑着自行车，先在平地上转圈，加速后，顺着斜坡就上了桶壁，身体也向地面倾斜；演员加快速度，车上到桶的中部时，人车和桶壁垂直、和地面平行。他们在桶壁上一圈接一圈快速行驶，看得观众的眼睛都转不过来了。

自行车下去，接着上来的是摩托车。驾驶员一启动就加大油门，车像箭一样冲上桶壁。摩托车同样垂直于桶壁，伴着巨大的轰鸣声高速行驶，时而冲下去，时而钻上来。车上的灯光像流星，画出美丽的弧线，令人目不暇接、眼花缭乱。

最精彩的莫过于摩托车和自行车同台竞技，一大一小、一上一下、一快一慢，一会儿齐头并进，一会儿争先追逐，一会儿又交叉换位。观众都看傻了，胆小的干脆闭上眼睛不敢看。

"飞车走壁"

听完介绍，董栋问："老师，这也可以'玩一把'吗？"

"可以。"老师说着拿出一个仪器。这是个转盘，构造很简单：一个大轮由皮带连着一个小轮，转动大轮就可以带动小轮转动，大轮转一圈，小轮要转好多圈。老师又拿出一个半球形塑料筐，把它固定在小轮的轴上。筐里放进两个乒乓球，转动转盘，乒乓球从

乒乓球也会飞檐走壁

筐底滚到筐边上，随着转速加快，它们沿着筐壁自己"爬"了上去，稳稳贴在内壁上，直到停止转动后才落下来。

文浩看出点问题："这个实验是'墙壁'动，乒乓球跟着动，好像贴在墙上。'飞车走壁'是'墙壁'不动车动，两种情况相同吗？"

老师解释说："乒乓球和飞车，都要达到一定的转圈速度，才能贴在侧壁上不掉下来。"

董栋接着说："你看过场地自行车比赛吧，那赛道是圆盘形的。快速行驶时，人和车要向内侧地面倾斜。还有摩托车赛车转弯时，倾斜得都快要碰到地面了。短道

"大盘子"里赛自行车   弯道速滑要倾斜

速滑运动员在滑弯道时也是这样。可以推想，飞车走壁就是把盘形的场地改成碗形的，倾斜就变成平行地面了。"

"董栋对运动很内行啊！"老师夸奖道，接着说，"我们还可以用转盘做别的实验。"边说边把塑料筐取下来，把另一件挂满了小球的物品安在转盘上。这个仪器看起来有点怪：一根直立的铁棍，顶端连着一个水平的圆盘，圆盘的边缘有一圈细绳，绳的下端分别系着一个小球。转盘不动时，这些小球静止不动，垂吊着围成一圈。慢慢转动转盘，小球同时向外、向斜上方飞起，好像有看不见的力在拉。随着转速加快，小球们飞起得越来越高，几乎同圆盘水平。等一减速，球就都回落下来。

"这不是'旋转飞椅'吗？"石童马上联想到游乐场。

"人坐在面向外的椅子上，一边转一边向外、向上方升高，身体斜躺着，挺舒服。"向吉补充道。

飘起来的椅子

"椅子有绳子拉着，人没有东西拉着，会不会甩出去？"文浩问。

"我们再来看另一个实验。"老师说罢卸下小球，把一个大的平盘安在转盘上。在盘上面放上一些小木球、小木块。然后，转动圆盘。速度加快，盘上的东西待不住了，木球先向外滚动；再加快，连木块也向圆盘的边缘滑去，陆续都被甩了出去。

"看出些奥秘了吧？"老师问。

文浩："没有线拉着，没有墙壁挡着，都会被甩出去。"

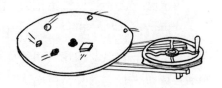

大转盘上比"定力"

石童："凡是转圈的东西都会向外甩。"

"再来看这个。"老师又替换上一个球形的怪东西。说是球形，其实是两个圆圈交叉拼成的。圆圈由薄钢条弯成，全都穿在竖直的一根轴上，互相垂直，组成一个圆球形的框架。球有弹性，从上向下压，球会变形。把轴固定在转盘上，就可以做实验了。

"这个东西是做什么的？"大家正在疑惑时，老师突然问："地球是什么形状的？"众人更摸不着头脑了。

"圆的。"不知是谁小声说。大家心里想这还用问吗？

"是个球。"老师纠正道，接着再问，"是个正圆的球吗？"

石童好像知道了什么，答道："是个椭圆球。"

"是什么样的椭圆？"老师接着问。

这时，同学们好像都明白了。但是，答案是对立的。

文浩说："是梨形的。纵向长，横向短。"

向吉不同意："横向长，纵向短。像个苹果。"

董栋猜到了老师的用意："是苹果是梨，让老师做了再说。"

老师笑着摇起转盘，球体跟着轴转起来。越转越快，整个球变扁了，就像有人用手压那样。停止旋转后，又恢复了原状。

看到结果，大家觉得好玩又很新奇。董栋上去亲自动手摇，又用手压了压球。

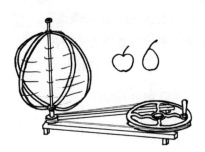

是"梨"还是"苹果"

"我说对了。应该是个'苹果'，沿赤道方向长，沿南北极方向短。"

文浩："是压的吗？"

董栋用两手分别向外拉铁条的中点，球被拉扁，接着说："向外拉也能扁。"

"是谁在拉？谁又能拉？"文浩犟上了。

石童说:"是不是像转盘上被'甩'的效果?"

"以后有机会再说。"老师止住了争论,他总结道,"从模仿'过山车'和'飞车走壁'开始,我们做了几个实验,都和'转圈'有关。在游乐场里,好多游乐项目就是'转'。我们的地球在转,月球在转,太阳系里的行星在转,银河系也在转。'转'的学问可大了,当然也好玩。"

第三个项目是"火箭蹦极"。

说起"火箭蹦极",董栋就兴奋不已。他记得坐在座椅上,像打弹弓一样被弹射上去的一瞬间,到最高点后又像掉进深渊一样下坠。整个过程,心好像忽然被压住,忽然又悬空,感觉真刺激,妙极了。

它的构造很简单:两根高高的立柱,顶端固定了两根高弹力的橡皮绳,绳子另一头分别绑在座椅上,就像小时候玩的弹弓。不过,这里可不能将人朝天射出去,人和座椅要固定在一起。发射时像火箭升空,下落时像玩蹦极,合起来就是"火箭蹦极"。

像打弹弓的"火箭蹦极"

文浩感受最深的是在座椅上,他说:"弹出时,人紧紧贴着座椅;下落时,又好像没有座椅。"

向吉说:"那是像火箭上升时的超重和下落时的失重。对吗,老师?"

老师:"是的。"

石童:"据报道,现在可以让飞机飞到高空,然后垂直向下飞,让机舱里的人飘在舱内,体验失重的感觉。"

老师:"'火箭蹦极'一上一下,由橡皮绳拉着振动,这使我想起小时候,女同学最喜欢玩的跳皮筋。"

说罢,他便取出一条长橡皮筋(松紧带),让两人把它水平拉开,在老师的指点下,大家试着跳起来。大家玩得正高兴时,老师突然提议用这根橡皮筋做个实验。大家觉得奇怪,这能做什么实验呢?老师已经把秒表和皮尺拿出来,简单介绍了使用方法就开始做了。

飞船上升、下落时称体重

两人把橡皮筋拉平,另一人拉着橡皮筋中点,拉起一定的高度，松开手，橡皮筋开始上下振动。一人数振动的次数，一人用秒表记时间，算出上下振动一次所需要的时间。再换不同长度的皮筋重复做。

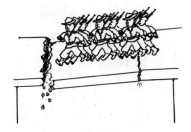

跳皮筋有技巧

然后，拉橡皮筋的人向后退，使橡皮筋拉长、绷紧，再进行同样的测量。

老师："做完了，有什么发现？"

向吉："橡皮筋越长，振动得越慢。"

石童："拉得越紧，振动得越快。"

向吉："所以，在跳皮筋时，希望它长一点、松一点，振动得慢一点。这样，在最低点停的时间长一点，我们抬脚容易够得着，才好跳。"

董栋："'火箭蹦极'的橡皮绳也不能太短，不然，上下振得太快了，乘客会受不了。"

向吉："上次在操场玩秋千时老师说过，秋千是有自己摆动的节奏的，就是有'拍子'。"

老师："对，皮筋和秋千很像，要想使它们的振动或摆动变大，用力就要符合这个节奏，'合拍'了，力的效果就大。"

石童："我想起一本书上讲的故事。有一队士兵过桥，指挥官为了展示精神风貌，喊口令让士兵踏着整齐的步伐过桥。结果，桥塌了。原因并不是士兵们太重了，而是他们的步伐太整齐。"

文浩："桥也能振动？"

老师："能，而且有自己一定的'拍子'。"

神气的悲剧

石童："一定是士兵们步伐的节奏，恰好和桥自己振动的节奏合上拍了。"

老师："游乐场里有好多游乐项目值得我们去玩，思考其中的原理，可以说玩的过程也是在做实验。科学家认为玩游戏是人类生活中的重要活动，许多科学道理就渗透在游戏之中。"

"玩家老师"说"好玩"

科学实验小组活动了几次，就把大家吸引住了，大家都说好玩！今天，"玩家老师"要为同学们说说"好玩"。

老师："同学们说玩具好玩，游戏和运动好玩，游乐场也好玩，做实验好玩。为什么说好玩呢？"

他一下子就把大家问住了。

有的说："实验像变魔术，吸引眼球。"

有的说："玩具要动手，满足我的好奇心。"

有的说："体育有技巧，练好了特别酷。"

还有的说："游乐场惊险刺激，让我尝试冒险，特别爽。"

也有不同声音："有好多都不懂，费脑子，没什么好玩。"

老师："科学实验小组的目的是带大家'玩实验'，首先要使大家觉得'好玩'，然后才会'喜欢玩'，进而才能'玩得好'。用正式点的词语说，就是要'有兴趣'，大家从小就要有'爱玩'的兴趣。不少科学家在小时候就对某些事情着迷，你们知道他们的故事吗？"

熟悉科学家故事的同学马上回答。

石童："我知道爱因斯坦小时候的故事。在他四五岁的时候，爸爸送给他一个指南针。他的小手拿着，看那轻轻抖动的指针指向一个方向。他试着转转手，又转动身子，指针都不会改变指向。太奇怪了！他想，是不是有什么东西在拉着指针？但是左看右看、上看下看，什么也没有找到。小指南针引发了他的好奇心。"

董栋："牛顿小时候喜欢手工，自己攒钱买来木工工具，做一些自己喜欢的东西。他很认真地做了一架水车模型，做得很精巧，像真的一样，还能在水流的驱动下运转。后来，他又对磨房的大风车发生了兴趣，长时间待在旁边，观察风车的转动和里面传动机构的运转。他决定要自己做一个，后来真的用了好几天的时间做成了一架风车；又在人们的帮助下把风车安放到了房顶上。风车转得很好，受到了大家的称赞。"

爱不释手的指南针

文浩："伽利略小时候爱好广泛，喜欢画画、弹琴、做玩具，心灵手巧。他小小年纪就对好多事感兴趣，一会儿就冒出一个问题，比如烟雾为什么会上升？水为什么会起波浪？教堂为什么顶上尖下面宽？等等。"

精致的风车

老师："说得很好。小时候引起自己兴趣的事情，往往会留下深刻的印象，终生不忘。爱因斯坦在好多年以后，还能满怀激情回忆起当年自己对指南针的痴迷。他有一句名言：'兴趣是最好的老师。'今天，我们通过'玩实验'，来请出'最好的老师'。"

怎样"请"？大家还没明白，老师已经开始玩了。

他拿出几个气球和一些纸杯、塑料杯，然后说："我用吹气球的办法能把杯子吸起来，你们信不信？"

看大家一脸疑惑，老师开始吹气球。吹大一点以后，将两个杯子的杯口分别贴在气球的表面上，继续吹。果然，杯子都被气球吸住不掉下来。然后，又拿起一个杯子将杯口贴在气球表面上，再继续把气球吹大，松开手，杯子又被吸住了。这样，老师一连吸了五个杯子。气球吹大了，表面上贴着杯子，把人脸全遮住了，样子有些滑稽。同学们哈哈大笑，鼓掌叫好。

"想不想试试？"老师说完，就开始安排比赛：在规定时间内，看谁吹的气球"吸"住的杯子多。大家争先恐后开始吹起来：比赛的场面很有趣，有人吹半天就是吸不住；有人吸住了，一不小心又掉下来。后来，同学们慢慢才找到窍门，要吹气和放杯配合好；要保持住气息，千万不要让气球缩小，也不要让气球乱摆动。

最后，每个人都吹出了贴满杯子的气球。由于嘴被"占住"，个个都在努力憋气，生怕一松劲儿，杯子会掉下来，所以教室里很安静，大家只能用手比画着交流。有些同学用手轻轻碰一下杯子，看看会不会掉下来；有的还彼此"碰杯"，看谁能把对方的杯子碰掉；还有的大摇大摆，故意逗大家笑。不过，好景不长，有人终于憋不住了，一松气，杯子掉了。这一下子"传染"开来，杯子噼里啪啦地往下掉，场面大乱。嘴被"解放"了，大家都哈哈大笑起来。

老师拿出一个大瓶子，准备做下一个实验。这个大口瓶装有大半瓶水，一个细长的小瓶，倒立插在水面，大瓶口上蒙着一块气球胶皮并用橡皮筋箍住。

怎么玩？很简单，老师把手放在瓶口的胶皮上，用力压，说声："下去！"胶皮凹下去，没有碰到小瓶，小瓶却乖乖地下沉到水底。然后，老师松开手，说："上来！"听话的小瓶又自动上浮。一会儿沉下去，一会儿浮上来，老师给它起名叫"浮沉子"。

"好玩吧？"老师说："每人自己做一个吧！"

杯子贴在气球上

能浮能沉，叫"浮沉子"

"浮沉子"看着简单，做起来却不容易。虽然有样子可以照着做，但是，大瓶放多少水、小瓶怎样才能倒立在水面、用橡皮筋绑胶皮膜的松紧等问题都要试验。

同学们经过反复尝试，总算做出了成果。可结果却大不一样：有的小瓶浮沉很自如，有的却反应"迟钝"，有个很不"听话"，压了半天，毫无反应，急得制作者抓耳挠腮，恨不得手伸到瓶内直接去压小瓶子。

老师没有解释，紧接着又开始了下一个实验。

老师回忆说："我上中学时，常常有大型的科普讲座，请科学家来讲。有一次，一位著名的科学家讲，题目叫作'我在你们眼中是倒立的'。一上来，他就分发给每人一个大头针、一张不大的纸；然后，教大家用大头针在小纸片中间扎一个孔，把纸片举到自己一只眼的正前方约10厘米处；另一只手捏大头针的下端，举到眼睛和纸片中间，使眼睛、针帽和小孔三者在一条直线上。他让大家前后移动大头针，眼睛注意看，能看见什么？"

老师照着当年的办法，把大头针和纸片发给大家，让同学们自己做。扎孔很简单，等拿起来看时就出问题了。不是三点连一线对不齐，就是大头针前后的位置放不对。大家大眼瞪小眼（孔），不得要领；因为不知道能看见什么，所以看半天也看不出什么名堂，只能干着急。在老师一点一点的指导下，过了一会儿，还是善于观察的向吉首先打破僵局。"看见了，看见了！"她大声喊。大家纷纷过来取经，随后，陆续都观察到了现象。

三个小实验做完了。老师问："好玩吗？"

众人七嘴八舌抢着回答。

石童："真像自己变魔术。气球能吸杯子，开始觉得很难做。当你吸起几个杯子时，觉得特别兴奋。'浮沉子'让人感到好像有一种看不见的'魔力'在

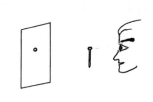

针帽"在"针孔里

控制小瓶子。看见小孔里有倒着的大头针帽的影子，觉得有点神秘。"

文浩提出一大堆问题："为什么气球能吸起杯子？为什么在制作'浮沉子'过程中，有时候小瓶子压不下去，有时候又沉在水底不上来？为什么大头针要在眼睛和小孔连线之间时才能看见？为什么看见的大头针是倒立的？"

董栋："亲自动手做三个实验真过瘾。我特别喜欢做'浮沉子'。小瓶里注水太少，小瓶子平躺着立不起来，就是刚能立起来，压橡皮膜怎么也不下沉；水太多，又会沉在水底上不来。这就要有耐心，反复试，才能恰到好处。越是需要技巧的实验就越有意思。"

向吉："俗话说，'外行看热闹，内行看门道'。这些实验要像侦探那样认真看、仔细看，看清楚才能看出门道。比如，气球在杯口里那部分到底是什么样的，我们没有看见。如果用透明的杯子就能看到。还有，我注意到，在压橡皮膜时，'浮沉子'小瓶里的水会上升，这样，小瓶才会下沉。松手后，小瓶里的水又缩下去，

小瓶才能上浮。第三个，针孔是白色的亮斑，以它为背景，才能看到倒立的、黑色大头针帽，好像在白色圆屏幕上放幻灯片。看到这些细节，就容易发现其中隐藏的奥秘，离揭开谜底也就不远了。"

还有几个同学发言，有体会，有发现，有疑问，大家像实验里的杯子一样，都被"吸引"住了。

老师借题发挥："大家说得很好。'兴趣老师'就从你们自己的体会中被'请'出来了。我们对这几个实验感兴趣，是从这几方面体现的。

"第一种叫'直接兴趣'，也叫'直觉兴趣'。就是由人的感觉器官直接产生的。由于感觉大部分是通过眼睛看，所以，也可以叫作'视觉兴趣'或'观察兴趣'。

"大家为什么会觉得实验好玩，进而产生兴趣呢？因为许多实验虽然用到的材料简单，但是含有未知的内容，我们和它们初次'见面'，觉得很新鲜。再加上有生动的现象和出人意料的结果，我们就会觉得好玩，就会调动起我们想看、想做的欲望，就是有了'直接兴趣'。

"第二种叫'操作兴趣'或'动手兴趣'。实验不仅吸引人看，还特别吸引人想去动手做。能够亲自动手做实验是很多同学梦寐以求的事。有调查显示，动手做实验，是同学们在学校里最想参与、最有挑战性和刺激性的活动之一。'动手做'本身，就具有一种不可抗拒的魅力。

"在'浮沉子'的实验里，你们不仅觉得'浮沉子'好玩，而且渴望自己动手做一个，因为这更好玩。在做的过程中，你全神贯注，操作认真、细致。虽然有时难免会做不好，但你会努力改进，继续坚持，一步步走向成功。'动手'会激发你的热情，'过程'会使你享受、体验到快乐。

"想动手还要会动手。熟练的技巧是顺利完成实验的保证。会动手是要学、要练的，希望自己学会动手，同样有巨大的吸引力。

"第三种叫作'探索兴趣'。前两种是直接感觉、体验到的好玩，是初步的兴趣。'探索兴趣'是自觉主动追求的兴趣。你们觉得实验神秘，就有揭秘的愿望，就会去探索。古今中外的科学家能够取得成功，无一例外是因为他们具有极强的探索兴趣，想要揭开秘密，寻求科学的真理。

"探索源于疑问，产生疑问是好奇心的发展，好奇心再进一步是提出问题。从这个角度看，'探索兴趣'从提问开始，也可以叫'提问兴趣'。

"提出问题后，自然就有要解决问题的愿望和行动，就要做实验。从实验中有了发现，解决了问题，可以得到成功的快乐和满足。

"这三种兴趣就是我给你们'请'的最好的'老师'。刚才做的三个实验，你们有没有这三种兴趣呢？"

大家纷纷对照自己，发现自己真的有。

文浩问："既然兴趣就在我们自己身上，那还要'请'吗？"

老师："一个人要是对玩都不感兴趣，那'老师'也不会理你。所以，还是要'请'。请'老师'的办法是培养兴趣，就是你自己要'爱玩'，觉得实验'好玩'。在你们这个年龄，对新鲜事物敏感、好奇，喜欢参与、好动手、有热情，有丰富的想象力，正是培养兴趣的最佳时机。诺贝尔物理学奖获得者杨振宁教授曾经说过，成功的真正秘诀是兴趣。"

"兴趣老师"要自己请。大家赶快行动吧！

三

到科技馆玩

边走边看

终于盼到了这一天，老师组织同学们去科技馆参观。

大家兴致勃勃地走进科技馆，几个人结伴，边走边看边议论，不亦乐乎！

首先，他们来到中国古代科技成就展区。有着几千年历史的文明古国，好东西一定少不了。

果然，一进去，眼前的大型水力机械就使人震撼：水流推动大轮、小轮、连杆等，带动水车、水磨、杵臼，还有织布机等，都是和真的一样。一个接一个，到处都在动，让人目不暇接。真是巧夺天工。

张衡候风地动仪

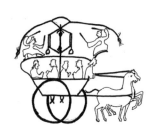

记里鼓车

古代先人对看天特别有兴趣。这里展出有气势恢宏的观象台模型，有巨大、精美、复杂的"简仪"。

张衡的"候风地动仪"能够报地震，做得好看、原理奇妙。八条龙的龙口对着八只蛤蟆的嘴，哪个方向发生地震，那个方向龙口里的龙珠就会掉到下面的蛤蟆嘴里。

测量长距离用不着尺子，而是用"记里鼓车"，车上的小人会自动敲鼓报里程。

"四大发明"里有指南针，这里的"指南车"同样实用：不管车怎样转弯，朝哪个方向走，车上的小木人平伸的手始终指向南方。

古代记时，欧洲有"沙漏"，我们有"滴漏"。这可是个庄重的摆设，一个个盛水箱子，像楼梯似的，一级一级向下排开，水滴从最上面的箱子滴落，一层层落到最下面。用滴水的方法计时，什么时辰，有整有零，既准确又可以长时间使用。

　　古代的乐器也是精美绝伦。"曾侯乙编钟"既是精美的青铜器，又是大场面上镇得住的乐器。那一排吊挂在架子上、按大小顺序排列的编钟，用乐锤敲击，发出的金石声好像天上传来的一样。

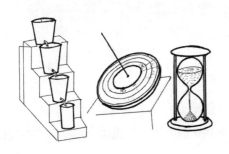

古人没有表，计时靠滴漏、日晷和沙漏　　　　　　　　　　　　　编钟

　　老祖宗的发明真多：能透视看见背面花纹的"铜镜"；能摩擦"提耳"使盆里水产生震动奇观的"龙洗"；暗藏机关盛酒的"公道杯"；还有小时候玩过的"九连环""华容道"等益智玩具，每一样里面都有很多学问，让人惊叹、佩服。

　　上楼就到了自然科学展区。

　　首先来到的是运动主题的展厅。果然，这里的东西都在动，而且五花八门，各式各样。

　　同学们一进来，就被展厅中间一组高大的装置吸引了。装置的结构太复杂了，大家都看不出什么头绪。好在有一个小球，正从地面上被提升，到达最高处后，滚入轨道开始"旅行"——同学们只要跟着它看就行了。说时迟那时快，小球顺着斜的轨道快速滚下，越滚越快，进入像"过山车"一样的环形轨道，连续冲过两个圆圈，又借着速度冲上了高点，这回是从一个螺旋轨道下来，像某些过街天桥的楼梯。小球一圈一圈转到最低点，又被带上了"摩天轮"，慢慢转了一大圈，最后才滚回到起点。小球的"旅行"，把各种运动"表演"了一番，一会儿快得眼睛都跟不上，一会儿又慢悠悠。同学们总算大致明白了它的滚动路线，也看清楚了整个构造，这就像一个大游乐场的模型。小球在上面"玩"了一把，真过瘾。

惯性火车

旁边也是一个大模型，有长长的轨道，轨道上有一趟列车。奇怪的是，车厢顶上前后不远处有两个洞，不知道有什么用。列车开动，向前驶去，突然从车厢顶上前面的洞里向上射出一个球。大家正担心球要掉到哪里时，它竟然准确地掉回了洞里。

众人议论起来。

石童："我担心会砸在洞前面的车厢顶上。"

董栋："我以为会掉到后面那个洞里。"

文浩："到底是向前还是向后？我都看糊涂了。"

向吉："你没有看见，车的上方有一个从地面上架起的横梁，小球居然跳过横梁，向前跨了一大步。"

文浩："向前？怎么会落回原来的洞里？"

为了看清楚，大家又看了一次，这回看准了：小球就像"疯狂的地老鼠"，从哪里冒出来就缩回到了哪里去。既没有向前，也没有向后，可它又是跨过横梁向前的。怎么解释？

"我知道。"向吉说："我们站的位置不一样，如果在车上看，小球应该落回抛出的洞里。"

董栋："在地上看，小球抛出在空中不动，车向前开，就应该落在后面。"

石童："错。地球在运动，你跳起来，会落到后面吗？"

大家笑了，董栋有点不好意思。

老师："伽利略发现物体有'惯性'，牛顿确立了'惯性定律'。"

文浩假装无奈："哎呀！站在不同地方，看到的还不一样，我应该站在哪里呢？"

他的话把大家逗笑了。

大家向前走，看到了一个展台，一个滚动的物体马上吸引住了大家的视线。这是一个两头尖中间粗的"双圆锥体"，像两个底部粘在一起的"连体蛋筒"。把"蛋筒"架在两条导轨上，导轨一端低、另一端高，一头窄、一头宽。如果把"蛋筒"放在低的一端，它会自动滚向高的一端。

好奇怪啊！"水往低处流"，怎么会相反？看了几遍，有人看出了奥秘所在。

向吉说："这个实验很巧妙。故意在导轨的高端把两条轨分开最大，在那里，'蛋筒'的重心是最低的；在导轨的低端，轨距最小，被架起的'蛋筒'

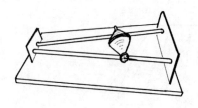

"双蛋筒"自动爬高

重心反而最高。'滚筒'自然由重心高的地方向重心低的地方滚动，但看起来是由轨道低处向高处滚动，造成错觉，好像违反了自然规律似的。"

石童马上联想到以前看过的新闻："我在报纸上看到过有关'神秘路'的报道，国内国外都有。一条看来是上坡的公路，汽车却可以关掉发动机，像溜坡一样'向上'滑行。有人拿饮料瓶等圆柱体横放在马路上，瓶子真是向坡上滚动，这是怎么回事？"

向吉回应道："应该去实地考察一下。"

旁边也是演示滚动的展台，一共有两组平行的轨道，每组两根轨，一头高一头低，并列在一个长槽子里。两个滚动的飞轮，中心有轴，正好架在两根导轨上，可以沿着倾斜的轨道向下滚。箱子里放着几个飞轮，形状不一样，有圆形、三角形、四边形等，它们的重量一样。

同学们用飞轮比赛，把两个不同的飞轮并排放到两组导轨的起点，同时放开，飞轮开始向下滚，越滚越快，逐渐拉开了距离，一前一后滚到了终点。

先比圆形的和三角形的，圆形的转得快，先到终点。然后又比三角形的和四边形的，三角形的胜出。

大家又来到一个长方形的水池前——就像一个小小的游泳池，池里有三条"泳道"，分别有三位"运动员"，都是塑料做的、形状像胡萝卜的东西：右边一个是完整的，大头向前、细头向后，前圆后尖；中间的被截掉后面半截尾巴，前圆后平；左边的是截掉两头，只留下中段，前后都是平面。三个都被细线向前拉着。

飞轮比赛

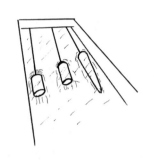

"游泳"比赛

又是一场比赛。三个"运动员"同时出发，半程未过，就分出了高低：完整的"胡萝卜"率先到达终点，半截的"胡萝卜"紧随其后，平头去尾的落在最后。显然，"流线型"受到的阻力最小。

同学们转过身，发现旁边几个圆球在一个像"喇叭花"一样的大圆盘上转圈。小球沿着圆盘的边缘射出，围绕圆盘中心的喇叭口转圈。开始转的圈大，速度慢，后来圈慢慢缩小，转的速度加快。小球沿螺旋形线路，越来越快，越来越接近中心。最后，一边转着一边掉进喇叭口中心的洞里。

石童看着标牌的说明告诉大家："这是模仿人造卫星围绕地球的运动。卫星升空后，由于受到阻力的影响，轨道半径会逐渐变小，最后，落回到地球上。"

文浩有感而发："那么，地球和其他行星围绕太阳运动的结果也是这样吗？好可怕的归宿。"

向吉安慰他："不要紧张，即使会发生，也没有那么快。"

老师也笑道："这朵'喇叭花'把'天上'的事，形象地压缩到了几分钟的时间里，真是'人间方一日，天上已千年'。"

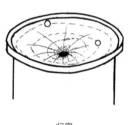

归宿

董栋想起那些转圈的实验："这个'喇叭花'和我们做过的那些圆桶、圆盘实验差不多。'地上'和'天上'，原来是相通的呀。"

老师接过去："是呀，当年牛顿从'苹果落地'就联想到天上行星的运动。正是这天地的结合，使他发现了'万有引力'。"

有人注意到了不远处的一个演示仪器，叫大家过去看。只见一个大的玻璃筒里有好多小球，小球在里面乱飞。原来，这是个分子运动的模型。我们知道，物质由分子组成，分子很小，数量很大，而且不知疲倦，一直在做无规则运动。

接下来到了声学展区。

最吸引眼球的是大厅里的两个像雷达天线一样的"大碗"，直径有2米，分别在两头相对放置。一个人在这边的"碗"前对着它说话，站在另一个"碗"面前的人竟然能清楚听到。它们相距几十米远，这是声音聚焦的"魔力"。

在许多听声音的展品中，有一个"看"声音的装置有些另类。一把竖着放的吉他，并排有三根琴弦，弦的后面有一个横放的圆筒，外表涂成黑色，上面画有均匀分布的白色横线。大家看了一会儿，没有看出名堂。用手拨动琴弦，听到了声音，还是不会玩。

"聚声耳"

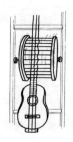

"看得见"的声音

后来，大家发现圆筒是可以转的，一转起来白线就变花、变模糊了。有人随手拨动了琴弦，站在正面的向吉突然叫了起来："看见了，看见了！"大家聚过来问："看见什么啦？"

向吉："我看见了琴弦变成弯弯曲曲的一条波浪线！"

董栋："对，三根弦波浪线的形状不一样。"

文浩："弦在不停地振动，为什么波浪线是不动的？"

向吉："你们再看，圆筒转速减慢了，波浪线变得不稳定了。"

文浩提出一串问题："从来也没有想过，声音还能'看见'。这是什么原理？圆筒有什么用？圆筒上画白线干什么？圆筒转得快慢对'看'有什么影响？"

老师在那边招呼大家呢。

大家走过去看，老师所指的是一个能绕竖直的轴转动的黑色圆筒。圆筒的表面上有均匀分布的细长孔，圆筒内壁画有卡通画。当圆筒像"走马灯"一样转起来后，透过不断转过的长孔，大家看到里面的画面动起来了，就像看动画电影一样。

这边也有一个，由两层板组成。里面一层好像有些竖条状的黑色斑纹，前面一层是一块可以横向移动的金属板，板的上面是好多并列的镂空竖条，就像一扇可以

电影的秘密

推拉的"窗户"。动手拉"窗户"，就可以看见里面有一匹马在奔跑。

石童："这和'走马灯'的道理是一样的。"

董栋："我做过这样的玩具，用两块硬纸板就可以玩。"

文浩："我教你们玩最简单的动画电影，用笔在这个笔记本的第一页角上画一个小人，翻到下一页在同样的地方再画一个，但是使小人的动作有微小变化，比如向前'跑'一点，之后每一页都这样画。好了，现在用手指捋着书的边沿，快速翻页，你们看，小人是不是跑起来了？"

向吉："这就是连续拍照、快速播放的效果。"

老师解释说："人看东西，在大脑里会有'停一下'的效果，叫'视觉暂留'。一个个断开的、不动的'照片'连起来，就变成了活动的画面。"

向吉："数码相机拍完照片，也有很短的'暂留'。"

文浩："哦！原来看得见的'声音'是把琴弦的'暂留'给'定格'了？"

不知不觉已经到了光的展区。

大家走进一间叫作"颜色屋"的神奇小屋。开始时屋内是正常的白光，各种物件都有自己的颜色。一会儿，整个屋子变红了，原来是照明灯变成了红光。然后又变成了蓝光、绿光，再变成红蓝、红绿、蓝绿的组合。屋子里的颜色变来变去，比分辨测色盲的图还要难。有声音解说告诉大家，无论用什么颜色光来照，黑色是不变的，因为黑色表面只能吸收光，不能反射光。大家看完后，好像经历了一次彩色的奇幻之旅。

大家走出屋子，迎面正对着一个大玻璃房，里面是空的，但牌子上却写着"花园"。忽然，房子里有了动静，中间有彩色的花出现，而且花由小到大，在快速生长，就像一个 3D 动画。不，简直就是真的花在眼前生长。花是立体的，颜色鲜艳，栩栩如生。"真好看啊！"周围是空灵的玻璃房，好像是密藏在深宫里被打开的"宝物"。

花一朵接一朵开，一朵比一朵漂亮，大家都陶醉其中。最后一朵花开完后，玻璃房又变成空空的样子，好像魔法师施展魔法收起了"宝物"。有人说这是科技"魔法"。说明牌上写的是"全息图"。

在光展区的最后，放着三个模型：一个是大家熟悉的万花筒，另外两个并排的是动物的眼睛，其中一个是鱼眼，另一个是昆虫的复眼。

这个万花筒很大，可以旋转，效果就像看大屏幕一样。

鱼眼就像个圆鼓鼓的凸透镜，所以，鱼眼看到的世界是弯曲的。向吉说，那是"广角镜头"，从水里看水面上，再加上折射的因素，就是大广角。

昆虫的复眼是由好多小多边形的单眼组合成的，那看到的应该是很多个同样的像。会不会重影？会不会产生错觉？动物的眼睛真是奇怪。

接下来是电磁展区。电磁展区内容丰富，呈现了整个电磁学的发展史。从闪电到电池，从电流的磁效应到电磁感应，从发电到电磁波。展区有图片、有实物、有实验器材，就像在一堂生动直观的电磁学授课现场。

发电机的原理是法拉第发现的。他做的发电机实验叫"发电铜盘"。在一个蹄形磁铁的两个磁极中间，放着一块中心有轴的圆形铜片，从铜片的轴心和边沿分别连接出两根导线，这时，只要转动铜片，导线中就会有电流产生。这就是最早的手摇发电机。在一百多年前能出现这么神奇的东西，非常了不起。

现在，人类有很多种发电的方法，比如太阳能发电、风力发电、潮汐发电、波浪发电、水力发电和火力发电等，还有各式各样的电池。

前面那里围着一圈人在看什么？哦！他们都在聚精会神地盯着一个"大鸭蛋"。只见一个大圆盘上有一个和鸭蛋差不多大小的金属蛋，正竖立着不停地旋转，一边晃

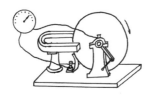

法拉第铜盘

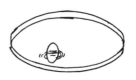

旋转的金蛋

晃悠悠自转，一边还在圆盘上"画"圆圈，好像在潇洒自如地"跳舞"，不知疲倦。

大家围上去指指点点：这是什么东西？金属蛋里有什么"机关"？还是大盘子有什么"魔法"？

"魔环"

老师把大家带到另一个展台旁，台上平放着一个大线圈，线圈的中心圆孔里插着一根近一人高的铁芯。一个金属圆环，像穿糖葫芦一样套在铁芯上，平躺在线圈上。

老师按下按钮，躺着的金属环好像受到"惊吓"似的，噌地一下跳了起来，顺着铁芯爬高，振了几下就悬在中间。老师关了开关后，环又掉落回了原处。

文浩问："铁芯是磁铁吗？"

老师答道："这是电磁铁，通进线圈的是交流电。"

文浩又问："金属环是不是铁制的？"

"是铝制的。"老师答。

提到铝，石童想起来："老师给我们表演的'魔术'里，转动的金属框也是铝的。"

"这个'魔环'一定有'神力'托着。"向吉说。

磁悬浮列车

老师说："这就是磁悬浮，相当于两个同名磁极互相排斥。"

旁边最大的展台上有一列磁悬浮列车。在一条圆形的、足有十几米长的高架轨道上，有一个列车模型。按下开关后，列车平稳地启动，悬在轨道上，一点声音都没有就加速运动起来，又稳又快。

② 操作和体验

这层展区很有特点，就是专门让大家动手，门口的横幅上写着：欢迎动手玩！这层展区自然最受同学们的欢迎，人气也最旺。为了鼓励动手，凡是亲自体验超过5项的，可以领到纪念品；超过10项的，可以得奖品。展区里面的志愿者、管理服务人员也多。

大家首先看见的是"空中自行车"。在高高架起的钢丝上立着一辆自行车，奇怪的是，和自行车相连有一个支架延伸到钢丝的下方，支架下端固定着一张座椅。看来是要两个人一起玩。

玩的人要从楼梯上到高处，一人坐到下面的座椅上，另一人骑自行车。

文浩拉着董栋一起玩，他想，让董栋坐在下面，当个"大秤砣"，他在上面骑会安全些。两人还系上了安全带。一开始，文浩小心翼翼地蹬，车慢慢动了，他一点不敢歪，生怕翻倒。走了一段，一点不摇晃，没有要倒的意思，比在地面骑车还稳。于是，他开始大胆地向前骑，到终点后还能倒着向后骑。后来，干脆停在空中，张开手"大撒把"，来个"钢丝绳上定车"。下面的观众开始还有点担心，后来就轻松地哈哈大笑起来。两人表演了一场"杂技"，下来还蛮神气的。

向前，这边有个叫"比力气"的平台，并排放着两个人玩的器械。

左边的器械是在一个半人多高的支架上，两边有两个大小不同的汽车方向盘，用轴连在一起。玩的两

自行车走钢丝

个人分别在两边，向相反方向用力转方向盘，比比谁能赢。

向吉主动握住大方向盘，要和董栋比一比。董栋欣然应战，走到对面，握紧小方向盘，信心满满。不料，董栋刚一上手，就差点被拧个趔趄。他当然不服气，说没有准备好，再比一回。

第二回合，由石童当裁判。比赛开始后董栋咬牙坚持了一会儿，还是支持不住，败下阵来。

第三回合，董栋憋得脸通红，最后依然没能翻盘。

文浩故意说："哎呀！这么大的个子竟然被女同学打败了。"

董栋辩解道："这是不对等的比赛，方向盘大小不一样，我没想到会差这么大。"

"不服气再比比拔河啊！"向吉再次发出了挑战。

扭来扭去

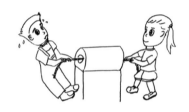
另类拔河

旁边有另一个支架，中间部分被遮住，两头分别伸出一根粗绳子，两人分别抓紧绳子两头比拔河。出人意料的是，向吉轻轻松松就赢了。

向吉笑弯了腰。再来一次，董栋还是拔不过她，要求换边。向吉坚持不换，董栋就起了疑心，于是打开中间的遮盖，发现原来其中暗藏"机关"，向吉的绳子绕过一个动滑轮。

董栋恍然大悟："原来如此，你知道动滑轮可以省力。"

向吉笑道："哈哈，我选对了边。"

第三个器械是个高大的架子，横梁上有滑轮，从上面下来的绳子分别吊着两张椅子。人坐在椅子上，用手拉上面通过滑轮垂下来的绳子，自己用力把自己和椅子一起拉上去。

这回是文浩和石童比，他们分别坐到椅子上，开始拉。自己拉自己，真不容易，文浩费了九牛二虎的力气，才把自己拉上去了一点点，而且拉紧绳子不敢松，一绷不住就前功尽弃。再看旁边的石童，轻松地就把自己拉了上去，向下面的文浩示意"我赢了"。

自己拉自己

这回轮到文浩着急了，抬头向上看，发现又是动滑轮在作怪。

"比力气"以意想不到的结果结束。力量小的也可以战胜力量大的。

下一个也是以小胜大的实验，不过方法有些另类。

在一个平台上立着一块扑克牌大小的板，在它的后面几厘米处，立着一块大一些的板，再后面的一块再大一些，就这样，一块比一块大，最后那块有半米高了，板子的质量也是一块比一块大。

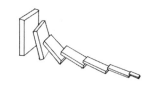

多米诺骨牌

实验开始，你只需用手指轻轻推倒第一块，它就会碰倒后面那块，后面的板像多米诺骨牌一样，一块接一块倒下，最后一块像一座大厦一样轰然倒下，这场面足够震撼了。真是"神指"轻轻点，"大厦"倒一线。标牌上写的正是"手指推大厦"。

下一个展区是"奇妙的光"。

最先看到的是两面连体大镜子。它们可以绕同一根轴转动，叫作"变角多像镜"。当两面镜子之间的夹角是180°时，它就是一面平面镜。随着二者之间的夹角变小，镜子里的像不仅会移动，数量还会增多。变得真快，让人应接不暇。

文浩："像的数量和镜子夹角的大小之间有什么关系？"

董栋："夹角变小，像数量变多。不过，镜子转得太快看不清楚，最好转慢一点看。"

石童："我建议固定在几个角度，比如45°、60°、90°和120°试试。"

比孙悟空变得快

大家一起做起来。果然，在这些特定的角度下，双面镜里的像有确定的数目：夹角180°，和平时照镜子一样，有一个像；夹角120°，镜子左右一边一个；夹角90°（直角），除一边一个外，中间接缝加了一个；夹角 60°，有 5 个像。夹角 45°，有 7 个像。不过，这已经让人数不过来了。难怪镜子夹角从大到小连续不停地变化时，大家会看得眼花缭乱了。

文浩："为什么有单双数的变化？"

向吉："有些角度好像是数目改变的转折点。"

董栋："回去做实验，找找变化的规律。"

木偶人

向前走，那边有一面长方形的大镜子。一位小同学贴在侧面边上，身体只露出一半。她把外面的左手和左腿都抬起来，另一边单脚站立着，不知道要干什么。走近后一看，大家不约而同地哈哈笑起来。原来，他们从镜子里看到，小同学两腿离地高抬，两手也侧平举，像个木偶吊悬在空中，样子很滑稽。

想要四肢悬空太容易了。大家轮流到镜子边上表演一番，有的是敬礼的动作，有的是游泳的动作，有的是飞翔的动作，摆各种造型，逗得旁边看的人哈哈大笑。

石童："有一次我在汽车站等车，偶然转头看见站上广告牌的另一头，好像有一个'连体人'，仔细一看，原来是那头坐凳上有个人，广告牌像面大镜子，看到的和这里一样。"

向吉："我们习惯了照镜子，看惯了水面的倒影，就是没有这样看过镜子，觉得很新鲜。和水面的倒影比，只是镜面转了 90°，由'正和倒'变成'左和右'。其实都是对称。"

说话间大家来到了"光学迷宫"。走进去，路很窄，董栋在最前面，抬头看，吓了一跳，只见四周全是玻璃镜子，一块连一块，把自己包围在中间，而且每块镜子里都有自己，远近不同，大小不一。试着向前走，不小心碰到镜子，向右、向左也是镜子。董栋想：糟糕，迷路了。走不出去怎么办？还好，后面的同学跟上来了。

董栋："哎呀！这真是个迷宫啊，我怕走不出去。"

向吉提醒他们："你们看下面，地上有路标，顺着箭头走就不会碰头了。"

石童："有个海边旅游胜地就盖了一栋房子，叫'怪楼'，进门后，把门一关，人就出不来了，因为里面全是镜子，连门都找不到了。"

"迷宫"里还有好多怪东西。

"悬空花瓶"：这个花瓶，上面没有吊着，下面没有托着，稳稳地放在那里，还有光照落在墙上的影子。

"倒置的走廊"：走进去，向下看，在透明的地板下面有桌子、椅子等摆设；向上看，有和下面一模一样的摆设，只不过全是倒着放的。人在里面，都分不出自己在哪里。

"奇怪的水"：一行行的水帘，仔细一看，水全是向上滴的，好奇怪。

在"迷宫"里，人的眼睛被镜子、影子迷惑了，分辨不清真和假。

走出"迷宫"不远，前面摆着一个柜子，柜子正面有一个圆的洞。向里看，漆黑一片，什么也看不见，有点吓人。

胆子大的董栋小心翼翼向里伸手，也不知是真的还是故意，突然叫起来："哎呀，里面有人！"

大家吓得往后一退。等回过神来，在好奇心的驱使下，又小心翼翼再次靠近，向里张望。

"什么也没有啊！"

"把手伸进去试试吧。"董栋说。

"我来！"向吉壮着胆说。

当她小心翼翼向洞口伸出右手，奇怪的事发生了，眼睁睁看见从洞口里伸出一只手要和她握手。这回看得清清楚楚，着实把人吓了一跳。为表示友好，她把手继续往里伸，对方也继续向前伸，看着好像两只手要握在一起了，向吉却没有碰到。任凭她上下左右摸索，却什么也没摸到，原来是一场虚惊。看得见，摸不到，难道真有幻影？

和"自己"握手

固执的文浩说："柜子里会不会真藏着人？"

董栋："过来看，这里有标牌。这个叫作'和自己握手'。洞里的'手'是你自己的。你伸手，对方也伸；你不伸，它也不伸。这叫'来有影，去无踪'。"

文浩："怎么证明是自己的手？"

石童："你做个小动作嘛！"

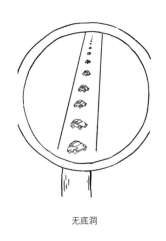

无底洞

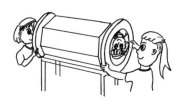

让人跟着转的"魔筒"

文浩："柜子里有什么？"

向吉："镜子。"

往旁边走，这边的柜子小一点，中间也有一个圆的洞口。走近看，在洞的入口内有一个慢慢旋转的小汽车模型。在它里面相距不远处，有一个同样在旋转的小汽车模型，只是小一号。再向里看，是一连串的复制品，一个比一个小，一直到无限远的一点。这更像是一个延伸到无穷的深洞。

大家又议论起来。

向吉："往里面看深不见尽头，从外面看柜子还不到一米长，又出现了错觉。"

董栋："还是由镜子造成的，回去做个实验试试。"

前面是一个像滚筒的物体，横放在支架上，两边底面上都开了一个圆的窗口。两个人分别站在两边，从窗口向里看，都能清楚看到对方。

当一个人把滚筒转动一下，不可思议的事发生了：对面的人竟然也随着转起来，这边转半圈，那边的人就变为头朝下、整个倒过来，好像对方是被固定在对面的窗口上跟着转。其实，那边的人看这边，也是倒转过来了。太奇怪了！大家又搞糊涂了。

文浩："里面不是空的吗？如果不是空的，开始彼此怎么能互相看见呢？"

向吉："会不会是潜望镜？潜望镜也能看到对面。"

石童："那看到的是正的。"

董栋："还是镜子。回去拿几面镜子摆摆试试再说吧！"

大家正往前走向那边一间小木屋，忽然听见文浩的声音："快过来找我呀！"他们顺着声音来到小木屋前，屋子不大，正面是敞开的，里面是互相垂直的两面墙，墙面全是黑白相间的方格，地面也是一样的方格。

大家仔细看了一遍，里面空荡荡，连个人影都没有。这时，文浩的声音又响起来，分明是从屋子里传出的。

董栋听了一下判断："声音就是从墙角方向发出来的，怎么看不到人呢？是不是在墙后边？"

石童："没有，我看过了。会不会在地板下有藏身的地方？"

向吉摇摇头："不像。声音就在眼前发出的。也许这是个魔术小屋，把文浩变成'隐身人'了。"

文浩憋不住，笑出声来。突然，从正中间的墙角里冒出来半个身子，他哈哈笑着说："我在这里。"

隐身人

石童："哎呀，你把我们吓了一跳。你藏在那里？你会穿墙术？"

董栋："他的下半身还没有现出来呢！"

文浩把手搭在前面，大家走近才看清楚。原来，墙角的下半部有向外突出、互相垂直的两面大镜子，和里面的墙角正好围成一个四方空间，文浩就站在里面，手搭在镜子上。

向吉："啊，是两面镜子，镜面是向外凸的直角镜。"

文浩："两面大镜子在你们眼前，怎么会看不见呢？"

董栋："你来看看，镜子里全是黑白的方格，和周围的墙面完全一样。"

文浩从里面走出来，看了看说："果然看不出来。"

石童："镜子里的像和墙面合成一体，全是大小一样的黑白方格，使人产生错觉，认为还是向里凹的墙面。"

董栋："我们增加了一个'魔术'节目，两块墙板加两面大镜子，就可以表演'大变活人'了。"

3

实验表演

实验表演是最吸引人气的项目，有专门的场地和固定的时间。

"实验表演开始了！"不知是谁招呼了一声，大家迅速集合到表演台前坐下。

这是吹球的表演。仪器很简单，一个吹风机和小球。

实验的老师打开开关，下方的一个吹风机开始向上吹风。这时，她把一个小球放在吹风机的上方大约半米的地方，松开手，小球并没有掉下来，而是悬在空中。看得出来是吹风机吹出的气流把小球托住的，小球在微微颤动。

实验老师移动吹风机，小球也乖乖地跟着移动，好像在被一根无形的绳子牵着走。

实验老师改变吹风机的角度，让风斜着吹，小球也跟着气流动。但是，倾斜的角度不能太大，不然球就会掉下来。

然后，实验老师又拿出一个球，比第一个大一点。他把球放在小球的上方，松开手，球稳稳地飘在上面。老师再拿出一个球，比第二个又大一些，放在最上面，又飘起来。三个球在一条竖直线上，大小不同，颜色各异，随着气流轻轻晃动，像是演杂技。大家鼓起掌来。

悬空的球

这时，实验老师从旁边推出一门短粗炮筒样的东西。这是什么？大家正疑惑，老师按了一下开关，"大炮""呼——"一下响起了，原来是个特大吹风机。然后，她又拿出一个很轻的大塑料球，把球随手扔到空中，那球居然飘起来，当然还是气流在控制。

实验老师说要来场"比赛"，要求用"大炮"把球投进5米外的篮球框里，看谁用的时间最少。大家都排着队玩起来。

看起来很容易的事，真去做却做不好。用转动"大炮"的角度来控制气流，再由气流"抓住"大球，比用手投篮难多了。"炮口"动一点，气流就改变方向，球也飘来飘去，一旦飘出范围，就会失去控制。

"大炮"射球

场下的人七嘴八舌地给投手出主意："球要始终受气流的控制，必须在气流的中间。""球向前到篮筐上方就要让它往下掉。""'大炮'的控制要稳、要慢。"

轮到董栋了，只见他小心翼翼地操控"炮口"的方向，始终不让大球跑出可控的范围，一点一点向前移，最后成功地把球投入篮筐，用时最少，赢得了实验老师的表扬。

董栋有点得意："孙悟空跑不出如来佛的手心。"引来一阵哄笑。

不太远的前方传来欢笑声，一群小学生围了一圈。过去一看，原来是他们成功地拉起一面宽大的肥皂膜。长方形的膜亮晶晶地闪着光，又颤巍巍地抖动着，上面的彩色花纹也随着变化。多好玩啊！难怪他们这么高兴。

大家小时候都喜欢吹泡泡，那一个个大大小小、透明晶莹、映着彩虹和蓝天的圆泡，带着欢声笑语轻轻地飘呀、飘呀……多美好的回忆啊！

现在出现在眼前的是一张膜，这么大、这么薄，吹一下，鼓出一个包，真奇妙。大家站在前面欣赏，突然，"扑"的一声，膜破了，像变戏法似的，一切都消失了。大家同时发出惋惜声和欢笑声。

这时，一位实验老师招呼大家把圈扩大，要开始实验表演了。只见他拿着一根头上连着大圆圈的长杆，将圆圈放到有肥皂液的盆里蘸一下，小心撩起长杆，眼看一个闪亮的、像圆筒一样的肥皂膜随杆而起，顺势一转，就下来把三个同学罩在薄膜筒里面，好像"西游记"里的"魔法"。大家拍手叫好，气流一下子把筒弄破了。

实验老师问谁愿意来玩？董栋头一个冲上去，接过长杆，让文浩、向吉和石童站得近一点，轻轻把蘸了肥皂液的圆圈抬起来。他成功地把三个人围在里面。里面的人大气都不敢喘，生怕肥皂膜破

膜有多薄？

了。董栋俨然把自己当成"魔法师"，过了把瘾，对着"观众"连说谢谢。

一个玻璃房子围成的展区里的表演也要开始了。玻璃房子上面标明"低温物理实验"，里面有几排椅子，前面有一张长桌，桌旁放着一个大金属圆桶。

一位穿白色工作服的实验老师走上讲台问："说到'低温'，大家能想到什么？"

下面的观众有的说冰箱、冷库，有的说北方寒冷的冬天，有的说地球的南、北极，有的说万米高空之上……

实验老师说："你们说的这些温度都不够低，我这个大桶里就藏着一个'冷魔'，有极其强大的冷冻'功夫'。像'天方夜谭'里的'魔瓶'那样，我要把它放出来了。"

说罢，他小心打开桶盖，真的有股白烟冒出来了。

"不要担心。"老师说："我们把它控制在杯子里。"

实验老师用勺子舀了一勺透明液体倒进烧杯里。看这杯子，不断有滚滚白烟向外冒出，而且，刚冒出杯口就沿着杯子外沿向下流，像舞台演出放的"白雾"。过一会儿，杯子外上半部就结满了"白霜"。

"这就是'冷魔'？不就是液体吗？"大家还有些怀疑。

实验老师说："对！杯子里面是液态氮，就是把氮气变成液体。温度是零下196摄氏度，这样的低温在地球上的自然条件下是没有的。"

大家都紧盯着杯子，想看看会有什么"魔法"。

"不用紧张。"实验老师说："只要不掉进杯子里就没事。我们把别的东西放进去，看看它的'魔力'有多大。"

实验表演开始。

表演一："脆弱"的玫瑰

"脆弱"的玫瑰

老师拿起一支玫瑰花，用长夹子夹住，把花放进玻璃杯内。过一会儿，他用夹子把花取出来，花带着些白色冷气，看表面并没有什么改变。但是，轻轻一碰，花瓣霎时碎成了几片，掉在桌面上。

表演二：撕布妙招

老师拿起一块厚布片，试着撕一下，没有

撕开。然后，他又把布夹住放入杯子里。一会儿再拿出来，布已被"冻僵"了，还冒着白气。这时，老师戴着专用手套很容易就把布撕成两半。

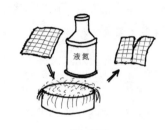

撕布妙招

"冷魔"发威了，能把浸入它的一切东西瞬间冻住。冰箱的冷冻室才零下十几度，就把鱼和肉动成硬块，这比冰箱厉害多少倍？

表演三：香蕉"锤"

实验老师将杯中的液氮慢慢浇在一个放在大玻璃烧杯里的香蕉上，杯里就像水开锅一样。连续浇了几次后，他戴着专用手套拿起香蕉当锤子，硬是把一根大钉子钉进了一块木板里。

表演四：吹气球

香蕉"锤"　　　　　　　　　　　"吹"气球

老师舀出一些液氮倒进一个瓶子里，然后在瓶口上套上一个气球，眼看着气球被"吹"大。当把瓶子底部放进热水里时，气球快速增大。然后，把气球取下，拿液氮一浇，马上就缩成一团。

表演五：超导体抗磁

在做别的表演时，老师就不断地舀一小勺液氮浇到一块银白色扁圆形的金属上。现在他又拿出另一块差不多的扁圆柱体，放在前一块的上方。当接近2厘米时，老师松开了手，这个扁圆柱体居然停在那里，悬空了。

其实，在冷冻前，两块扁圆柱金属是能擦在一起的，上面的是磁铁。冷冻后，再把磁铁放上去，竟然受到"抗拒"，下面的圆柱体排斥

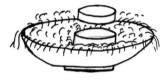

悬空的扁圆柱体

磁铁，不让它靠近，磁铁只能悬在上方。实验老师说，下面的是一块超导体材料，在低温下具有"抗磁性"，新的磁悬浮列车就可以利用这种新技术。

老师补充说："某些材料在温度低到一定程度时，电阻会突然变为零，这就是'低温超导'现象。"

实验老师的操作和讲解，赢来了一片掌声。大家围到桌旁，都想看看超导体什么样；有的捏一下香蕉，看看有多硬；有的捡起花瓣观察；还有的想看杯子里还有没有液氮，伸手靠近杯口试试凉不凉。低温实验的神奇使大家大开眼界、兴奋不已。

向吉："我在医院里看见过医生用棉签蘸杯子里的液氮涂在人皮肤上治病。"

石童："看报道说，现在有些疾病还不能治好。有的病人就想把自己先冷冻起来，等过些年科技发展了，有办法治好病了，再把自己解冻。"

文浩："既然地球上没有这样的低温条件，液氮是怎样得到的？"

老师："当然有办法啦。"

那边的高压放电表演就要开始了。大家赶快到观察放电的看台上坐好。高压放电的装置面对看台，被铁笼围在里面。

首先，实验老师介绍了里面的仪器设备，主要有高电压发生器和各种电极等，还有一个作为"靶子"的假人模型。

表演开始。

第一个是"模拟闪电"，再现了大自然中的闪电现象。电极之间的电压迅速升高，突然，一道巨大的、树枝状的闪电从天而降，迅速窜向斜下方，击中站在高处的假人。只见电光一闪，模型被击中，还冒出一些火苗。随着电压升高，电光越来越强，同时伴随着噼噼啪啪的声响，一会儿就闻到了在自然界中出现闪电后特有的气味。

有些同学以前都不敢看闪电，这回清清楚楚看到了，真震撼啊！

第二个叫"沿面放电"。取一只玻璃材质的"大碗"，当把高电压加在上面时，可以看到像小树枝似的蓝色闪电从碗的中心沿着碗的表面向边上发散出去，整个"大碗"好像装着一碗刚出锅、还噼啪作响的"美食"，真是个"魔碗"。

第三个叫"雅各布天梯放电"。那是两根竖立的金属管，很高，顶端有些向外弯，像羊犄角。在两根管上加上高压电，这时，大家看见一团火在两根管之间跳动着，一步一步向上"爬"，带着啪啪的响声，从管子的底部一直爬到顶端。紧接着，第二个火花从底部开始，重复一遍上面的现象。从下到上，一次又一次，就像"天梯"。

震撼的放电

表演在观众的赞叹声中结束。

看完放电表演，旁边的"高压带电"表演马上就要开始了。前面有一个一人多高的球形大铁笼。实验老师为大家作了简单介绍，然后，想参加实验的同学自愿报名。董栋、文浩等几位勇敢者举手，老师打开笼子的门，招呼他们进去，然后关上笼子。

实验开始了。实验老师先让高电压发生器升压，然后，拿一根连着高压电的棍子向笼子接近。这时，里面的人和外面的观众都有点紧张。突然一下，棍子头碰到笼子表面，整个铁笼都带电了，里面离棍子最近的人下意识缩了一下。虽然没有任何感觉，但是几个人还是小心翼翼地挤在中间。眼看电压的读数迅速升高，一会儿便达到 5 万伏。实验老师问里面有电没有？

里面的同学齐声回答："没有！"他们在里面若无其事地说笑起来。

实验老师让带电棍稍微离开笼子一点，在棍子头和笼子之间突然发生放电现象，打起了火花。里面没有准备的人吓了一跳，有人还不由自主地向后退。

实验老师再问："有电没有？"里面有的人说"有"，有的依然说"没有"。

实验老师让他们用手摸笼子壁。大家都不敢，因为还打着火花呢，太吓人了。在实验老师再三鼓励下，文浩小心翼翼地用手指快速碰了一下，没有什么感觉。于是，董栋就放心大胆地把手贴到笼子上去了。老师表扬了他们，然后，有意将带着火花的棍子头向着他们手的位置靠过去，居然什么事都没有。

实验完毕，老师把电压降下来，同学们从笼子里出来，个个都感觉好极了，一副"英雄归来"的表情，因为都经历过了高电压的"考验"。

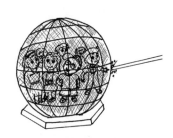

安全的笼子

笼子外带电，但笼子里不带电，所以很安全。那

爆炸式发型

么，带上电会怎样？接下来表演"人体带电"。实验老师要找一位短头发的女同学，石童自告奋勇。她站上一个方的、高高的实验台，旁边是产生高电压的静电发生器，一人高的圆筒，顶着个银白色的"蘑菇头"。老师请她用手摸着"蘑菇头"，不要离开。

实验开始了。静电发生器的电压逐渐升高，石童没有任何反应。突然，观众中有人喊："看！头发飘起来了！"果然，石童的头发向四周飘起，上面的也竖立起来，头发全向外炸开，像一个大蒲公英球，好前卫的发型！

实验老师说，这时的电压有 20 万伏。但是，石童泰然自若地微笑着面对观众的议论和呼喊。好几个相机对着她，不停地给她拍照。

电压逐渐降下来，她的头发慢慢落下来。最后，电压降到零，石童收回手，比着"V"的手势，笑着走下绝缘台，像英雄般接受"采访"。

文浩："快说，你在上面是什么感觉？头发都竖起来了，全身带电是不是觉得麻酥酥的？"

石童："没有啊，什么感觉都没有，就是有点紧张。"

文浩："直接摸着高压电，为什么也是安全的？"

老师："关键是绝缘。人站的台是很好的绝缘层，在高电压下也不导电。人摸着起电机，始终保持同样电压，所以不让手离开。但是，旁边的人不能靠近，更不能去摸，不然就会有危险。没有绝缘或者绝缘不好，就是几十伏电压也有危险，更不要说这上万伏了，做这种实验一定要安全第一，保证万无一失。"

向吉："看，这里有标牌说明。那边叫'法拉第笼'，这边叫"范德格拉夫静电发生器。"

老师："这些都是以发明者的名字命名的。"

董栋："人体带电太刺激了，你们等一等，我也要亲身体验一下，留个纪念。"

参观结束了。大家带着喜悦的心情走出科技馆。他们意犹未尽，边走边议论，兴奋之情溢于言表。有的大呼好玩、过瘾，有的说兴奋、刺激，有的说大长见识，有的收获不少问题，有的争得面红耳赤。

文浩的好奇心得到了一半的满足，另一半则留给了这么多的实验带来的新问题。

向吉被各种实验现象的新奇、美妙完全吸引，她的收获还包括照相机里的照片。

董栋觉得没有比自己能亲手做这些实验更高兴的事了。

石童兴奋得朗诵起来："我们站在科学的大海边，拣到了几块好看的小贝壳、小石头，发现了小螃蟹、小海星……于是，我们就会憧憬整个大海。"

科技馆让大家大开眼界。

老师也很高兴，他对大家说："不要忘了我们参观的目的之一是培养兴趣，这比你学会某一个知识还要重要。我希望你们记住这些话。'从事实验物理最重要的是有好奇心，对自己正在做的事情一定要有兴趣。''做科学的人最重要的是兴趣，有了兴趣，你可以为它放弃其他一切的事情。'这是华裔诺贝尔物理学奖获得者丁肇中先生说的。"

四

玩在大自然

实验好玩，除了到科技馆玩还能到哪里玩？同学们想，当然是实验室。可是一问王老师，得到的是另一种回答：最好玩的地方是"大自然"。

答案出乎大家的意料。

"到大自然能做实验吗？"文浩问。

"当然！"看到文浩他们不解的眼神，老师问，"你们学的理科是什么科学？"

"自然科学。"刚答完就知道进了老师的圈套了。

"对！学自然科学怎么能不去大自然呢？"

老师说的也有道理。可是，大家还是有些疑惑。

董栋说："那就去了再说！"

老师笑着模仿董栋的口气："那就让我们一起走进大自然吧！"

于是，活动内容按小组进行划分。师生们把在大自然"玩"的体会，约定用讲座的方式相互交流。内容要求要体现出大自然的好玩，要有来自大自然的实验。

大自然的物质

第一次讲座由"玩家老师"亲自出马。

因为要讲大自然的物质，他事先安排了参观地质博物馆的活动，还借来一些标本和资料。

讲座是从认识大自然开始的。

老师问："你们说大自然是什么？"

下面七嘴八舌说起来。

有人说，我们生活的地球就是大自然；有人说，出了城市就是大自然；有人说，在远古时代，人类就生活在大自然中；还有人说，那是古代，现在没有人的地方才是大自然。

见大家各有各的说法，老师又问："大自然有什么？"

这回答案就更多了。有的说，有山有水有树木花草；有的说，有陆地海洋河流湖泊；有的说，有蓝天白云和日月星辰；有的说，大自然里有好多自然现象；还有的说，别忘了有各种动物……

老师进行了总结："简单说，大自然是人类社会活动以外的世界，包括陆地、海洋和天空，太阳、月亮和星星，还有植物、动物和其他生物。这一切，都是由物质构成的。今天，我们就先来认识构成大自然的物质。"

老师开始放片子了，片名是《漫游陆地》。

屏幕上出现一位须发皆白的老者，原来是土地公公。他对观众说，邀请几位同学跟他去认识陆地是由什么构成的。接下去的情节把大家吓了一跳，只见屏幕上出现了石童等几位同学，他们一露面，便马上随土地公公地遁，一溜烟儿钻进地下就不见了。等又出现时，他们已经站在东北肥沃的黑土地上了。眼睛刚刚跟上他们，他们马上又不见了，原来是又钻到了地下。他们再出来，已经到了黄土高原，紧接着，一眨眼，又出现在南方的红土丘陵。

土地公公用手杖指点说："这些都是可以耕种的土地，是陆地上最宝贵的财富。"

接下去的旅程还是那么变幻莫测。土地公公到一处就指点给他们看："这些是沙子，这是花岗岩，那是大理石、汉白玉，盖房子用的，还有生产水泥的原料石灰石和黏土。"

然后，他们到了土地公公在地下的家，那里藏着各种各样的矿石，来自世界各地。

土地公公用手杖指点着进行介

随"土地公公"漫游

绍，先点到的有石棉、石膏、石墨、云母、石英石、白云石、方解石、滑石、蛭石、萤石、重晶石和岩盐等。这些是非金属矿，都有很高的利用价值。你们看，这石棉和蛭石很轻，又耐高温，可以隔热、保温；这黑色的石墨虽然不是金属，但是可以导电；亮晶晶的云母是绝缘的好材料；雪白的石膏可以用在建筑、医疗、美术上。

然后，土地公公点到了金属矿石。光铁矿石就有黄铁矿、赤铁矿、褐铁矿和磁铁矿，有色金属有黄铜矿、方铅矿、闪锌矿、辉锑矿、辉钼矿、黑钨矿、锡矿、软锰矿、铝矾土和朱砂矿等，还有多种稀有金属共生的稀土矿。

虽然对照着标本，这么多的矿石还是让同学们看得眼花缭乱。地下的矿产真丰富啊！大家纷纷给土地公公点赞。

土地公公捋着胡子笑了："还有呢！"他指着对面，原来是煤、石油和天然气，都是人类离不开的重要能源。

他又忧虑地说："不过，由于人类的开采和消耗，这些资源越来越少。"

这时，土地公公从宽大的袖子里掏出一个东西说："你们看，这是什么？"

哎呀，一块金光闪闪的黄金。大家一掂，真沉，值不少钱呐！

"人们把它当宝贝。"土地公公说，"我这里有的是。"说罢，他随手一扔，就把黄金撒到河流里变成了金沙，"想得到宝贝，也要花些力气。"

土地公公真幽默。

随着人口增加，以及人类对大自然的过度开发和破坏性的掠取，地球遭难了。土地公公又把大家带到一些地方，眼前的景象令人震惊：过度开采的矿山，被破坏的森林植被，膨胀的城市，堆成山的垃圾和废物，污浊的废气和废水……

土地公公有些无奈："大自然的宝藏都快消耗完了，我也该退休了。"

同学们随土地公公把地下转了个遍，土地公公说："我给你们介绍一个人。"

说罢，一阵风把同学们带回到地面，他们面前站着一个人。

这不是阿里巴巴吗！没错，就是他！

阿里巴巴对大家表示欢迎，然后就念起"芝麻开门"的口诀，眼看前面的大山就打开了，山洞的洞口露出来。

啊！这就是阿里巴巴的山洞。

阿里巴巴热情邀请大家进洞参观。眼前耀眼的宝石太多了，晃得大家睁不开眼。

阿里巴巴一一介绍："这是金刚石，又叫钻石，特点是坚硬无比、光彩夺目，在工业上用作切割、钻探。"他拿起一颗大的说道："这些经过精心打磨加工的金刚石就成了名贵的饰物。"

阿里巴巴的山洞

这边发出彩色光的是红宝石和蓝宝石。这些是绿宝石（绿柱石），包括祖母绿、金绿宝石、海蓝宝石。

不知是谁叫了一声："这里的宝石颜色怎么还会改变。"

阿里巴巴说："这是两种会变色的神奇宝石，一种就叫'变石'，也叫亚历山大石，在日光下是绿色，在白炽灯下变成蔗莓红色。另一种是大名鼎鼎的'猫眼石'，从不同角度，会看见像猫的眼睛一样随光变化的效果。"

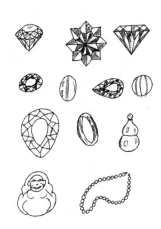

钻石和宝石

山洞的岩壁上长满了棱柱形、透明的水晶，还有红色的玛瑙、绿色的翡翠和各种玉石。

此外，还有一大堆不认识的、好看的石头，有锆石、碧玺（电气石）、石榴石、橄榄石、长石、绿松石、孔雀石、方柱石、贵蛋白石（欧泊）、锂辉石等，各有特点。

大家第一次看到这么多宝贝，都开眼了。有人说："太美了！难怪宝石招人喜欢。"

阿里巴巴说："其实，天然的宝石并没有那么好看，它们经过人们打磨加工后，才好看。这个山洞里，有天然的宝石矿，你们随便转转。"

看完后，大家感慨阿里巴巴的山洞真是名不虚传。自古以来，好多传奇故事和秘密都和宝石有关。

影片结束。大家争着问几位上银幕的同学，才知道原来这是老师策划、制作的"穿越"大片。

第二部片子叫《漫游水的世界》。

东海龙王的水世界

屏幕上开始就是"东海龙王"来到海边迎接我们几位同学。龙王带着太子和虾兵蟹将冒出海面，请同学们下海。看大家面有难色，他吩咐手下把透明的"避水服"给大家套上。其实，那就是一个大"肥皂泡"，人进去，封闭在里面，和在陆地上的条件一样，进入水中，通行无阻，是高科技产品。

大家进入海底，来到水晶宫，龙王命龙太子等负责带领大家参观。

海洋好大啊！地球表面的70%都被海洋覆盖着。

而且，海洋是个宝库，不仅养育着大量的海洋生物，还蕴藏着丰富的各类矿藏。海底有锰结核矿和可燃冰，还有丰富的石油和天然气。海水能提炼出核聚变的燃料，取之不尽、用之不竭。

游遍大海，他们又转向其他有水的地方，龙王命分管各地江河湖泊的龙王负责接待。

来到江水之中，负责导游的"江龙王"还蛮有文气："水以'流动'为美，也使大自然的活力和灵性得到充分体现。古诗中有'黄河之水天上来''唯见长江天际流''飞流直下三千尺'等名句。你们看这奔流不息的江河，飞流直下的瀑布，以排山倒海之势奋勇向前的大潮，还有那蜿蜒流过的小河，那会'唱歌'的小溪，地下涌出的泉水……"

来到湖水之中。"湖龙王"也不甘示弱："水也会以'平静'给人们留下深刻的印象。你们看有美丽倒影的湖面，杭州有'三潭印月'，无锡有'二泉映月'，故事里猴子可以'水中捞月'，火山口上还有天池。"

陪同的龙太子说："水没有一定的形状，就是说，水要有个'家'，但是并不挑剔'家'的样子。水可以流动，到处'搬家'，随遇而安。所以，地球上到处都能看到水的存在。"

这时，半路上杀出个"程咬金"，一朵筋斗云把齐天大圣孙悟空变到了眼前。

他开口便说："听见你们的动静，俺老孙就来凑热闹了，俺领你们见识见识水的'七十二变'。"

于是，大家高兴地随大圣翻上云层。

大圣指着云海说："水可以上天，住在云层中，你们看，这云多姿多彩、变幻莫测。它想'下凡'，就变成雨点落下。"

随大圣看水的变化

说着，他们便随雨点落到了地面。大圣接着说："它们的隐身功夫了得，你们看雨点遁入地下了。水能入地，形成地下水、地下湖、地下河，地下溶洞的暗河也是水的秘密的'家'。水无所不在，植物和动物身体里，包括你们的身体里，都有水。"

大圣接着领大家看水的变化。

"你们看，这边天上在下雨，那边下冰雹，北边又在下雪。这些都是水变的。"

大家走着，前面白茫茫的一片，什么也看不见，在广阔的田野上，好像盖着厚厚的白棉被，这也是水的变化。有时河面的上方仿佛积聚着一层棉絮，太阳升起就隐去了。清晨，在山区，也能看见玉带盘山缭绕、山峰隐现其中，随着日出，腾挪、变形、飘升，更是令人赞叹不已。这也是水的造化，叫雾。

夏天早晨，有时能在小草叶子上看到晶莹的小水珠，这叫露。而秋天或初冬，出现在草地上的是一片白细盐颗粒，这叫霜。

大圣转眼之间又把大家带到了冰雪世界。河湖结上厚厚的冰层，天上飘下鹅毛大雪。六角形对称的雪花，让人感叹水还能变成这么美丽、独一无二的"花"。有时，雪又像盐末儿一样撒下。树上结着美丽的树挂，房檐下垂着长短不一的冰凌，像是进入了童话世界。

水还能变成坚硬的冰。最好看的是海面上巨大的冰山、南极的冰原还有春天随河水漂流而下的冰凌。

大圣道："怎么样？水的变化名不虚传吧？不比俺老孙逊色。"说罢，拱手道别，一个筋斗就消失了。龙太子等也和大家告别了。

第三部片子是《畅游天空》。这次是谁带路呢？几位探险队员正在等待，忽然

随小不点精灵看天空

听见一个熟悉的声音，但是看不见人影。这时手机响了，来了一条微信，上面显示：

"我是小不点精灵'精点'。天空就是我的家，我给你们当导游，义不容辞。"

众人马上看见天上飘过来一条"飞毯"。

"你们上来吧。"精点说。

几个人小心翼翼走上去，马上就飞起来，窜上了蓝天。

大家一边飞一边听精点介绍。

"地球外面包围着的大气层，大约有 100 千米厚。空气中有 78% 的氮气，科技馆做冷冻实验用的是液态氮；空气中还有 21% 的氧气，人和其他生物的呼吸全靠这些氧气，剩下的是极少量的氖、氩、氦、二氧化碳、一氧化碳等其他气体，二氧化碳又是植物光合作用必需的。"

飞毯穿过云层，落在巨大的云上面。

"这些云是由水蒸气构成的。"

一阵大风吹得飞毯直打晃。

"不要怕！飞毯绝对安全。天上有空气的流动，形成风，风和水蒸气合作形成各种气流，大的有台风、飓风、龙卷风，带来电闪雷鸣，带来暴雨，造成灾害。"

"现在我们飞在热带雨林的上空，空气是清新的，新鲜空气是宝贵的。我们再到污染城市的上空看看，那里有一大片灰蒙蒙的雾霾，笼罩在上方，像一个大大的锅盖。"

穿行其中，大家上看不见蓝天、下看不见城市。一阵阵刺鼻、令人窒息的气味扑面而来。飞毯赶快逃离。又看到蓝天白云了，大家长长地吸了口气。

飞毯在小不点精灵的引导下飞遍天空，最后，回到地面。

三部片子放完了。大家沉浸其中，又转而问老师这些"穿越"是怎样拍摄的。

老师笑着回答，这是他用软件制作的。

老师总结说："认识大自然，首先要知道大自然中有哪些物质？我们钻地、潜海、飞上空中，看到了各种各样的物质，它们一般以固体、液体、气体的形态存在，又可以在三种形态之间变化。大家看到水的变化，其他物质也能变。岩石是固体，而火山喷出的熔岩是可以流动的液体；水银是液体，但在零下 38.8 摄氏度以下就会变成固体；电烙铁在 200 多摄氏度可以把金属锡熔化成液体；我们在科技馆看到了桶装液体氮；医院用的氧气瓶内的氧气和钢瓶里的液化石油气是气体在高压状态下变液体；舞台上用的干冰是固态的二氧化碳，变成气体制造出白色的烟雾。在平常的大气压和温度下，我们看到的是物质的常态。它们形态、颜色、软硬、轻重等有自己的特点，各不相同。这就是大自然丰富多彩、千奇百变的物质世界。"

下面要做实验了。同学们三四个人一组。

大屏幕上打出实验内容。

第一组实验：认物质。

大自然的启示：大自然里的物质。

实验的内容：认标本比赛。

参赛选手认出矿石标本和由屏幕显示的实物照片，抢答。

比赛进行得相当激烈，层层淘汰，分出高低。

第二组实验：水的变化。

大自然的启示：水可以变成好多种样子。

实验的内容：人造冰、雾、露、霜、雪。

（1）水结冰

做法：把同样质量、同样温度的水，分别放入盘子和杯子里，同时放入冰箱的冷冻室内，比较它们的结冰时间，做好记录。

（2）造雾

做法 1：把冰箱冷冻室的门打开，就可以看到门边向下流动的白雾。

做法 2：将一个小铝杯放在大铝盆中间，在它们之间放满冰块。然后向小杯中吹气，可以看到里面有白雾。

做法 3：夏天从冷冻室中取出冰棍，剥去包装后，在冰棍周围出现白雾。

（3）造露

做法 1：从冷冻室内取出冷冻过的金属杯，把它放在桌上，杯子外壁慢慢出现水滴。

做法2：在上一个实验的铝盆外壁上看见了水滴。

问题：夏天，有的自来水管表面会"出汗"，这是为什么？

（4）造霜

做法：同（2）、（3）实验。在铝盆壁外、在刚打开的冰棍表面，都可以看到白霜。

实验的结果：人可以模仿自然条件，造出冰、雾、露、霜。

思考的问题：大自然中，冰、雾、露、霜，还有雹、雪、雾凇等形成的条件有什么区别？

（5）造雪

现在冬季的滑雪场都有造雪机，随着北京和张家口申办冬奥会成功，造雪机会有更多的应用。造雪机的原理是用高压空气把喷嘴喷出的水分成小水珠，遇到周围冷空气凝结成小冰晶，构成雪花。

造雪机造出美丽的雪花

（6）观察雪花

在放大镜下看雪花，画出它们的样子。

第三组实验：测量冰的温度。

大自然的启示：不同地方的冰温度相同吗？

实验的内容：测冰、冰盐、冰水的温度。

做法1：把冷冻室里冻好的冰取出，敲成碎块，放入杯中。把温度计插入冰块中，测出冰的温度。在冰融化的过程中，每隔一定的时间测一次温度，一直到冰完全融化。

冰是几度？

美丽的雪花

冰水是几度？

做法 2：在冰块中掺入三分之一的盐，充分混合后，把温度计插入其中测量冰盐混合物的温度。每隔一定时间测一次，直到温度不变化为止。

马路融雪

实验结果：冰的温度与冷冻室的温度有关，一般在 0 摄氏度以下。冰水混合物的温度保持在 0 摄氏度。冰盐混合物的温度最低，在 0 摄氏度以下。

冰水混合，温度不变，是个标志。水加盐后，结冰的温度降低，冬天下雪的马路上，用撒盐的办法使雪融化不结冰。

实验做完了，不少同学表现出很大的兴趣，准备自己有机会再做一次。

"动"还是"不动"？

第二次讲座由文浩小组主讲，讲座的题目就体现了"小问号"的风格。活动安排在学校天文观象厅。文浩是天文爱好者、校天文小组成员。

文浩按下按钮，窗帘合拢，厅内暗下来。

屏幕上打出题目，讲座开始。

"为什么用这样的题目？我小时候在农村住过，晚上就爱看星星，天上的星星亮晶晶的，一动不动，可清楚了。可是看的时间长了，我发现有的星星位置变了。我就想，星星到底是动还是不动呢？"

"看月亮也有这样的感觉。月亮有时跟着人走，有时在云中穿行，有时又觉得它没有动。所以，小时候，动和不动有时是分不清的。"

"今天，为什么到天文观象厅活动？我们想来探讨一下天上的'动'与'不动'。"

文浩小组同学打开天象仪，穹幕上出现天象，文浩解释道："古人热衷看天，夜晚是星星的世界，偶尔划过夜空的流星，还有难得一见的彗星，整个夜空是那样美丽，那样深邃、神秘，那样令人神往。

动人的神话传说

马王堆彗星图

整个天穹一"锅"收——张衡和浑天仪

"古人对观察星象倾注了巨大的热情，留下了大量珍贵的观察记录。

"据我国古书《春秋》记载：鲁文公十四年，即公元前613年，秋天北方的夜空上出现一颗彗星，这是关于彗星的最早记录。彗星像把扫帚，人们就叫它'扫帚星'。可是，在湖南长沙马王堆的西汉古墓中出土的一幅帛画上，竟有29颗不同的彗星。

"我国还有对流星雨、日食、月食以及超新星爆发的大量记载，这可是一笔宝贵的财富。

"古人观星，首先要定位，确定星星的位置；还要命名，给星星起名字。这样，后人才能知道前人看见了什么，记录的是哪颗星。我国有世界上最早的星表和星图，上面记载了数以千计的恒星的坐标和位置。早在商朝到春秋，我国就逐步建立了二十八宿的星空划分体系。东汉科学家张衡第一个用仪器来演示天象。这台名叫'浑天仪'的仪器，把二十八宿及其他恒星刻在一个可以转动的空心大铜球上；还利用计时器'铜壶滴漏'的水为动力，使天球正好一昼夜运转一周。在天文馆和科技馆大家都看到过浑天仪。

"在西方，有从古巴比伦和古希腊逐步建立起来的星座划分体系，如大熊星座、小熊星座、狮子座、天鹅座、天琴座、天蝎座、仙女座、猎户座、宝瓶座等，共88个。现在，星座已经成了我们和朋友聊天时经常说到的话题。"

黑暗中传来笑声。

"请大家看天顶穹幕，认认四季的星座。

"春季的狮子座；夏夜的天鹅座及北十字，天琴座及织女星，天鹰座及牛郎三星，还有天蝎座。秋季的仙女座，飞马座；冬季的大熊星座，即著名的北斗七星，小熊星座及北极星，猎户座，大犬座及天狼星。

天上的"动物园"

"看完了星空表演，我们可以想象：我们坐在大厅里，天上的日月星辰都在围着我们转。古人也是这样想的：地是不动的，天是动的，一切以地为中心。古希腊天文学家托勒密就是'地心说'的代表人物。

"到底是天动还是地动？通过长年的观测并分析积累的资料，人们发现矛盾越来越多，'地心说'再也无法自圆其说。1543年，波兰天文学家哥白尼的名著《天体运行论》正式出版，大胆否定了'地心说'，创立了'日心说'。太阳是恒星，地球等几大行星围绕恒星运动。太阳不动，地球是动的。

"请大家看穹幕的太阳系行星运行演示。

"哥白尼解决了天动还是地动的问题，但地球为什么能绕太阳转圈呢？英国科学家牛顿在1687年提出了著名的'万有引力定律'。原来，地球因为受到太阳的引力，必须绕太阳转圈，就像用绳子绑住一块石头，手捏住绳子另一头用力使它转圈一样。

"有了定律，科学家就可以用数学公式计算天上星星的运动。

"彗星也是绕太阳运动的，轨道扁长，也有自己的周期。牛顿的朋友、英国天文学家哈雷对1682年出现的彗星和以前的记录资料进

哥白尼说太阳在中心

行比较，发现它和以前记录的两颗很像，运行轨道相合。于是，他大胆判断这三次出现的是同一颗彗星，它76年绕太阳转一圈，回归到地球附近，并且预言在下一个76年后的1758年会再回来。虽然哈雷没有等到这一天，但是，人们翘首以盼的彗星，在这年的年末如约而至，重新出现在天空，引起极大的轰动。为了纪念哈雷，人们以他的名字命名了这颗彗星。

"其实，这正是我国春秋时期被最早记载的那颗'扫帚星'，在以后的两千多年里，它被记录了31次。可惜的是，一代接一代虽然认真记下了，却没有发现是同一颗彗星又回来了，自然丢掉了起名的机会。"

下面一片惋惜声。

牛顿找到转圈拉的"绳子"

哈雷说那是同一颗彗星

"1781年，天王星被发现，这是太阳系的第七颗行星。人们观测它的运行，发现轨道和按照万有引力定律计算的结果有偏差。是定律有问题还是观测有问题？都不是。那么，会不会是有别的行星对它的吸引力使它的轨道发生偏差呢？如果有，这颗行星在哪里？

"要在浩瀚的星空中寻找这颗未知的行星，真比大海捞针还难。但是，两位青年——英国的亚当斯和法国的勒维耶，分别通过大量的计算，确定了这颗未知行星的轨道。并且他们还预测了它在什么时间会出现在天空的什么地方。人们用望远镜对准这个区域，果然观测到一颗很暗的、会移动的行星。这就是影响天王星轨道的太阳系的第八颗行星，被命名为海王星。

在笔尖下发现的天体

"这个发现在当时轰动了欧洲，人们把它叫作'在笔尖下发现的天体'。又一次显示了'万有引力定律'的威力。人们欢呼宇宙的秘密被揭开了，人类掌握了开启'天宫大门'的钥匙。"

天象演示完毕，窗帘拉开。大家对天文故事着了迷。

"天上有了'动'和'不动'。在地球上，当然拿'地'做标志，认为是'不动'。其他的'动'和'不动'，就看它对地的相对位置有没有改变。"文浩继续讲。

"在大自然，我们看见'不动'的世界。"

文浩小组放起幻灯片。

"现在，走进一望无际的沙漠，金黄色的沙丘构成一幅美丽的图画，在那里一切好像都凝固了。

"这是茫茫的大草原，像绿色丝绒毯铺到了天的尽头，流线型的小丘和镜面似的湖水点缀其间，周围静止的一切使人感到连时间也停住了。

"这是巍峨的群山，这是海岛边宁静的港湾，这是浓荫遮蔽的森林……在远离城镇的大自然，我们可以感受周围万物的'不动'。"

屏幕上出现的是纪录片剪辑。

"再来看'动'的大自然。

"这是狂风吹得飞沙走石，形成黄沙蔽日的沙尘暴。

"这是侵袭海边的热带风暴，龙卷风刮倒的房屋、大树，还有海啸带来排山倒海的巨浪。

"这是雨、雪、雹，还有因暴雨形成的洪水和泥石流。

"这是火山喷发、地震、山体滑坡、雪崩给人类带来巨大的灾难。

"说'动'哪能离开动物？'动'的多种多样在动物世界中体现得淋漓尽致。不管是天上飞的、地上跑的、水里游的，都有自己的特点。大雁的编队一排排，信鸽的超长距离飞行，鹰在空中盘旋、在追捕猎物时俯冲，燕子的低空掠过，蜂鸟在花间移动和悬停在空中。猎豹飞速追赶猎物，狮虎跃起扑食，猴子上蹿下跳，袋鼠一步几米的跳跃，考拉在树上慢慢地移动，青蛙跃入水中，猫从高处翻转落地，蛇的'S'形爬行，尺蠖一曲一伸，蜗牛在缓慢爬。水族馆里各种各样的鱼类和其他海洋生物的运动让人看都看不过来：横冲直撞的鲨鱼在追逐猎物，矫健的海豚时而潜入水底、时而跃出水面，乌贼像火箭似地喷水前进，水母摆动着美丽的'裙子'和

动物世界

在封闭的船舱里

长长的'丝带'自由自在地移动，鲸鱼在海洋中像一艘大船稳稳地航行。各种动物不同的运动方式使人目不暇接。这一切各有特点的'动'，我们并不难把它们区分开。"

片子刚放完，文浩就发问了："难道地上的事真的这么容易区分吗？"

问题引起了大家的注意，文浩接着讲："一次，伽利略和几个同事在一艘大船甲板下的一个看不见外面的船舱里，进行了一次有趣的实验。在船停在水上不动时，他们带进来几只苍蝇、蝴蝶在舱里飞，还有几条鱼在大碗里游。然后，船开了，以不变的速度沿直线平稳地行驶。这时，再看看舱内有什么变化？他们盯着那些昆虫，仍然自由地向各个方向飞；鱼依然缸里自由地游，不会因船向前驶而全集中到鱼缸的后面，或者在费力地向前紧跟。几个人在跳起来后，还会落在原地，不会因船向前行驶而落到后面。人向后跳也不会比向前跳得远些。烟仍然直向上，而不会飘向后方。总之，舱里的一切和船在静止不动时一样，没有发生任何变化。如果你在船上，你能判断出船是在'动'还是'不动'吗？"

下面回答："不能。"

文浩："那怎么办？"

下面一时没有反应。

文浩："船动不动？撩开窗帘就知道了。"

下面"炸了锅"，大家没想到可以这样思考问题。

向吉反问道："如果窗帘外有一艘同方向、以同样速度行驶的船，怎么办？"

碰到对手了。文浩尴尬地笑笑，解嘲道："还是有规律的。一是说谁，比如说船；二是相对于谁说，比如相对于河岸说，就是'动'，如果相对于旁边并行那条船说，就是'不动'。"

"在地面以上36000千米的高空，有好多卫星是定点在我们头顶上'不动'的，但要是在地球外面看，它们是在和地球同步转动。没有绝对不动的物体，因为地球在动，太阳系在动，银河系在动，宇宙万物都在运动。'动'和'不动'都是相对的。"

该做实验了。屏幕上打出：

第一个实验：天文观察。

大自然的启示：天体运动的现象。

实验的内容：学习简单的天文观测方法观测天体的位置和运动。

准备工作：学习一些天文学的简单知识。制作一些简单的观察仪器，如观察太阳影子计时的日晷，观察天体位置（角度）的简单仪器，有一架简单的天文望远镜或利用学校的天文仪器就更好了。

（1）观察月亮的运动：月亮的运动路线和快慢、月亮的出没时间和位置、月亮的圆缺变化和月食的过程等。

（2）观察太阳的运动：在不同的季节观察太阳的出没时间和运行路线、日食的过程等。注意绝对不能用眼睛直接观察太阳。

（3）认识星座：依据星图观察著名的星座。

（4）观察行星：如金星、火星、水星等。

（5）观察彗星、流星和人造卫星。

第二个实验：圆运动的条件。

大自然的启示：行星绕太阳运动。

实验的内容：模仿圆运动和"万有引力"。

选一截15厘米长的细管子（竹管、铁管、塑料管等），一根长约1.5米的细绳穿过细管，绳子两头分别拴住两个软的重物（沙袋、塑料球等）。

手握住细管，让一头的重物转起来，另一头向下吊着，转的重物做圆周运动，用手控制转圈的快慢和圈的大小，可以看见下头的重物随之上升或下降（圈大上

玩甩转圈

升，转快上升）。改变下头重物的重量，重复实验。

用重量模拟引力，探索引力大小和转圈大小、快慢的关系。

③

大饱眼福

第三次讲座是向吉小组准备。题目也有特点，一定是"看"得多。

向吉开讲了："今天要讲的题目是《大饱眼福》。我们眼睛能看，看书、看手机、看电影、看电视、看周围的一切，什么才能让我们'大饱眼福'呢？那就是光，因为有光，眼睛才能看见。最好看的首先是大自然。下面请大家看我们小组搜集的一些图片。"（向吉是收集图片的行家）

投影机在大屏幕上陆续打出日食、月食的图片。

"这是一张日全食的照片。光给我们带来的第一印象是光明。太阳给地球光明，也使地球有了生命。在夜里，我们能感受到柔和的月光、闪烁的星光。人们利用日食、月食的机会来研究太阳、月球。"

屏幕上更换了一组图片。泰山日出、海上落日、密林中的阳光。

"这是一张日出的照片。从地平线上升起的太阳给我们带来光明，从云层喷出的万道霞光充满生机和希望。晨光和伴随它的彩霞构成一幅令人陶醉、五彩缤纷的画面。树林中，一条条光柱穿过树叶间的空隙，射到林地上，片片光影含着生机。"

第三组图片：黄山云雾、雅鲁藏布江大峡谷、黄果树瀑布、九寨沟、张家界、内蒙古草原、大兴安岭、珠穆朗玛峰、塔克拉玛干大沙漠、大海、巨浪、热带雨林和南极。

"这一组照片把我们带入大自然的美景中。我们看见云雾缭绕的山峰，壁立千仞的峡谷，飞流直下的瀑布，辽阔的、像绿地毯一样的大草原，在飞机上才能领略到的广袤的森林，蓝天衬着洁白、雄伟的雪山，无边无垠金黄的沙漠，蔚蓝的大海和翻腾的巨浪，神秘的热带雨林，一望无际的南极冰原和巨大的冰山，这些自然景观让画家陶醉，使摄影家流连忘返。"

第四组图片：海市蜃楼、峨眉佛光、极光、双彩虹、湖中倒影。

向吉继续介绍说："这是山东省的蓬莱，古代传说中八仙过海的地方，也被称为'蓬莱仙境'。在这里，经常出现'海市蜃楼'和'海滋'现象，引发人们无限的遐想。这是四川省峨眉山上著名的'佛光'。有的人还能看到在美丽的彩色光环中间出现自己的影像，人和大自然融合在一起。这张是极光照片。美丽的极光出现在极圈附近，神秘又有震撼力。彩虹出现在雨后的晴空，这是美丽的双彩虹照片。这张是山林美景倒映在平镜一样的湖水水面上，一种绝佳的配合。"

第五组图片：萤火虫、海火、发光的鱼、细菌发光、放光虫。

"夏日夜晚飘来飘去的点点绿光是小小的萤火虫，这让我们联想到古人的'囊萤映雪'。这是海藻在海水中发出的'海火'。这是能发光的海鱼。这是某些朽木、腐物上繁殖的细菌发出的光。这是能发光的小虫子。生物发光是神秘的光现象。"

这些高清图片拍摄得很好，大家像是上了一堂大自然欣赏课。

"我们在选图片的时候，一边欣赏一边挑，好看的还有很多很多，恨不得都拿来。大自然的美景奇观太丰富了。拍照不能没有光，要拍得好，还要会看光、用光。所以说，是'光'让我们大饱眼福。下面，我们做几个实验，内容都来自大自然。"

在大屏幕上打出下面的内容：

第一个实验：玩激光小手电。

大自然的启示：树林中的光柱、朝霞中射出的光。

实验的内容：模仿大自然，显示出光传播的路径。

向吉请靠窗户的同学把厚窗帘拉上，遮住窗户，室内暗下来。她和小组同学用

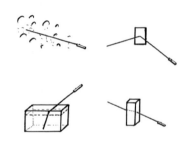

玩小手电

激光小手电玩了起来。

他们先把手电对着屏幕照，上面出现亮点。然后顺着墙照，墙上显示出一条亮线。小组同学往空中喷些烟雾，手电光射向烟雾，在烟雾中显现一段亮线和光柱。

随后，光照向镜子，被反射出来。

让光射入玻璃水箱的水中，照向盛有水的烧瓶中，照射到厚的玻璃砖上，光的路线由直线变成折线。

小手电的光照来照去，结果证实了我们在自然界看到的现象：光是沿直线"走"的；被物体阻挡时，会发生反射；射到水、玻璃等透明物体中时方向会改变。

大屏幕上又打出：

第二个实验：玩镜子。

大自然的启示：平静水面的倒影。

实验的内容：用镜子代替水面，看倒影。

向吉他们把一块大镜子平放在桌面上，在镜子边上竖立一张风景画，大家说看见倒影了。

然后，他们把镜子在桌面上立起来，让画与镜面垂直相连。这样一来，在镜子里看见的不再是倒影，而是和画面并排、左右相反的正影。

向吉小组在桌面上放了些水果，把镜子摆在水果后边，镜面向前倾斜，让大家看。

同学们笑了。有人说："这是商店里卖水果货架后面的镜子，水果显得多一倍。"

向吉小组又表演起"买鞋"。在卖鞋的柜台旁边试鞋的时候，售货员会把镜子放在旁边。向吉问："镜子应该怎样放？"

玩镜子

有同学答道："镜子应该向后倾斜一点。"说罢到前面把镜子摆好。顾客看着试鞋，效果很好。

镜子的应用很广泛，最常用的自然是照自己——在练习舞蹈的练功房里，你可以在墙上的大镜子里看清楚自己的动作和姿势。

向吉总结说："镜子可以形成倒影，也可以形成其他影像。科技馆里镜子的魅力我们体会到了。镜子的特点是反射和对称。"

大屏幕上打出：

第三个实验：出彩虹。

大自然的启示：美丽的彩虹。

实验的内容：模仿大自然，喷水雾制造彩虹。

向吉小组面对斜射进大窗户的太阳光，几个人同时用喷雾器向太阳光喷出雾状水珠，看看能不能看见彩虹。

大家移动位置，变换角度观看，看见了水雾中的人造彩虹。

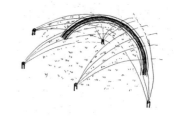

喷雾出彩虹

向吉说："实验最好是在室外公园里的草坪上，早上的阳光下，好多个喷头同时喷水。喷泉或浇草地的喷头喷出水雾，看的效果更好。"

大屏幕上打出：

第四个实验：蓝色是"天生"的。

大自然的启示：美丽的蓝天。

实验的内容：模仿蓝天。

向吉拿来一个玻璃瓶，放倒在桌上。瓶里装满水，水有些浑浊。镜子反射阳光，从瓶底直射进瓶中，她请大家从侧面看瓶中的水是什么颜色。

瓶子里的"蓝天"和"朝霞"

有的说："有点蓝。"有的说："有点发灰。"

向吉解释说："这个实验也是模仿天空的条件。大气中有大量微小的颗粒物，太阳光照射在这些微粒上，就会发生散射，蓝色的光最容易散射，所以，我们看见天是蓝色的，受污染的地方就没有蓝天。太阳光也可以用白色光源代替。"

大屏幕上打出：

第五个实验：红霞满天。

大自然的启示：日出天边红艳艳。

实验的内容：模仿朝霞。

实验还是用一个大玻璃瓶，这回里面装的是清水。瓶子横躺在桌子上。让一束阳光水平射入玻璃瓶的上半部，光会通过水瓶。从反方向看，果然，看见瓶子上半部有红光射出。

向吉解释说："这是模仿早晨阳光通过大气层的情况，圆瓶子水相当于地平线上的大气层。"

大饱耳福

第四次讲座的主讲人是喜欢音乐的石童和她的小组。

讲座开始有些特别。

石童说："请大家闭上眼睛，静静地听。"

石童打开音响，播放的不是音乐，而是一些大自然中的声音，同时还伴有小声的解说。

"当我们走进大自然，用耳朵尽情搜集各种声响的时候，会发现自己进入了一个丰富、美妙的声音世界。大自然通过各种声响使人们感受到它的博大、深邃、复杂和精细。

"我们听见呼啸的风声、轰隆隆的雷鸣、淅沥沥的雨声，以及几种声音汇合而成的暴风雨声。漫步在海边时，能听到海水轻轻抚岸的低吟，或者惊涛拍岸的咆哮。

"在山间听泉水滴落的叮咚声，在小溪旁听那欢快的流水唱歌。

"在瀑布前听那飞流直下冲击的轰鸣，特别是在黄河壶口瀑布前，听到那不可阻挡、翻滚咆哮的河水一泻而下震耳欲聋的声音，给你带来的震撼将终生难忘。

"声音使自然界充满活力。

"下面进入动物世界。

"这是鸟的世界。小麻雀啾啾细语，一群喜鹊叽叽喳喳，黄莺在婉转歌唱，成双的鹦鹉吱吱咯咯个不停。鸽子在咕噜咕地叫着，乌鸦张着大嘴呱呱地叫喊，布谷鸟有节奏地呼叫应答，还有那聪明的八哥叫出的'人话'。清晨，在公园里，在树林里，各种鸟儿的欢叫声交织在一起，汇成一曲美妙的大合唱。

"大自然还有各种各样的动物，我们在动物园听到过许多动物的叫声：狮、虎的吼叫声，狼的嚎叫声，马的嘶鸣，猴子吱叫着追逐嬉戏……

"我们对一些昆虫的叫声非常熟悉。苍蝇、蚊子的嗡嗡声令人生厌，但是蜜蜂的嗡嗡声却像唱歌一样动听。许多昆虫的声音给我们的生活增添了欢乐：听，这是夏天树上的知了在齐声欢唱，这是草丛中的蝈蝈拉的长声，在夜晚蛐蛐振动着翅膀发出阵阵声音，仿佛把我们带回童年的时光。

"大自然的音响就像是一曲生命的交响乐，把整个自然界渲染得如此美妙、充满活力。"

音响和解说结束。

"请睁开眼。"石童说："在大自然声音的感染下，音乐家在自己的作品中融入了这些声音，他们要表现对自然的钟爱和感悟。请听几段音乐。"

石童打开音响播放音乐并作简单介绍。

第一段是中国民间乐曲《百鸟朝凤》。

"这是用中国的民间乐器唢呐演奏出的各种鸟鸣声，模仿得惟妙惟肖，可以乱真。最后，百鸟争鸣，欢聚一堂，形成一种热闹、喜庆的场面。"

第二段是罗马尼亚民间乐曲《云雀》。

"乐曲用民族乐器排箫演奏。乐曲不是单纯模仿鸟鸣，而是把云雀时而掠过低空、时而直冲云霄，在天空中自由自在地翱翔的矫健身姿和欢乐热情的情绪表达得淋漓尽致。"

第三段是德国伟大作曲家贝多芬的《第六（田园）交响曲·第二乐章》。

"这是有许多乐器的交响乐队的声音,表现作曲家来到乡间对大自然的感受。这里有广阔的田野、明媚温暖的阳光、轻拂的和风和野花摇曳的草地,好一派宁静的大自然,只有小溪潺潺的流水低声吟唱以及树林中传出的一两声悦耳的鸟鸣,一切是那么和谐……"

音乐播放完,大家还在细细品味。

"音乐是艺术化的声音,起源于大自然的声响。大自然是音乐家创作的源泉,是音乐艺术的摇篮。"

说了一句挺有哲理的话,石童又转为大实话:"录音机真是个好东西,帮我们记录声音、再现声音。我们要好好利用它,把一切好玩的声音都录下来,建立声音资料库,想听就随时调出来,大饱耳福。我们从大自然的声音中也发现了做实验的素材。下面请看实验。"

大屏幕打出:

第一组实验:玩发声。

大自然的启示:产生各种声音。

实验的内容:研究发声方法。

石童手上捏着一个小东西让大家看,圆的,铁片做的,有一定厚度,中间有一个圆的孔。干什么用的?大家猜不到。然后,她把那东西放在嘴唇上吹,那东西"呜呜"地响起来。

"哦,是水壶盖上的'壶哨'。"有人知道了。

石童说:"猜对了。有的玩具娃娃身上也有,通过圆孔吹气就能发出声音。这里有一些,大家传着看。"

大家看了这个能"叫"的小东西。原来是由两层铁皮做的,中间是空的。

石童:"这是个模仿人的嘴吹口哨的东西,吹口哨要将嘴唇缩成圆孔。"她又说:"其实,不缩成圆孔也能吹。"

说完,她拿起一片树叶,用嘴唇夹住,向外吹气,发出"吱吱"的声音。仔细听,她还真吹出了有高有低的曲子。大家为她鼓掌。

有几个同学也拿起桌上的树叶吹起来。有的一吹就出声音,有的只出气没有声,有的嘴唇闭得太紧,连气都出不来,憋得脸通红。

石童从桌上拿起一支竹笛。

这是毛笔粗细的竹管，10~15 厘米长。把上端孔用木楔堵住一半，下面 1 厘米处切开一个楔形切口出气，就可以吹响了。如果从下端插入一个可以上下移动的小活塞，一面吹，一面推拉活塞，就可以发出高低不同的声音。

玩发声（壶哨、树叶口琴和竹笛）

石童向竹管里滴一点水，吹了起来，同时，她上下推拉活塞，声音就有高低变化，婉转、流畅，真像鸟儿的叫声。小组同学给大家分发了一些竹笛，顿时会场鸟鸣声一片，仿佛进入了傍晚群鸟归巢的树林。

大屏幕打出字：

第二组实验：模仿秀。

大自然的启示：有特点的声音。

实验的内容：再现某些有特点的声音。

"下面，还是请大家听声音。"

会场上很安静。忽然，不知哪里传来"哗哗"的雨声。下雨了？有的同学还扭头看窗外。有人猜，又是放录音吧？正疑惑时，台上的半边大幕徐徐拉开，里面的两位同学正在那里忙碌，一位在摇辘轳把，使大圆桶一样的辘轳转动，另一位拿着一块大塑料布搭在圆桶上。大家恍然大悟。原来，是塑料布和圆桶之间的摩擦发出"哗哗"的响声。实在太像了，全场掌声雷动。

两位"造雨人"更卖力气了，"雨声"也由小变大。突然，雷声大作，把众人吓了一跳。"隆隆隆"，长长的闷雷当中突然爆发一阵炸雷，好像就在会场上方。在台下乱糟糟的时候，大幕的另一边打开了，只见董栋和一位大个子的同学，一人拿一张三合板，一人拿薄铁板用力抖动着，雷声就是从那里发出的。大家边鼓掌边叫好。

雷公电母和龙王爷

雷声大作，伴随暴雨，场内异常活跃，

几个好奇的同学跳上台，也当了回"雷公""电母"和"龙王爷"。大家最后玩累了，"雨过天晴"。

这种效果太逼真了，在演出时可以以假乱真。

导演了这场逼真的雷雨，石童有点得意，讲得更加投入："有些人用乐器可以模仿鸟叫，可以模仿人说话、唱戏的声音。电子琴可以模仿多种乐器的声音。现在，到处都有模仿秀的节目，专门模仿名演员的说话声和唱歌、唱戏的声音。不过，这不新鲜，连鹦鹉、八哥都会模仿人声嘛。"

又是笑声。

口技模仿秀

"还是口技演员的本事最大。他们用喉、舌、唇、齿、口腔等器官，模仿鸟叫、家禽和家畜的叫声，还有汽车、火车等交通工具的声音和枪炮的响声等。加上形体动作，惟妙惟肖。如果大家喜欢，我们自己可以组织一场模仿秀比赛。"

大屏幕显示：

第三组实验：自制"土"乐器。

大自然的启示：声音有高低。

实验的内容：学造乐器。

石童小组在桌上把相同的八个烧杯一字排开，然后分别往每个杯里倒水。第一个杯子的水快满了，倒完后，用小木棍轻轻敲杯边，水杯发出的声音，定为最低的"1"（哆）。然后，向第二个杯子里倒水，边倒边敲，两个音比较，调节水量，听声音到"2"（来），不再倒水。依次往后面的杯子里倒水，使每个杯子的发声按照"3"（咪）、"4"（发）……排下去，直到高音"i"。这样，按 1234567 i 音阶排列，有八度音程的"水杯琴"做好了。

看得出来，音高和杯里水的多少有关：水越多，音调越低。

石童请学校乐队里演奏木琴的同学上来，用"水杯琴"奏一曲。演奏者上台用筷子敲"琴"，清脆、悦耳的声音有特点，很好听，一点不亚于真的乐器，台下报以热烈的掌声。

"我们再做一件乐器。"石童说。

桌上有一个试管架，上面插了一排完全相同的
试管。向试管里倒水，然后用嘴沿试管口边吹气，
试管会发出笛子一样的声音。用同样方法把试管的
声音调成音阶，就做成了一个"试管排箫"。

同样，请会吹笛子的同学来吹奏一曲。演奏者
拿起试管架吹起来，样子有点滑稽。由于和吹笛子
不一样，同学来回移动找音，总算吹了个简单的曲
子，引来一阵笑声和掌声。

细心的向吉发现，"水杯琴"水多的声音低，而
"试管排箫"里水多的声音高。

"水杯琴"和"试管排箫"

文浩问："两个实验中水的多少和音高的关系为什么相反？"

董栋说："回去自己再做，做完再说。"

神秘的电与磁

最后一场讲座由董栋小组主讲。"动手迷"上来就玩新鲜的。

"'讲座'这个词，在这里应该叫'讲做'，就是有'讲'有'做'。再改动
一下次序，叫'做讲'，就是'又做又讲''先做后讲'的意思。"

"下面开始做。"

大屏幕打出：

第一组实验：玩起电。

大自然的启示：摩擦起电现象。

实验的内容：用摩擦的方法使物体带电。

"每个人都可以做。用塑料笔摩擦头发或摩擦化纤衣料，然后去吸引纸屑或发泡塑料。"

这些在小学就做过，大家很熟练地完成了。

"我们用实验仪器做。"

在讲台上摆放着用细线吊起来的发泡塑料小球，将通过它能否被吸引证明物体是否有电。准备用来摩擦的物品有塑料棒、橡胶棒、玻璃棒，还有丝绸、毛皮、毛衣、化纤等。

几位同学上台，轮流用这些物品相互摩擦，然后吸引小球检验带电。

董栋他们拿来一些气球，用不同的方法摩擦，使气球带电。再看这些气球，个个都"活跃"起来：有的往一起靠，贴在一起；有的被推开，离得远远的；有的贴在墙上；有的贴在人身上，好热闹。

董栋小组又在桌子上摆了两个相距几厘米的枕形空心金属筒，筒下面粘有带电指示的纸条。用摩擦的办法使一个带电，另一个筒上的纸条也张开了。电竟然传过去了，难道电能"飞"过去？

然后，他们集体表演"下雪"。董栋拿来一个包裹，里面都是细碎的泡沫塑料。

玩摩擦起电

他们拿着包裹揉搓，有的人用皮毛或丝绸互相摩擦身上的化纤衣服，把包裹给站在桌子上的一位同学。他把包裹打开，把碎块洒向下面的人，空中飘下"雪花"，好多人身上沾满了白色泡沫塑料，用手都弄不下来，成了"雪人"。

大屏幕打出：

第二组实验：玩起电盘。

大自然的启示：闪电。

实验的内容：再现闪电。

"这是一个能产生电的仪器，叫'起电盘'，小学的时候我们就见过。我摇摇把，盘转动，就会有电，电可以积攒在两根杆上端的球上。请仔细看。"

突然，两个小球之间发生蓝紫色的曲折放电，像闪电一样，还有'啪啪'的响声。

"效果还不错吧？像小人国的闪电。"

他们接着做。

"这里有一个用线吊着的乒乓球，外表是黑的，涂有碳粉。我把小球吊在起电盘两球之间，请看发生的现象。"

董栋用手摇起电盘的摇把，乒乓球就动起来，一会儿被左边拉过去，一会儿又被左边推开，被右边拉住。就这样，乒乓球在两边来回跳。大家看到这样的现象，觉得很新鲜。

"用棉花做。"向吉想起看过的"棉花跳舞"。

"好！下面，用一团棉花代替乒乓球，用木棍把棉花送到带电球之间，看看会发生什么现象。"

棉花像乒乓球一样，往返于两边。由于棉花可以变形，所以"拉拉扯扯"特别明显，煞是好玩。跳"跨步舞"的棉花引来阵阵笑声。

"在科技馆有'人体带电'，这里也能做。有没有勇敢者想上来体验一下？要洗过头的女同学哦！"

大家笑起来。一位女同学走到前面。在木制的台上有一块厚胶皮垫，董栋请她站在垫子上。嘱咐不要下地，不要摸墙，一只手摸着起电盘一侧的小球。

"我开始摇了。"

董栋不紧不慢地摇，开始时没有任何动静。下面的同学有的问"有电没有？""麻不麻？"女同学摇摇头。又摇了一会儿，下面有人眼尖，叫道："头发动了。"真的！她的头发开始张开，越来越多的头发立

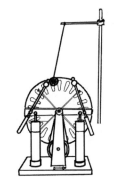

起电盘

起来，最后，成了一个"大蒲公英"。女同学自己看不见，向吉拿来一面大镜子。她看见自己的样子，笑了，用手指比个"V"字。

董栋停下来，很快，女同学的头发就收拢了。又过了一会儿，董栋请她走下台，又陆续请了几个人上台做实验。

大屏幕打出：

第三组实验：玩小磁针。

提出的问题：磁石也可以人造？

大自然的启示：地球是一个天然大磁石。

设计实验的目的：学习做指南针。

董栋向大家介绍爱因斯坦小时候玩指南针的故事，激发起了大家的兴趣。然后，分发了一些材料，有钢制的针、小钢条、钢片和磁铁。

"我教大家做小磁针。用磁铁的一端（磁极）沿一个方向在钢针上摩擦几次，钢针就有了磁性。然后，用钢针吸引大头针、铁粉，检验有没有磁性。最后，把小磁针做成指南针就要各位自己想办法了。"

董栋把最后一步留给大家。同学们也积极想办法，玩出一些花样。

有的用特细的丝线把磁针水平吊起，可以在水平方向转动。

有的把磁针插进轻小的软木塞或发泡塑料上，然后将它们放在水碗里，漂浮在水面上，可以自由转动。有的设计出一个轻巧的支架，把磁针水平支起来，使它能够自由转动。

大家想出的办法不少，董栋当场表扬了几组，然后开始总结："实验的结果是做成的指南针能指出南北方向。"

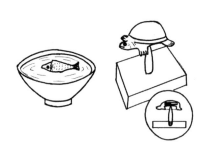

都能指北

"在古代，电是最神秘的自然现象。古人对闪电有一种神秘、畏惧的感觉，因为它在天上，看得见够不着，等它落到地上，就会造成灾害。谁不怕呀！因此，人们想象出天上有'雷公'和'电母'。有的认为是老天发怒，要惩罚谁了。

"闪电是最壮观的自然现象之一。在乌

云密布的天空，一道耀眼的像藤条一样的白光快速伸展。有时，像巨大的树杈占满一方天空；有时，像一把利剑从天而降直插地面；有时，又会隐藏在云层的后面，使人看不到它的真面目，只是在云层的边缘发出阵阵光亮。还有那难得的球形闪电，有像'糖葫芦'成串的，还有单个像幽灵飘飘悠悠的大球。说到颜色，闪电大多是冷峻的白光，也有的在惨白中带有淡淡的紫色，有的是明亮的浅浅的粉红、金黄，还有橘红、淡绿、淡蓝、淡黄透亮的火球，非常美丽。"

董栋小组在大屏幕上播放各种闪电的真实情况。一幅幅照片，还有实拍的视频，让人大开眼界、震撼不已，每一个闪电的出现几乎都能引起一片惊叹声。

"雷声伴着闪电而生。有时像在头顶上爆炸的霹雳；有的加上回声，像连绵不断的战鼓轰鸣。由于声音滞后，给等待又加上了一丝恐惧。当然，也有电闪和霹雷几乎同时落下，真是'迅雷不及掩耳'，那是在近距离发生的。在旷野和树林，有时还会发生雷击。巨大的'神剑'劈开、劈倒树木，导致树木烧焦、起火。在林区，

让人畏惧的闪电

闪电还会引起森林大火。这就是古人顶礼膜拜的'天电'——一种无法理解、无法抗拒的大自然现象。

"另外，人们很早就发现了一些奇怪的现象。古人用来装饰或入药的琥珀、玳瑁在打磨后能吸附草屑一类的轻小物体。羽毛做的掸子轻拂东西表面使尘土不飞扬。在黑夜里用梳子梳头，或者脱下毛皮或丝绸做的衣服时，会看见闪烁的小火花，同时听见轻微的爆声。'电'这个名字的起源，就是来自古希腊文里的'琥珀'。

"在海洋里，有些鱼类如电鳗的身上带电，需要时，它能放出电来击伤、麻痹其他鱼类或攻击者。"

大屏幕上显示出各种带电的鱼类。

"另一种神秘的现象是'磁'。在古代，人们发现有一类矿石具有吸力，我国古代称之为'慈石'，有慈母爱子的比喻。随着采矿、冶炼技术的发展，人们发现磁石能吸引铁这类金属而不能吸引金、银、铜等金属和非金属，就把这种奇怪的性

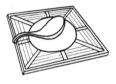

司南和指南针

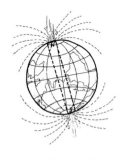

地球是个大磁铁

质称为有'磁性'。人们还发现磁石与磁石之间既有相互吸引的又有相互推斥的,这是磁石有不同的两个磁极的缘故。

"磁石吸引铁的作用曾被用在古代战争中。在狭窄的路边堆放大量磁石,可以用来吸引路过的敌军的铁甲和兵器。据说秦始皇用磁石修建皇宫的门,专门防止刺客藏匿凶器。

"磁石最早也最伟大的应用就是指南针。这是我国古代的四大发明之一,也是人们除了观天以外用来判定方向的重要工具。

"通过指南针,人们知道地球是一个大磁铁。和地磁有关的自然现象就是美丽的极光了。

"关于电与磁,大家可能会认为,大自然只给了我们天电、地电和天然磁石这么一点点有限的信息,太少了,有点神秘,因为它不像我们推拉的力那样要相互接触才能发生,有点像地球的吸引力,又像武侠小说里'隔空'发力。

"古人认为电与磁是各自独立的现象。其实大自然把更多的秘密隐藏在了深处。后来当人们发现电与磁有联系、进一步把它们结合在一起时,就开辟了'电'和'磁'的新天地。"

五次讲座结束了,效果非常好。每一位同学都参与了准备工作,亲自走进大自然,打开眼界,看到那里有丰富的宝藏,有迷人的景色,有奇异的现象,有学不完的知识,有取之不尽的实验素材。大自然太好玩了,大自然对人类太重要了。人和自然要和谐相处,我们要热爱大自然,关心大自然,保护大自然。

五

生活里的发现

"大自然是最好的课堂，生活是科学实验的摇篮。"

下一步，"玩家老师"要带领大家走近生活，在日常的生活中玩实验。老师建议大家先了解一下科学发现的历史故事。

在老师的指导下，同学们收集了一些小故事，通过整理，再加入自己的理解，就可以给大家讲了。

①

灵感来自澡盆

第一个讲故事的是"百事通"——石童和她的小组同学。

题目：在澡盆里得到的灵感

故事发生在公元前二百多年西西里岛上的叙拉古城。国王命工匠做一顶纯金的王冠。过了一段时间，王冠做好了，重量和原来给的金子一点不差。但是，有人怀疑工匠掺了假，用一部分银子换下了相同重量的金子。但是，没有证据，无法确定。这就是著名的"王冠之谜"。于是，国王把解谜任务交给了著名的学者阿基米德。

阿基米德一天一天地冥思苦想，一直没有想出办法。一天，他去澡堂洗澡。当他进入盛满水的澡盆时，水面上升并溢出盆外。他突然来了灵感，跳出澡盆大声喊着："明白了，明白了！"连衣服都忘了穿就跑了出去。

在澡盆溢水现象的启发下，他构思设计了实验，并对实验现象认真地分析，得出了王冠被掺了假的结论，揭开了"王冠之谜"。

"阿基米德是怎样做的？我们一起来模仿一下。请看大屏幕。"

石童讲解，她的助手配合做实验。

阿基米德揭开"王冠之谜"

生活中的启示：人浸入水中把水排开。

构思实验内容：（具有复杂形状）王冠的体积、可以用"泡澡盆"（学名"排水法"）的办法测量。

实验方案：用"排水法"比较物体的体积。

参加比较的有：王冠、金块（原料）、银块，它们的重量完全相同。

做法：

（1）把王冠浸没在盛满水的水罐中，被排开的水溢出罐外流到盆里，收集盆里的水，测量它的体积为 V。

（2）用金块按同样的方法做，测量溢出的水的体积为 V'。

（3）用银块按同样的方法做，测量溢出的水的体积为 V''。

比较三次溢出的水的体积 V、V'、V''。

实验结果：三次溢出水的体积不同（$V'' > V > V'$）。银块排出的水最多，王冠的次之，金块的最少。

实验结论：同样重的金块、王冠、银块的体积不同。王冠的体积比原料金块体积大，说明王冠被取走部分金子，掺进等重的银子，总重不变，体积变大。

"排水法"测体积

文浩："讲完了？这么简单？"

石童："我理解，这是阿基米德看见水从澡盆溢出，最直接、最简单的联想。"

文浩："难道没有更简单的办法吗？银的颜色和金完全不同。"

石童："我想过。银掺进去和金均匀混合以后，再做成王冠，从颜色上就不容易区分了，因为银子不会掺进太多。"

文浩："从'泡澡盆'到揭秘，这个过程他是怎样思考的？能不能介绍一下。"

石童："王冠有没有掺假？辨颜色，不行。称重量，没用。造假者把这条路堵死了。阿基米德想到的，是对方无法堵死的另一条路，金和银的密度不同，相差很大。就是说，同等重的金块和银块的体积不同；也就是说，掺假的王冠和原来提供的金子可以等重，但体积绝对不同。金块的体积好测，王冠体积怎么测？这是阿基米德冥思苦想的关键。"

董栋："他一直在思考这个问题，一定是着迷了，所以在进入澡盆看见水面上升、溢出盆外的那一瞬间，就悟出了解决的方法。"

文浩："据说，阿基米德通过'泡澡盆'发现浮力。这和揭秘有什么关系？"

石童："对。他还应该有另一种感觉：当身体浸入水中时，会觉得不太稳，身体被水向上托起。身体浸入水中越多，觉得身体越轻，这就是水的浮力的影响。"

向吉："阿基米德发明了杠杆，称重是他的拿手好戏，他可能会用这一招。"

石童："你猜对了，这就是设想的第二套实验。请看大屏幕。"

生活中的启示：人浸入水中受到浮力，感觉变轻了。

构思实验内容：在空气中称重量相同的王冠和金块，浸没在水里称还相同吗？

实验方案：用"水中称重法"比较在水中的重量。

参加比较的有：重量相同的王冠、金块、银块。

做法：

（1）在水罐中装大半罐水，用等臂的杠杆做秤。

（2）杠杆一边用细线吊起王冠，放入水罐，浸没在水中。另一边放砝码，使杠杆平衡。

（3）从砝码数测出王冠在水中的重量 G。

（4）用同样方法测金块在水中的重量 G'。

"水中称重法"

（5）用同样方法测银块在水中的重量 G''。

比较三次测量结果。

实验结果：三次测出的重量不同（$G' > G > G''$），金块比王冠重。反过来说，在水中，金块减轻的重量比王冠少。

实验结论：浸入水中后，王冠和金块、银块的重量都减轻了。但王冠减轻的重量比金块减轻的多，比银块减轻的少，说明王冠被部分掺了假。

董栋："这个实验虽然是称重，实际还是和体积有关。体积不同，浸没在水中的'排水量'就不同，称的重量也不同。"

向吉："于是，会有以下判断和推理：

（1）不掺假的王冠和作为原料的金块，重量相同，体积相同。

（2）它们浸没在水中的'排水量'也相同。

（3）它们浸没在水中的重量，（或减轻的重量）的大小也是一样的。

（4）但是，实验结果不一样。证明王冠被掺了假。"

文浩："造假者想得好，反正你们称重是称不出假的。没想到'阿老先生'在水中称，假王冠马上露出破绽。这一手够绝的。"

石童："两个实验方案设计分别来自他'泡澡盆'的两种感觉。不管是'比体积'还是'比重量'，它们有内在的联系。"

老师："是的。物体'排水量'的大小决定它减轻的重量多少，就是受到的浮力的大小。阿基米德解决'王冠之谜'，建立了以他名字命名的'浮力定律'。"

石童："洗澡是生活中很普通的事，阿基米德却从中获得灵感，这不是偶然的。"

老师："这个故事说明'灵感来自充分的思考'。"

董栋："我们可以继续实验。想办法把王冠中金银各占的比例测出来，看看拿走了多少金子。"

向吉："我认为，金子只是被换掉了一小部分，王冠的体积变化是很小的。测量时还真要特别细心呢！"

文浩："如果有一种和金子的密度差不多，又很便宜物质被掺进去，是不是就不容易被发现了？如果造假者辩解说：王冠有的部分是空心的，也不好办，是不是？"

② 教堂里的吊灯

第二个故事由"动手迷"——董栋和他的小组同学讲。

题目：教堂里的吊灯

"我讲的是意大利科学家伽利略年轻时的故事。那时他不到二十岁，在比萨大学学医，时常到比萨大教堂去。有一次，教堂里的人给吊灯添油，吊灯被碰到后摆动起来。他的眼球被吸引过去，聚精会神地注视灯的摆动。他看见吊灯被碰后，开始来回摆动，慢慢地，摆动幅度逐渐减小，最后停住。突然，问题就在他脑子里出现了。"

文浩："这比荡秋千还简单。"

董栋："是的，这是看来很平常的现象。问题也很简单，吊灯每一次摆动的时间是不是相等？"

文浩："怎么会想到这样的问题呢？"

向吉："是呀。我们在玩秋千时，也没有想过这个问题。"

董栋："值得想。摆动幅度大和幅度小时，需要的时间一样还是不一样？"

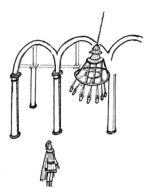

伽利略盯上吊灯

文浩："这还用问，当然不一样。摆过的路程不一样嘛。"

董栋："先别忙着下定论，做完了再说！我们来模仿他看到的现象。我做了一个模型，一根细绳下面系上小半个可乐瓶，瓶里装有水。把它上端固定在支架上，就可以模拟吊灯的摆动了。"

董栋轻轻推一下瓶子，瓶子轻轻摆起来。

"你们看得出摆动是均匀的吗？"

文浩："怎么会呢？开始摆得大，摆过的路程长，时间也长；后来越摆越小，时间就越来越短。"

向吉："光看就下断言是不够的，需要记时间。"

文浩："怎么记时间？伽利略有没有好一点的办法？"

董栋："伽利略正在学医，就想到用自己的脉搏来记时间。他用均匀跳动的脉搏来比对灯的摆动。不过，说比做容易，还是先做吧。"

大家找到手腕上的血管，看摆动的可乐瓶，测起来了。做了一会儿，好像还是不得要领。

文浩："哎呀！数乱了。同时数摆动和脉搏，这很难做到啊！"

董栋："我有一个办法。定好摆动次数，比如 10 次，同时记脉搏次数。两人一组，一人数摆动次数，另一人记脉搏次数，这样会从容一些。"

文浩："这只是测时间，怎么比？"

董栋："先记开始摆动幅度比较大的前 10 次，然后等一下，再记摆动变小的后 10 次，两次的脉搏数作比较。"

大家用新办法又试试，一起配合做，效果不错。

实验结果是前后两组脉搏数基本相同。这让文浩等同学出乎意料，迷惑不解。

董栋继续他的故事："伽利略做的结果和我们的一样，吊灯的摆动基本是均匀的，和摆幅的大小没有关系。这看起来不合常理的事，使他非常兴奋。当然，在教堂的测量十分粗略。于是，他回家后，用细绳拴了一个重物吊起来，认真做起实验。虽然计时还不可能太准确，但在尽可能实现的条件下，他完成了实验。实验结果证实了他在教堂的判断。让我们来模仿他的实验。现在，我们应该做得更好一些。"

大屏幕上打出实验内容。

生活中的启示：吊灯的摆动。

构思实验内容：模仿吊灯的摆动——求证摆动是不是均匀的。

实验方案一：用秒表测时间。

做法：细线下端系一钢球，上端固定在支架上，可以自由摆动（像荡秋千时老师做的"土仪器"）。

（1）钢球摆动一次，就是一个来回，起点和终点是同一位置。这点可以选钢球

摆动能等时吗？

经过最低点的位置。为了看得准，在钢球的后面固定竖立一块白纸板，上面画一条竖直的线，和细线对齐，方便数数。

（2）选择钢球摆动幅度大小不同的时段，分别测量摆动10次需要的时间。

（3）计算不同幅度摆动一次的平均时间并进行比较。

实验方案二：用节拍器测摆动的频率。

做法：用音乐课上用过的（机械或电子）节拍器。调节节拍器的节奏，和钢球摆动节奏一致（合拍）。从节拍器上读出摆动的频率（每分钟摆动的次数）。比较摆幅不同时的频率。

实验结果：钢球摆幅的大小不同，但摆动一次的时间基本是相同的。

实验结论：钢球摆动是等时的。

自己亲手做实验的结果，大家都认可和接受了。

董栋进一步讲："伽利略还发现，摆线的长短改变时，钢球摆动的快慢随之改变。摆线越长，摆得越慢，摆动一次的时间越长。摆线长度一定，摆动的快慢就一定。他来个'逆向思维'，用摆来测脉搏快慢。下面请大家自己动手来做。"

大屏幕显示：做"测脉搏摆"。

（1）做一个摆线的长度可以调节的摆。

同学们分组讨论、设计并动手做起来。最后，请两个组在台上演示。

第一组方案：

用夹子夹线。把夹子固定在支架上，松开夹子，可以改变摆线的长短。

第二组方案：

测脉搏摆

摆线不动。夹子可以沿线上下移动，夹在选定的位置。

两个方案都不错。

大屏幕又显示：

（2）配一个能标示摆线长度和脉搏次数的刻度盘。

看到这项内容，下面发出一阵议论。

"怎么做？""线多长？""一次一次试？"……

大家心中没底。

董栋拿出自己做好的摆对大家说："标示刻度要一次一次试验。确定摆长，测一分钟摆的次数。然后改变摆长，再测。挺麻烦的。"

董栋给大家作示范。刻度是这样做的：给节拍器定下一个数，然后调节摆线的长度，使摆动的快慢和节拍器一致。在刻度盘上标上刻度线，写上摆长和脉搏数。这是完成一组数。

改变节拍器的数值，再重复刚才的做法，就可以得到另一组数。多做几次就可得到一系列的数。他做的这个刻度盘，右边是摆线长度，从 6.2 厘米到 100 厘米共 8 个数。左边是脉搏数，和右边刻度一一对应，从 120 次 / 分到 30 次 / 分。

董栋讲完就带大家做。

"请大家把摆线调节到 25 厘米长，看一分钟摆动几次。"

大家很快做完。结果使大家很高兴，一分钟摆动差不多在 60 次上下，1 秒一次，好玩，可以当钟表用。

董栋请大家再把摆线调到 1 米长，看一分钟摆动几次。

大家又做完了。有人忍不住叫起来："一分钟摆 30 次，2 秒摆一次。"

董栋说，剩余的几组可以回去做，也可以做更多组。

文浩问："这里面是不是有规律？"

向吉说："摆线越长，摆得越慢。"

文浩："还有一定的数量关系，可以推算出来，省得再测了。"

石童："刚做了两组数就找规律是不是太早了？"

董栋："对。大家先把这两组数写在刻度盘上。"

大家在一个刻度线上标示两个数——摆长和脉搏，单位分别是"厘米"和"次 / 分"。

文浩又想出问题："把两条刻度线之间平分成几份，其他数就出来了。"

石童："你老图省事儿。你看那上面的刻度线距离是不等的。"

董栋："是的，还是先做，做当中就会发现画刻度线也不简单。"

大家又一起测了几组，画在刻度盘上，排列是不等距的。

董栋："通过这个故事，我们看到伽利略对生活中很平常的现象感兴趣，能提出问题，想办法做实验来找答案，这种做法值得学习。"

老师最后说："伽利略是用实验来研究科学的先驱。他从'教堂的吊灯'发现摆的'等时性'。很快，精密的摆钟就制造出来了。"

文浩："我有问题，如果摆动像荡秋千一样幅度很大，还等时吗？摆动的快慢和钢球重量大小有没有关系？"

③

玩出来的发明

第三个故事是关于小孩玩玻璃镜片的发现，由"相机"——向吉和小组同学讲。

题目：玩出来的发明

故事要从人的眼睛说起。人用眼不当就会成近视，人老了眼睛会变花。后来，人们发明了眼镜，戴上合适的眼镜，或者借助放大镜，就能看清楚东西了。戴上眼镜，样子很酷。在 16 世纪的欧洲，戴眼镜成为时髦的事。自然，磨眼镜片的眼镜店也不少。

在荷兰的一个小镇上有一家小眼镜店，店主叫利伯希。他自己用手工磨制各种镜片，有近视镜、老花镜和放大镜等，家里自然有很多镜片。

1608 年的一天，他的几个孩子拿了几块没用的镜片在外面玩，把镜片放在眼前四处看。其中一个孩子，一只手拿一块镜片，两块轮流换着看，眼前的景物变化着，可好玩了。一会儿，他随意地把两手的镜片都放在眼前重叠，随后慢慢把两块镜片的距离拉开。突然，他发现远处教堂的房顶一下子移近了，好像跑到了眼前。

他吓了一跳，马上告诉旁边的兄弟们。几个人都照样试着做，果然全都看到了奇妙的景观。他们兴高采烈，但是不知道这是怎么"变"来的，便叫来父亲。

利伯希半信半疑照着重复一遍，果然，两个镜片像有了魔法似地把远处的景物拉近。他也是头一次见到，在惊讶的同时，他摸了摸镜片，眼前的是一块远视镜片，靠外的是一块近视镜片。就是这样简单的搭配，竟出现了不可思议的现象。他马上赞赏了孩子们了不起的发现。

瞧这好玩的一家子

利伯希是一个能干的工匠，回到屋里，他就开始构思设计。他找来一根粗细相当、长短合适的金属管，分别把两块镜片镶在管的两端适当的位置。就这样，世界上第一架望远镜制成了。

他向政府报告了这项发明，引起了重视，政府专门拨款，让他制造在海军舰船上使用的望远镜。很快，可以调节两个镜片距离远近的望远镜、可以两只眼睛同时看的双筒望远镜陆续问世。

事情就这么简单，几个小孩在玩耍中发现了望远镜的原理。消息传遍了欧洲，各国争相模仿制造。伽利略知道后，自己也进行了试验，不断改进创新，最终发明了天文望远镜，能清楚地看见月球表面。

向吉："我们也学学他们玩一把，好不好？"

大家齐呼："好！"

大屏幕显示：

生活中的启示：利伯希的孩子们玩镜片。

构思实验内容：两个镜片组合起来看。

实验方案：用镜片做望远镜。

步骤：

（1）每人两块镜片，一块凹透镜（相当于近视镜）和一块凸透镜（相当于远视镜）。

（2）把凹透镜放在眼前近处，把凸透镜拿到眼前的较远处。对准远处的一个景物，使眼睛、两块镜片和景物在一条直线上。

（3）眼睛看着景物方向，前后移动凸透镜，使眼睛看到的景物由模糊到清楚。

实验结果：看到了移近、变大的景物。

实验结论：由一块凹透镜和一块凸透镜可以组成望远镜。

文浩："我有问题。怎么这样巧，正好是一凹一凸的组成，有没有别的搭配？"

向吉："我接着说。小孩会玩镜片，大人也会，而且会变着花样玩。1611年，德国天文学家开普勒制造了一台天文望远镜，他两边用的都是凸透镜。半个世纪后，1665年，荷兰人列文虎克制成了第一台显微镜，用的也是两块凸透镜，但是，和开普勒的凸透镜不一样。这么时髦的玩法，把大科学家牛顿也吸引进来。他又玩出了新花样，在1668年发明了反射式望远镜。他用的是大的凹面镜和凸透镜的组合。这几种玩法，大家可以试试。"

老师："虽然是搭配镜片，也有各种不同的玩法。比如，镜片的种类、数量、摆放的位置和距离的远近等。每一种方案都有可能带来新的发现，也有可能什么也没有发现，那也没关系，就是玩嘛！"

向吉："镜片的材料是玻璃，水晶也行，只要是透明的材料就行。下面我们来做透镜吧！"

文浩："怎么做？我们自己磨镜片？"

向吉："不用磨也可以做。"

大屏幕显示：

生活中的启示：玻璃可以做镜片。

构思实验内容：用其他方法做透镜。

实验方案：

（1）用冰做透镜。

做法：找有球面形状的东西做模子，比如勺子。向模子里倒满水，放进冰箱冷冻室。等水结冰后，取出，和模子分开，有球面形状的冰块就是一个透镜。

文浩："原来是这样，只要透明的固体都可以做。"

向吉："不一定。我们用液体也能做。"

文浩："液体没有一定的形状，怎么做？"

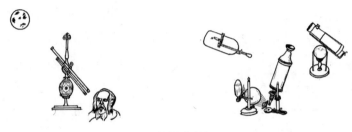

各有各的玩法

大屏幕显示：

（2）用水做透镜。

做法：用能封口的透明小塑料袋装满水后封好口，就成了中间厚、四周薄的凸透镜。

果然，做好的水袋真能当放大镜用。

向吉："水没有一定的形状倒是好事。可以用各种透明容器盛水，做出各式各样的透镜。比如用玻璃瓶、塑料瓶、鱼缸、拆掉头的灯泡等，盛满水，做成不同样子的透镜。用它们看东西，特别好玩，会有意想不到的结果。试试吧！"

董栋："你在'大饱眼福'的讲座里做朝霞实验不就是用的瓶装水吗？"

向吉："是的。下面还有新的玩法——用不装在容器里的水做透镜。"

文浩："那怎么可能？没有东西装，不就成了一摊水了。"

大屏幕显示：

做法：在一张不吸水的硬纸或塑料板上打一个小洞，在洞上滴一滴水，扁圆的水珠可以作凸透镜。

小孔的大小要掌握好：既不能太小，以免看不见孔下面的东西；又不能太大，让水滴漏下去。检验成功还是失败的标准是是否实用。

向吉："我们已经用固体和液体做了透镜……"

文浩打断了她的话："你该不会想拿气体做透镜吧？"

向吉："不试试怎么知道不行？"

文浩："装一瓶空气，你能看什么？"

大屏幕又显示：

（3）用空气做透镜。

111

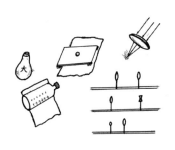

只要是透明的东西都可以做成透镜

做法：将透明的空瓶子拧好瓶盖，把瓶子放进水里看东西。

大家没有想到会是这样的做法，好像脑筋急转弯一样。

向吉："其实，真正的空气透镜在大自然里就有。朝霞就是大气对太阳光折射的结果，神秘的海市蜃楼现象也是空气像透镜一样使光发生折射的现象。我从准备这个故事中体会到，'自古英雄出少年'此话有理。年龄小，有优势，贪玩、有时间玩，对什么事都觉得新鲜、都感兴趣。小孩玩，没有什么目的，就是'瞎玩'，没有'框框'，不知道有什么规矩。小孩没有见过'世面'，没有经验，看到一些事情就会大惊小怪。这表面看来是缺点，其实应该算是优势、优点。你们同意吗？"

下面高呼："同——意——"

文浩："我有问题，凸透镜聚光，凹透镜散光，为什么合在一起就能看见远处？还有，是不是镜片越多望得越远？"

4

镜子反光的启示

第四个故事由"小问号"——文浩和小组同学讲。

题目：镜子反光的启示

文浩："我先提几个问题。大家知道威廉·汤姆孙先生吗？有谁知道开尔文勋爵？"

文浩的两个问题把大家问住了，大家面面相觑，不得要领。

"是什么人？"大家议论起来，"是科学家吗？"

"是物理学家。"文浩答。

"哪国人？"

"英国人。"

"哦！"石童好像想起了什么，"发现电子的科学家叫汤姆孙。"

"他们不是一个人，而这两个名字其实是同一个人。"文浩的回答让大家更糊涂了。

"你们知道有几种表示温度的温标？"文浩再提示。

"有两种！"嘴快的同学抢答说，"摄氏和华氏。"

石童想起了低温实验表演，补充道："还有开氏温标。"

文浩："对了，'开氏'就是开尔文。威廉·汤姆孙创立的'开氏温标'也叫'绝对温标'或'热力学温标'，在科学界普遍使用。汤姆孙因为自己的科学成就，被英国维多利亚女王封为'开尔文勋爵'。"

谜底揭开了。文浩给大家讲了一个关于汤姆孙的小故事……

"从1857年开始，汤姆孙就主持铺设大西洋海底电缆的研究，想把电报的信号通过电缆从英国传送到美国，可是两地相距几千千米。当时还没有无线电，只好架设电缆。但是，电线太长，传过去的电信号太微弱，电报机无法接收。他先后进行了几次试验，效果都不好，试验失败了。

"为了放松一下，汤姆孙约了几位好朋友去海边玩。他租了一条游艇，大家上到船上，正准备开船，却发现汤姆孙没有在上面，大家叫他，也没有回应。同行的德国物理学家赫尔姆霍兹走到船舱口，发现汤姆孙正在下面的船舱里往小本上写着什么。赫尔姆霍兹有点生气：大家找你，你却在这里躲着？本想突然吓他一下，但是，又改主意了——他从口

大人也淘气

袋里掏出一面小镜子，把舱外的太阳光反射到舱里，对着汤姆孙的脸晃动。

"汤姆孙确实被照花了眼，看不见人，只听见哈哈大笑的声音，这才发现自己把朋友们忘了。他看着晃动的光柱，再看见赫尔姆霍兹手里的小镜子，连抱歉的话都没有来得及说，就大叫起来：'有啦！有啦！我的赫尔姆霍兹！'

"他连忙从船舱中爬上来：'你今天帮了我大忙了！'别人还不明白发生了什么，只见他拿过小镜子晃动，指着反射的光斑说：'你帮我找到解决难题的办法了。你们看，小镜子只转动一点点，那边的光斑就会移过很大的距离，这就是放大。我们的电缆传递的微弱电流，可以用这种办法来放大。'

"就这样，一个小镜子反光的现象启发了汤姆孙。回到实验室后，他很快就设计了新的电流计，在线圈上加了一面小镜子，让一束光射在镜面上。当微小电流通过线圈时，会使它发生微小偏转，而小镜子反射的光，能移开较大的距离。这就是新的'镜式电流计'，把它用到电报机上，使得接收信号的灵敏度大大增强。最终，海底电缆的工程获得了成功。"

故事讲完了。

文浩讲完了开尔文的故事，接下来要模仿他的设计。

看大屏幕：

生活中的启示：镜子反光。

构思实验内容：用镜子反光放大电流计的读数。

实验方案：在电流计中加上小镜子。

做法：

（1）用细漆包线绕一个线圈，放在蹄形磁铁的两个磁极中间。

（2）将一小块镜子粘在线圈的中间。

（3）在线圈对面放一个刻度盘。

（4）小激光手电的光射到小镜子上，反射光射到刻度盘上。

（5）使线圈通电，观察线圈的偏转和反射光在刻度盘上的移动。

实验结果：反射光移动距离大。

实验结论：通过镜子反射光，可以把通电线圈的微小偏转放大。

文浩接着说："让我们玩小镜子游戏吧！"

他拿出一些小镜子分发给大家，要求进行反光射准比赛。

镜子反光接力

首先进行个人赛。每人用自己的小镜子反射太阳光，都射向同一个目标，看谁先射中。

然后进行团体赛，三个人一组，玩反光接力，看哪组射中目标用时短。

文浩小组组员当计时裁判。比赛开始后，只见光斑满墙乱飞，别看规则简单，想对准目标也不容易，尤其是三人配合，动之毫厘、差之千里。

比赛结束后，大家开始了热烈的讨论。

董栋："想不到，不容易对准正是'放大'作用的表现。你手上的小镜子稍微一动，那边的光斑就跑得找不到了，眼睛都跟不上。"

向吉："小镜子转动同样角度时，光斑照得越远，移动的距离越大。"

石童："根据光的反射，小镜子转过一个角度，反射光和入射光之间的夹角的变化就是这个角的二倍，这也是'放大'。"

文浩："威廉·汤姆孙先生是个有心人，在休息、放松的时候，脑子里还绷着这根弦，能发现偶然的现象并及时抓住，真是了不起。"

老师："威廉·汤姆孙很重视实验，在他当上大学教授后，向校方提出要一间屋子做实验室。这在学校是从来没有的事，在他的坚持下，校方把一间藏酒的地窖分给他。于是，他就带领学生们收拾整理，建立了第一个实验室，开了个好头。他一生做了好多研究，涉及热学、电磁学等。后来，他当选为英国皇家学会会长。"

老师又说："他十六岁时曾在日记里记录过，'科学领路到哪里，就在那里攀登不息，前进吧，去测量大地，衡量空气，记录潮汐，去指示恒星在哪一条轨道上奔跑，去纠正老皇历，叫太阳遵循你的规律。'这就是他年轻时的志气。"

六

玩在日常生活

古人在生活中有发现，科学家在生活中有发现，同学们在生活中也有发现。生活中的平凡小事多得很，看你留心哪一件。

讲完前人，该讲自己了。来听听小玩家们的故事吧！

会煮面条吗？

第一个生活小故事是文浩同学的经历。

文浩："你们会煮面条吗？你们先不要急着说'这谁不会呀！'请听我讲自己煮面条的经过。

"有一天，家里来了几位朋友。中午该吃饭了，大家说吃面条省事，我就去买来切面。用锅烧水，等水开了再下面条，盖上锅盖。过了一会儿，开锅了，泡沫向上涌，要溢出来，我赶快拧小火。过一会儿就煮好了，我把面条捞出来。

"这时，锅里的水少了，也有些浑。见水还开着，我急忙又下了一锅面。一看，水似乎太少了。于是，我又加上水，盖上锅盖，加大火煮。等了一会儿不见开锅，我就打开锅盖，用筷子搅了搅，面汤有些稠。好不容易等到面汤表面冒气泡，我发现气泡好像很费力才能钻出来，一点儿都不痛快。没办法，只能这样咕嘟了一阵子了。我挑出一根面条看看，好像熟了，但是掐断后，里面的芯还是白的，是生的。哪能让人家吃夹生的面条呢？只好加水接着煮（已经稠得无法煮了）。最后，煮成了一大锅稠汤面，面条都泡粗了，里面却还是硬芯。

"让人家吃这样的面条，我真不好意思，大家边吃还边安慰我。

面条都煮不好

"吃完面后洗锅的时候就更别提了，那锅里的面汤快成糨糊了。锅底上还粘着一些面条，铲下来一看，下面是黑的，烧糊了，上面是白的，还是生的。

"煮了一次面条，现了一次眼，急了一身汗，得到一个教训：煮面条也不简单。

"吃一堑长一智，坏事成好事，总结出几个问题：

（1）为什么水少了不好煮？

（2）为什么汤稠了也不好煮？

（3）为什么在锅底的面条会有烧糊和生芯两个极端？"

文浩讲得很生动，引来阵阵笑声。大家也分享了自己的经验。

董栋："我煮面条时，在开锅后会浇些凉水，目的是不要总开锅，把面条煮烂，还能慢慢把芯煮熟。加水使面汤变稀，便于水的流动，更好地传热。煮元宵（汤圆）也一样，汤要宽。"

石童："除了水要多外，还有水要清。为什么有的饺子馆标明自己是'清水煮饺'？因为清水在加热时，能上下对流，使整锅水均匀变热。"

向吉："所以，稠的面汤流动性差，传热的效果差，煮的时间长，面条都泡烂了，还不容易煮熟。贴着锅底的面条，下面受热强，就会被烤糊。面条传热性差，上面还是生的。"

石童："有一次我热粥，半锅剩的凉粥凝成块'粥冻'。大火热了一会儿，粥表面就开始'突突'地冒泡。我认为开锅了，就盛了一碗，可一尝还是凉的。这是因为凉的稠粥是不流动的，传热的效果差。以后，我知道热凉粥要边加热边搅和，要不就小火慢慢热。"

文浩："还有一个问题。热是从锅底向上传的，那么，锅里的水是下面的热还是上面的热？"

向吉："当然是下面热，贴锅底的面条都被烧糊了。"

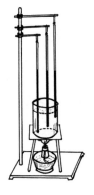

用了三支温度计

石童："应该是上面的热，水的对流把热传到了上面。"

这个问题引起了大家的争论，吵得不可开交。基本分为两派，还有个别人说上下一样热，谁也不服谁。

董栋："别吵了，我们能不能学习前人，从生活中得到启示，也设计个实验来找答案。"

大家一致同意，准备好简单的器材，说做就做！

大屏幕显示：

生活中的事：煮面条。

构思的实验内容：比较水和面汤在不同深度的温度。

实验一：测水的温度。

仪器组装：

（1）用烧杯（500ml）盛一杯水，放在支架上。

（2）把三支温度计分别悬吊在水的底部、中部和上部。

（3）用酒精灯加热。

过程记录及结果：

请三位同学分别看三支温度计，并定时记录温度，文浩统一报时兼协调。

（1）开始加热，水温逐渐升高，直至沸腾，始终是底部温度高，温差在1~3℃。中、上部温度差不多。沸腾时底部104℃，上部和中部都在98~100℃，中部略高，上部略低。

（2）在加热过程的大部分时间里，水温比较均匀地升高。在沸腾前，升温逐渐减慢。沸腾以后温度保持不变。

实验结论：烧水时，始终是底部的温度高于中、上部。

实验二：测面汤的温度。

仪器同实验一。只把杯中的水换成稠面汤，重复上面的实验。

过程记录及结果：大致分三个阶段。

（1）开始加热后的几分钟，面汤底部的温度急速上升，从20℃升到80℃；中部达到50℃；而上部升温最少，才过30℃。三处的温度差距非常大。

（2）继续加热，底部的温度不升高反而下降，降下几度又继续上升，然后又下降。十几分钟里，上下反复好几次。中部的温度也有升降的变化，但是次数少，变化的幅度更大。上部的温度变化要平稳得多，在总的升温过程中也有升降，只是变化幅度小。最后，三处温度差距逐渐缩小。

（3）沸腾时底部温度104℃，中部99.5℃，上部98.5℃。

整个过程中，底部的温度始终高于中、上部。中部的温度开始比上部高，中间有相当长的一段时间比上部低，在沸腾前，中、上部的温度基本齐头并进。

实验结论：煮面汤时，始终是底部温度高于中、上部。在加热的过程中，上、中、下三处的温度变化差异大，但都有升、降、再升的变化。中、下部温度变化幅度大，上部变化较小，三处的变化不同步，但有联系。

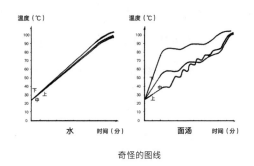

奇怪的图线

实验的结果给大家不小的震动。

文浩："太出乎意料了！怎么会有这样的结果？"

董栋："不做不知道，一做吓一跳！"

向吉："真是不可思议。"

石童："一件本来很熟悉的生活中的小事，现在突然感觉陌生了。"

大家感慨一番，文浩等人用记录的数据画出两张温度变化的图像，面汤的图像形状有些怪。大家开始讨论。

文浩："为什么以前总是说，烧水的时候水表面的温度最高，底下最低？现在被整个推翻。不仅烧水，连烧面汤都一样，到底谁对？"

董栋："当然信我们做的。要是不亲自做，也想不到面汤加热的前几分钟，三层的温度会差这么多。"

向吉："最不能接受的是，面汤的温度一会儿上升，一会儿下降，一会儿又上升。"

石童："我注意到，有一段时间，面汤中间的温度比上面的还低，难以理解。"

文浩："会不会是由于我们实验条件的限制，测量不准的原因？"

董栋："有可能。我想，有好多因素会影响结果。比如烧杯的大小，形状是矮粗还是细高，水和面汤量的多少，面汤是稀的还是稠的，都可能会影响传热。"

向吉："加热的火力大小，也会有影响？"

石童："三支温度计放在什么位置合适？分成上、中、下三层测量是不是合理？"

董栋："不管有没有问题，这是我们自己测量的结果，应该相信自己。"

石童："对，这是我们的发现。"

老师："你们这次玩的水平够高的。我也经常煮面条，但没想到有这么新奇的结果。你们的实验开了个好头，从关心生活中的小事入手，从中受到启示，用实验研究，用事实说话，带来新的发现。这就是走近生活的收获。"

向吉："你们注意面汤里的气泡了吗？我发现了非常好玩的现象。以后，我们还可以再专门观察面汤里的气泡。"

玩八音盒

第二个生活小故事是石童同学的经历。

石童："有一次我去听音乐会，演奏中突然听不到小提琴的声音了。我的座位不算远，为什么会一点也听不见呢？原来，这是把电声乐器，自己发出的声音很小，全靠电把声音放大。电出了毛病，所以观众都听不见小提琴的声音了。这件事引起了我的兴趣。从构造看，电声小提琴只有一条光杆，固定四根弦，下面没有箱体，可能问题就在这里。我仔细观察后发现，像提琴、吉他、琵琶、扬琴、古筝、阮等弦乐器，在弦下都有一个空盒子，二胡下端有蒙着蟒皮的空筒。以前，我没想过为什么有这个空盒。后来知道这是共鸣箱，有了它，乐器的声音悦耳好听。现在看来，如果没有这些盒子，只靠振动的弦发出的声音会很小，空盒子能放大声音。

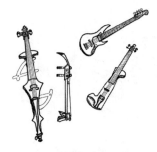

"光杆"乐器

一次偶然的机会，我证实了这个猜测。

家里有个小八音盒，不知为什么不响了。于是，我小心地把它拆开。盒子里藏着一个机芯，我把机芯拿出来，盒子放到了一边。机芯不大，是金属做的。有一个圆的轮柱，表面有许多小的突起。紧靠轮柱边有一排窄小的钢片，钢片由长到短按顺序排列。旁边有上弦的旋钮和传动的小齿轮。我动了动传动的齿轮，突然，卡住的齿轮动了，轮柱也转了起来，上面的突起随着转动，按先后顺序拨动对应的钢片，钢片振动，发出美妙的声音。原来，八音盒的声音是这样发出的。但是，声音很小，和原来的音量差得很远。我想，应该有个'麦克'把声音放大，但是找了半天也没有找到。"

石童故意做了个无可奈何的手势。

"行啦，别卖关子了，快说，怎么回事？"听众被吊起了胃口。

"好，我做给你们'听'。"石童强调"听"字。

大屏幕上显示：

生活中的事：电声乐器没电不响。

构思实验内容：八音盒机芯的声音是怎样放大的？

石童："我把八音盒拆开，取出机芯。现在请闭上眼睛，只用耳朵听。"

大家都闭上眼睛。石童手拿着细线吊起机芯，上紧发条。

"声音怎样？"

"听不见。"

"安静，心也要静。"

"声音太小了，勉强才能听见。"前面的同学说。

童话世界的天籁之音

石童把机芯放进一个空的木盒子里，就像打开了扩音器，大家马上都听见了。

"睁开眼吧！"

大家发现声音是从木盒子里发出的。

石童把机芯从盒子里提出来，声音马上又小了。他提着线把机芯放进去、提起来，声音就随着变大、变小。

随后，他又把机芯放在空杯子里、桌子上、空抽屉里，比较声音大小。

实验结果：机芯放在空盒子上面或里面时，声音明显比提在空中时大。

实验结论：空盒子对声音有放大效果。

向吉："看来，八音盒的'盒'很重要，不是仅仅为了装机芯。"

文浩："这简直和扩音器一样了。难道空盒子有这般神奇，能无缘无故地把声音放大吗？"

老师："八音盒和一些乐器一样，是靠箱子（盒子）的共鸣把声音放大的。你们记得'跳皮筋'的共振吧？也就是'合拍'。钢片的振动使盒子发生共振，就是产生共鸣。一个八音盒机芯的钢片自己振动，声音不大，如果带着盒子一起

身体"共鸣箱"

一起振

振动，声音就大多了。乐器的'共鸣箱'就是起这个作用的。不仅是乐器，人唱歌同样不只是声带发声，也还有共鸣，比如口腔共鸣、鼻腔共鸣、头腔共鸣、胸腔共鸣等。有共鸣的声音听起来就洪亮。"

石童："我闹钟的'魔法箱'秘密被揭开了。"

文浩："既然一个空箱子能把声音放大，那么，在音乐厅多放几个箱子，是不是可以把声音放得更大？"

董栋："我觉得可以试试。"

向吉："不用麦克风了，'绿色演出'值得研究。"

文浩："还有个问题，共振有破坏性，共鸣会不会把乐器震坏？"

石童："有的汽车发动机的振动声很大，在旁边就

觉得不舒服。报纸上介绍过有一种叫'次声'的声音，破坏力就很大。"

向吉："要真是这样，唱歌也要小心，别把某个'腔'震破了。"

大家哄堂大笑。

③

奇怪的镜子

第三个生活小故事由向吉同学讲。

"你们谁见过自己？"她上来就提问。

好奇怪的问题，大家愣住了，好像没有听懂。

文浩挑起毛病："你这个问题提得不清楚，谁还没见过自己。"

向吉解释说："我的意思是，谁能看见自己什么样？"

董栋明白了："天天照镜子还不知道自己的样子？"

石童也在猜："你是不是说看自己的相片？"

向吉马上否定："都不对。"

大家一下子又愣住了，丈二和尚摸不着头脑。

看到大家的窘样，笑眯眯的向吉进一步解释："我是说没有人能亲眼看见自己的样子，相片和镜子都是间接看，对不对？"

原来如此。大家细想也对：自己的眼睛能看见别人、看见自己身体的大部分，包括鼻尖和伸出的嘴唇，但是，肯定看不见自己的后面（后脑勺和背）和正面的脸。

向吉笑着总结道："自己的脸只能让别人看，要想看自己只能通过照镜子或照相来实现，那么……"

向吉故意停顿一下，话锋一转，继续说："我问你们，照镜子时看到的你和你自己的照片是不是一样的？"

大家又愣住了，重现刚才的一幕，生怕又被这怪问题套进去。

还是董栋打破了沉默："我看，应该是一样的。"

石童也很小心补充说："都是你说的间接看到的自己。"

文浩以攻为守，反问道："你说，都是自己还能有什么不同吗？"

向吉肯定地回答："不一样。"

又一次出乎意料，众人七嘴八舌议论起来。

相片里的你和镜子里的你

向吉继续说："你们都叫我'相机'，我就给你们说一个有关照相的故事吧！有一次，一位发小要帮我梳头，她把我的马尾辫故意扎偏。我照镜子一看，觉得很新鲜，拿出手机就请她给我照了张相。拿过来一看，有些不适应，怎么和照镜子的感觉不一样？左看右看、上看下看，总觉得有些别扭。于是，我又拿手机自拍。对着手机屏一看，就和照镜子一样。一按快门，回放再看，又不一样了。对比着镜子，我这才恍然大悟。"

怎么回事？大家着急知道答案。

向吉不慌不忙地从抽屉里拿出一面镜子和一部相机，说："我们一起来做实验。"

生活中的事：看照片和照镜子。

构思的实验内容：观察和比较照片和镜子里的人。

做法：

（1）用相机给自己照一张照片。

（2）比较相机屏中的像和镜子里的像。

向吉：这个实验用你们自己的手机做也一样，就是把手机当镜子用，再当相机用。

董栋："原来真是不一样，人是一个人，但像却是一正一反。"

石童："以前没有注意。因为脸型左右对称（包括头发），好像没有多大区别。"

文浩："一正一反是什么意思？"

向吉："我也想过这个问题。因为自己不能（直接）看见自己的脸，而别人看见你的脸是你真实的脸。如果把真实的你当作'正'的，手机自拍时屏上你的像就是'正'的，镜子里的你的像就是'反'的。"

文浩用调侃的口气说："别人看见'正'的我，我自己只能天天照镜子看'反'的我，真遗憾啊！"

逗得大家笑起来。

董栋："现在科技这么发达，你可以不照镜子，全换成手机和照相机照相，再看显示屏，不就解决了。到时候，你看见的自己都是'正'的。"

向吉："我来给你们讲个故事。在一家大饭店的大厅里，有一面特制的大镜子，为方便来往的客人整理衣冠。特别的是，镜子被一个长方形的大箱子围在里面，镜子前方的地面上，还画有照镜子站位的两个脚印标志。不少客人走过镜子前面，都要停下来，站在'脚印'上，对着镜子看。人们照镜子时，看到的不是反的，而是正的自己，和照片一样的。"

奇怪的衣冠镜

大家有些诧异。向吉接着说：

"不料，意想不到的问题出现了。当照镜子的人做动作，比如动动手脚、摇摇头时，和照普通的镜子完全相反。特别是用手理理头发、整理一下衣帽时，麻烦就来了。他们竟然找不到准确的位置，全反了。有人还左看右看，想找到镜子的奥秘。不过，看外表还真是看不出它和普通镜子有什么不同。看见自己'正'着出现，人们反而手足无措、适应不了。"

石童："太好玩了，这个饭店在哪里？我们去看看。"

董栋："这真是一面神秘的镜子，能不能仿造？"

文浩："到底和普通的镜子有没有不同？"

大家一下子提出一堆问题。

向吉和小组同学从仪器柜里拿出一摞方形的镜子："我们一起来揭开镜子之谜。"

生活中的事：能看"正"像的镜子。

构思实验的内容："正"像镜子的构造和原理。

做法：

（1）把两块镜子对接在一起，两个镜面互相垂直，固定好。

（2）照镜子，看镜中自己的像。

实验室里像开了锅一样，每个人都在自己的特制镜子前，做着各种表情、动作：用手理头发、眨眼、动嘴等。"对方"的反应，和原来照镜子的习惯完全相反，好像不是照镜子，而是面对着另一个"自己"。这种奇妙的感觉，引起了一阵阵的骚动。

实验结果：从镜子里看到自己的"正"像。

实验结论：用互相垂直的两面镜子可以看见和一面镜子相反的像。

大家做完了实验，自然有话要说。

董栋："这不就是在科技馆看到的'变角多像镜'夹角是 90 度时的'直角镜'吗？当时，只顾改变夹角，数像的个数，没仔细看成像的样子。构造这么简单，我们可以做好多给大家用。"

石童："好是好，问题是，自己已经习惯了镜中反的像，改了反而不适应。何况这种镜子还是比普通镜子难做，也厚，不方便。"

向吉："这种镜子有缺点，人脸的中线必须对着两个镜子的接缝，不然就看不到合格的'正'像。"

文浩爱刨根问底："为什么这镜子会有这样的本事？"

向吉："我们还是通过实验来说明。"

生活中的事：照直角镜。

构思实验内容：直角镜对光线的作用。

做法：

向吉小组发给每组一把激光小手电，拉上窗帘，让室内变暗。

（1）让激光小手电发出的光射向直角镜，看光线传播的路线。

（2）改变射入光线的角度和位置，再次观察。

文浩："可以看见三段光线，形成一个字母'U'。"

石童："光线射进一面镜子，而从另一面镜子射出。"

董栋："光线有两次转折。"

向吉："进入和反射出的两束光线始终是平行的，就算改变入射方向也不会有影响。"

直角镜反光有特效

老师对回答很满意："对同一个现象，每个人的表述和别人的不一样，这样很好。"

文浩："可还是没有解释我的问题呢。"

老师："其实，从一束光的走向就可以看出像的规律。人的脸经过一面镜子的反射，看到的是反的像，再经过一面镜子的反射就成为正的像了，'负负得正'嘛。"

活动到了最后，向吉问大家："除了做特殊的镜子外，你们知道直角镜在实际中的应用吗？"

她先自问自答："自行车、汽车的尾灯，马路隔离带的反光标志，它们都是由许多个小的直角镜组成的。它们本身不发光，但只要有光束照射过来，它们就会把入射光沿着射来的方向反射回去，就像自己发光一样，在夜间可以避免发生事故。"

董栋："我拆开看过，那上面的直角镜是三个面的，由三面相互垂直的镜子组成。"

石童想起来："科学家好像还把这种镜子送上了月球。"

文浩："是不是要给嫦娥照镜子？"

他的话引起一阵笑声。

向吉："是作为反光镜使用。现在，有种先进的方法是用激光当尺子测距离。如果要测量地球到月球的距离，在月球上，就要有反光镜，能把从地球上发射的激光反射回地球，这个三面的直角镜就能完成任务。"

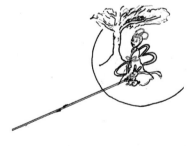

送上月球当反光镜

老师补充道："直角镜由登月的宇宙飞船带到月球上，面朝地球方向放好。这样，只要测定激光往返地月的时间，就可以算出二者的距离，要比以前的测量准确得多。"

玩平衡

第四个生活小故事由董栋同学讲。

董栋："最近我看了一场杂技演出，许多节目都和平衡有关，像晃板、走钢丝、高台定车、独轮车技、踩高跷、扛杆、肩上芭蕾等，演员的平衡功夫真了不起。我心中产生了一个问题：重心高低对演员的平衡好像没有什么影响？因为我发现，独轮车有高有低，演员骑着一样潇洒自如。踩几米高的高跷也不比一米高的更容易倒。特别是扛杆的表演，一位壮实的演员，在肩膀上扛着一根四五米长、近十厘米粗的杆子，其他演员就爬上杆子，而且多是在杆子的顶部做各种技巧动作。下面的演员要看着上面的人，相应地移动身体，控制着杆子的平衡。当上面的演员双脚叉开踩在杆子上（上面的脚由杆子上的绳套系住）、身体与杆子垂直时，下面的演员把杆子调成向斜上方，杆子受力有些弯曲，构成一幅优美的平衡造型。在这个表演中，重心始终很高，但是并没有影响平衡和稳定。"

大家一时没有什么反应。

平衡杂技表演

董栋旧事重提："在科技馆，文浩和我体验了'骑车走钢丝'。现在我们做了个'走钢丝'的模型，请大家看。"

实验一：

生活中的事：科技馆"骑车走钢丝"。

构思的实验内容：小木偶走钢丝。

做法：

小组几个同学，拉起一根钢丝，两端固定在支架上并拉直。他们把几个小木头人放在钢丝上，木头人根本站不住，一松手就倒。

他们在木头人的腰间缠上铁丝，像骑车走钢丝那样，在铁丝末端绑一个大螺母当"秤砣"，这回木头人稳稳地"站"在钢丝上了。

他们又拿出一些木头小玩偶、动漫人物和小动物玩具，它们的共同特点是下方都坠着重物。果然，这一排小家伙全都在钢丝上"表演"，虽然晃悠，但是不倒。它们集体走钢丝的场面逗得大家哈哈大笑。

实验结果：下面加配重的小玩偶都能站在钢丝上不倒。

实验结论：重心低，平衡稳定。

董栋指出矛盾："怎样解释重心高的杂技表演呢？重心高的稳还是重心低的稳？我们也设计了一个实验。"

实验二：

生活中的事：杂技扛杆表演。

构思实验内容：比较重心高低不同的物体哪个倒得快？

做法：

（1）比较长度相同、重量不同的均匀木棍和铁棍。

把它们竖立在桌上，同时放开，比较它们倒地的快慢。

实验结果：两根棍同时倒下。

（2）比较长度不同的均匀木棍和铁棍。

短木棍和长铁棍。

实验结果：短木棍倒得快。

长木棍和短铁棍。

实验结果：短铁棍倒得快。

无论棍子是铁制的还是木制的，长棍都比短棍倒

大力士玩扛杆

高空骑车走钢丝

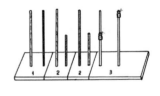

哪个倒下快？

下得慢。

（3）比较长度相同、重心高低不同的两根木棍。

在两根棍子上的不同高度，分别绑上同样重的砝码，一根在中间，另一根在上端。

实验结果：绑在上端的棍子倒下得慢。

实验结论：竖立的棍子重心高倒下慢，重心低倒下快，重心高度相同，倒下快慢相同。

董栋："实验说明，重心高的物体比重心低的物体稳定。"

这回大家有些犹豫，没有反应。

董栋他们接着做。

实验三：

生活中的事：杂技扛杆表演。

构思实验内容：控制棍子平衡和重心高低的关系。

做法：用手指托木棍不让它倒下。

（1）托长短不同的棍子。

实验结果：长棍子比短棍子好控制。

（2）拿一根长棍子，在其上、中、下的不同位置绑上配重，进行比较。

实验结果：配重的位置越向上，越好控制。

实验结论：棍子重心越高，越容易控制它不倒。

这个实验结论让有些同学不容易接受。

董栋说："不信，你们可以自己试。"

小组同学拿出一些棍棒之类的东西让大家自己玩。

于是，人人都玩起来，用手指托着棍子下端使其竖立，前后左右移动手指不让它倒下。

大家是"八仙过海，各显其能"：有托细木棍的，有托竹竿的，有托塑料棒的，有用手指托铅笔、托筷子的。调皮的同学拿来墩布，头朝上托着。玩得熟练后，有的同学故意使手大幅度摆来摆去，棍子倾斜，好像要倒，然后快速调整让棍子恢复平衡，有惊无险。有人嘴上还哼着马戏团的音乐。会场成了杂技练功房了。

大家体验了一把，发现托铅笔最难，托墩布反而很容易。怀疑的人没话可说了。

董栋："实验二和三是有联系的，因为重心高的倒下慢，时间长，让人来得及调整，好控制。"

文浩："就是说重心越高平衡越稳定？"

向吉："和'骑车走钢丝'的结论对着干。"

石童："董栋是有意引起大家争论。"

玩平衡

董栋："我看杂技后就感到迷惑不解。实验之后，我们小组讨论认为，这是两个不同的问题。实验一是证明重心低时平衡稳定，不容易倒；实验二是证明重心高时倒下得慢；因此，就有了实验三，证明重心高的容易控制。"

文浩不依不饶："容易控制就是平衡稳定吗？"

董栋："这是两个问题，我也说不清楚，还要想一想。"

老师："好了，可以放一放，想一想，以后再继续争。"

他停了一下又说："大家也能从日常生活中找到好玩的素材了，这个头开得好。我们就是要走进生活，热爱生活，从生活中寻找、发现好玩的、值得思考的事情和现象，从里面受到启发，获得玩实验的素材，一定会有很多收获。"

七

玩出好习惯

"玩家老师"继续带着大家边玩边学，今天他有新的安排要公布。

老师："玩实验怎样才能玩得好？玩要打好基础，练好基本功。什么是玩实验的基本功？告诉大家，就是'养成习惯'。你们一定会觉得，怎么会是'习惯'呢？'习惯'有那么重要吗？玩成了'习惯'不就是整天玩了？

"'习惯'是什么？书上说，习惯就是固定的行为或稳定的条件反射。我说，习惯就是'天天做'。一个人有许多习惯，生活习惯、卫生习惯、学习习惯、行为举止习惯等。一个人日常的行为中有90%是按习惯去做的，俗话说'习惯成自然'。

"习惯分好坏，坏习惯对自己不好，妨碍他人，损害社会；好习惯使自己受益，也有利于他人，造福社会。所以，我国已故教育家叶圣陶先生说：'教育就是培养习惯'。

上了发条的发明家——爱迪生

"要想玩实验，就要从养成一些好习惯做起。我又要提伽利略和牛顿了。他们从小就养成了爱动手的习惯，亲自动手做玩具、做模型，心灵手巧。还有，发明家爱迪生，他的发明仅获得专利的就有1300多种，被誉为'发明大王'。像极大地改变了人们生活的电灯、电话、自动电报机、留声机、电影等都是他的发明。小时候，他家境贫苦，没有受过很好的教育。在母亲的教育下，他从小就喜欢读书，对书上写的内容，一定要自己亲手做实验证明才相信。12岁时他就到火车上卖报谋生，把火车上的一个角落当成了小实验室，在里面做实验。在这样艰苦的条件下，他养成了勤奋好学、动手实验的好习惯和不怕困难、不怕失败、不断改进、不断创新发明的好品质。

"习惯不是天生的，是逐渐养成的。有句话说：'播种行为，收获习惯。'我们要养成一个好习惯，首先要有好的行为。然后，要坚持做，久而久之就会成为习惯。

"玩实验要有哪些好习惯呢？我给你们提出'四动'，就是'动眼''动手''动脚'和'动脑'。'动眼'就是认真看，'动手'就是亲自做，'动脚'就是到处'跑'、联系实际，'动脑'就是多想、多提问。

　　"好习惯是怎样养成的？我们身边的同学有不少好经验，我想请大家做些准备，一起交流。"

　　经过认真准备，四位同学代表分别作了交流发言。

"动眼"

　　第一位，向吉同学谈"养成观察习惯"。

　　向吉："从小我就喜欢到处看，对周围的一切都感到新鲜。记得小时候，过春节逛庙会，看见什么我都觉得好玩。站在捏面人的摊位旁边不走，非要看'孙悟空'是怎样捏成的，看捏完一个还不够，还要看捏戏里的人物。看见玩风车的、耍杂技的、猴子翻筋斗甚至蘸糖葫芦的都有兴趣。爸爸给我买了一个万花筒，我看到里面那美丽的、可以随时变换的图案惊叹不已，仿佛进入了一个明亮的、镶嵌着各种彩色宝石的屋子，像一个使人产生幻觉的童话世界，这个小小的圆筒让我爱不释手。

　　"爸爸妈妈常带我去公园、去郊外接触大自然。我看到春夏秋冬四季的景色，看到了山水、树木、花草，看到了飞鸟、游鱼、草虫，看山中云雾飘渺，看日出日落和朝霞晚霞。对于预报的天象，如日食、月食、彗星、流星雨等，只要有条件，绝不放过观察的机会。第一次正式的观察记录就是在天文馆老师指导下对月偏食的全程观察。

　　"我从喜欢看，到对观察有兴趣，又到慢慢养成习惯的过程中，有两位老师起的作用是很关键的。一位是语文老师，她为了提高我们的作文水平，让我们记观察日记。我认真记了好长时间，写下了好几本日记，从中学会仔细看、认真记。看得多了，写得多了，作文有了明显进步。

"另一位是自然科学老师。他带我们观察自然现象，并加以记录。自然现象多种多样、千变万化，看得多了，就喜欢上了大自然，也学会了不同的观察方法和手段。

"能提高'眼力'的事，我就主动做。看侦探小说是我的一大爱好，特别喜欢看那些在案发现场侦探怎样发现蛛丝马迹的记述。我还爱看报纸、杂志上刊登的从相似的图画中挑不同的游戏，往往能很快找到、找全。我还爱看地图，爱记地名，认方向辨识街道。外出旅行，坐在车上，我也要看车窗外的景物，不会闲着。我还爱看魔术，就爱盯着魔术师的动作，注意他的细微变化，总想发现有什么破绽。

"俗话说：'外行看热闹，内行看门道'，看得多了，慢慢就会看出门道。

"经过一段时间，我觉得自己养成了观察的习惯。'看'对自己有很大的吸引力，有热情，会主动去做。而且，学会用上专业装备——照相机和摄像机，提高看的质量。几年来，留下不少精彩的瞬间和过程，使'看'更有意思了。学物理后，我观察了很多物理现象，同时，在电脑里建立'眼观物理世界'文件夹，积累一些观察记录和照片、视频。现在，我把它重新命名为'动眼'，内容范围也扩大了。下面，我给你们读几段观察记录。"

同时，大屏幕上打出同样内容。

（1）看鱼缸

"一次去公园，在展览金鱼的地方有一排镶在墙上的长方形鱼缸，人们可以方便、清楚地欣赏里面的金鱼。我站在鱼缸前，发现许多有趣的现象。

"站在鱼缸前面，离鱼缸较远的地方，看到的鱼缸是长方形；走近时，看到的鱼缸里面产生变形，远端的底边和两条竖边全都弯曲了；离得越近，弯曲越明显，整个内壁成为向里弯曲的球面。

"站在侧面斜看时，发现近端的鱼缸宽，远端的变窄，底边成为一条斜线。

"从正面向上看，一条鱼贴近水面游，在它上面有一条一模一样的鱼，在倒着一起游。但是，看不见水面上的东西。

"从正面和水面相平的高度看过去，发现水面比水下的纵深大。从水面上引下的水管和鱼缸的两个竖边，在水面上下明显断成两截，水面上的部分在后面，水面下的在前面。

（2）看马路平不平

"一条柏油马路平不平坦，什么时候看得最清楚？一是下雨以后，路面低处积水有反光，高处不反光，两处区别明显。二是在晚上天黑后，汽车的前灯照射在马路上，马路的不平，明显且有些夸张地显示出来，原因不是反光而是影子。

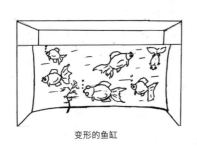

变形的鱼缸

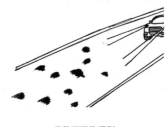

马路不平能现形

（3）看玻璃落下（过去的记忆）

"小时候，有一次去一家老玻璃厂参观，看平板玻璃的生产线。天车上，钢丝绳吊着一个横竿状的架子，缓缓地下落到下面的玻璃原料炉，在炉中石英砂熔化成橙色的玻璃液。横竿架子在玻璃液的表面蘸一下，然后便慢慢升起，横竿下已经带起了薄薄的玻璃液。随着横竿的上升，玻璃液连续被带起。离开炉子的玻璃液变冷（颜色变化很美），成为透明的玻璃板。横竿上升到三四米高时，只听见'啪'一声清脆的响声，玻璃板下端不知被什么齐齐地切断。天车带着横竿吊着大块玻璃，向前移动。玻璃板温度降低，橘红色慢慢变成无色透明。再向前，移到一个玻璃板垛子时，又听见'啪'一声，玻璃板的上端也被齐齐地截断，和横竿分开。正在担心玻璃板掉下来会摔碎时，只见那么大的一块平板玻璃，顺势向前倒下，'扑'的一声，整块玻璃不偏不倚，倒在叠放的玻璃板垛子上。那么大的玻璃板竟然毫发未损，看得大家目瞪口呆，刚才因为紧张悬着的心才终于落下。这事印象太深，至今不忘。

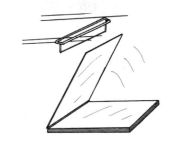

玻璃板不怕摔

（4）纱窗上的条纹

"有一次在学校的小会议室开会，我的座位面向窗户。不知是谁打开窗户没有

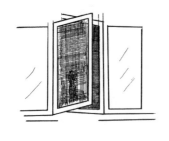

纱窗上奇怪的条纹

向后退还是向前进?

关纱窗,两扇纱窗有一部分重叠在一起。我一抬头,正好看见纱窗重叠的地方有些异样。仔细看,发现上面有一条条明暗相间、波浪形的条纹。等到开完会,我到纱窗前又仔细看,证实了刚才看到的现象。我把纱窗重叠部分分开,条纹就没有了;再重叠一下,条纹又出现了,真奇怪。

(5)坐火车的发现

"放长假,坐火车外出,火车在大地上飞快行驶。我看着窗外的景物从车窗外快速地退向后方,有树、电线杆和房子。我偶然把视线抬高,指向远方,注视着远处的小山和山前的厂房烟囱。看着看着,忽然发现它们不是向后动,而是随火车向前移动。我觉得很奇怪,怎么会有两种相反的运动?于是,我坐直了,眼睛向车窗外平视,这样既看到近处也兼顾到远处。这时,我看到近处的景物向后动,远处的景物向前移。不过,看的时间长了,远处的景物也慢慢地退出了我的视野。

(6)看窗内和窗外

"冬天,我站在家中窗前看外面。这时已是黄昏,外面的东西还能看见。突然,我妈打开灯,我就看不见外面了,只见玻璃泛着白光。仔细看,窗玻璃上看到的全是屋子里的东西。我又关灯、开灯试了几次,还是同样的结果。

"联系到在晚上坐公共汽车时,看车窗玻璃,车内亮灯、关灯时,也会看到同样的现象。所以,在晚上开车时,司机驾驶室内不能开灯,以免看不清外面。

"反过来从外面透过玻璃窗看室内,白天就看不见,除非室内有阳光照射,光线充足。晚上,室内不开灯,外面看不见里面;开了灯,里面看不见外面,外面看里面却很清楚。

看窗内和窗外

"在小汽车里,本来外面就不容易看清里面,再给车窗拉上窗帘或者贴上带色的薄膜,就像晚上在外面看没开灯的室内一样,而车里的人看外面却很清楚。

（7）金蛇狂舞

"这是为国歌谱曲的作曲家聂耳创作的一首民乐合奏曲的曲名。有一年暑假，我在大运河上乘船夜航，我所在的船舱的窗户正好对着船尾。运河不太宽，两岸的田野隐藏在夜色之中，有时远处有点点的灯光。河上的行船已经很少，有一些船停靠在岸边，船上的灯火映在河面上。我们的船稳稳地向前行驶，划开了水面，激起了不大的浪，在船尾后面留下一长条波浪轻摇的水带。原来在平静河面上映出的条状灯光被打乱，变成一段段、一片片光斑组成的弯曲的、摇曳的、断断续续的光带。看到这样的光带，我突发奇想，如果这些光斑能够连起来，而且稳定地摆动，不就像一条'金蛇'吗？带着这样的期望，我的注意力更加集中，不放过经过的每一处灯光的倒影。一个又一个过去了，有的是一片散乱的光斑，有的有一点像但是图形还不理想。大约半个小时后，又经过一处停船附近。随着我们的船向前驶，船尾的河面上，反射的灯光慢慢晃动、组合。突然，光斑在变幻中恰好形成一条弯弯曲曲的、连续的金色光带，随着波浪的起伏摆动，形状保持连续不断，就像一条'金蛇'追逐着船尾，在不停地舞动，非常美丽、逼真，整条河都被映得光芒四射。我兴奋得要叫起来，太不可思议了，这样巧合的自然奇景被我遇见并捕捉到了，太幸运了，可以叫'心想事成'吧！

河里的"金蛇"

（8）车胎蹦石子

"春天的一日，骑自行车到郊外，路面上有些小石子，车有时就压过石子向前行驶。忽然听见'啪'的一声，同时感觉到车胎动了一下，眼看着一颗小石子从车胎下面向侧面射出去。原来是这块小石头被压在车胎的侧下方，把车胎硌得凹进去，车胎的弹力又把它弹了出去。从射出石子的速度看，弹力不小。这是很巧的事，那天我给车胎打足了气。这种情况要是发生在汽车轮胎

能伤人的石子

下面，蹦出大石头就危险了。"

（9）奇怪的水波

"几年前，我从一本书上看到一个故事，也和运河有关。故事说的是在19世纪，有一天，一位名叫约翰·罗素的英国人在一条运河的堤岸上散步，河中间有一艘船正在行驶，河水被船推动，激起水波。这时，船停了，船头的水波离开船还在向前涌，这水波的形状马上就把他吸引住了。这是一个突出水面的大鼓包，一直稳定地向前平移，没有像波浪那样的起伏。他紧紧跟着向前走，一直走了很长的距离，鼓包才消失。

"他被眼前的现象震惊了，从来没有见过这样奇怪的波，只有波峰，没有波谷，只有孤零零一个，太奇怪了。后来，他把这个现象记录下来，还写了论文，给这个波起名'孤波'，猜想这个波里面一定有什么名堂。

"我对这种波很感兴趣，因为从来没有见过。于是，我就到处去找、去看河流和引水渠，观察行驶的船只和其他物体激起的各种水波。但是，我始终没有发现一样的现象，也就逐渐放下了这件事情。

"前些天，我去游泳馆游泳，人不多，25米长的泳池有5个泳道。我在边上的第一泳道游泳，游完在池边休息，泳道的水恢复平静。过了一会儿，旁边第二泳道有人下水开始游，水波向四面传开。突然，传到第一泳道池边的水波形成一个鼓包，贴着池壁向前面移动，形状不改变，很稳定，和前面说的故事里描述的一样。我赶紧摘下泳镜，仔细盯住看，没有错，就是波峰在移动。我高兴得心里喊了起来，'看到了！看到了！'。我想，'孤波'终于被我发现了。看完之后，我才发现有问题：我看到的不是单独一个鼓包，而是连着的一串鼓包，一个接一个排着队向前移动，'孤波'不'孤'。怎么回事？但不管怎样，我还是很高兴，第一次见到这种奇妙的现象，可惜没有拍照记录下来。

"后来，我在泳池多次观察，却再也没有看见同样的现象，不知道在什么样的条件下才会形成这种波。我还尝试用手拨动水形成水波，也不成功。在自然界中，形成'孤波'的原因是什么？人工能不能模仿出来？"

向吉读完了故事，继续说："在初步养成'动眼'习惯后，我享受着观察带来的乐趣，从不觉得是负担。随着我知识量的增加，观察面的扩大，也积累了一点经验。在观察中常常有新的发现，特别是自认为是独家的发现，就像获得珍宝一样，把它珍藏起来。"

"动手"

第二位，董栋同学谈"养成动手习惯"。

董栋同学在大屏幕上打出一些照片，这是在他的房间里拍的。

他介绍说："这边架子上摆的都是我做的模型，左边的是船模、舰模，中间的是航模，右边的是车模。有的是自己仿造的，有的是买的半成品自己加工组装的。这边还有电控和遥控的模型。这个导弹驱逐舰模型和'飞豹'歼击机模型参加比赛得过奖。

"书桌旁边的小桌是我的工作台。你们看，这里有一个小台钳，这边一排有钳子、锤子、小锯、锉、螺丝刀、手摇钻、电烙铁和砂纸、黏合剂等工具，油漆放在阳台。你们看，像不像一个小作坊？

"我喜欢动手可能和小时候家里的教育有关，从小听惯了爸爸妈妈的口头语：'自己的事情自己做，家里的事情大家做。'自己就做一些力所能及的事，开始不会做、做不好，时间长了，也就学会了，慢慢地能做到眼里有活、手下勤快了。

"从小培养动手习惯效果最好。你们说，哪个小孩不爱动这动那？记得我上小学以前就特别好动，小玩具玩一阵子就给拆开了，看见什么新鲜东西总要摸一摸，就连上电梯也要抢先按按钮。有些大人就认为小孩顽皮，说什么'多动症'啦、'七岁八岁讨人嫌'等，熄灭了我们的热情。其实，这时候引导一下，给点事情让我们去做，我们会很高兴的。

"我家里有些事，爸妈就鼓励我帮忙，比如拉根晾衣服的铁丝，换一个水龙头，抽水马桶的水箱节水，自行车安个车筐，紧紧螺丝、加加油等。要是买了新的家用电器，我就会尽快地学会使用，比大人学得还快呢。我的窍门是'听一遍不如看一遍，看一遍不如动手做一遍'。

"我在学校最早参加的科技活动是在航模小组，大家一起做大的弹射式模型飞机。那架飞机的机翼有许多小木块作支撑，外面再包上薄纸。老师说，为了保证机翼的流线型和两边的平衡，小木块的加工要特别仔细。我参与做这些小木块，用小刀刻，用砂纸磨，对照着图纸尽力做到不差分毫，每一块都尽可能完全一样。最后，我们的飞机飞起来了，在空中飞了好几分钟，飞得很平稳，姿态很优美。这是我们用自己的双手实现的，我感到非常自豪。

"后来我又参加了学校和少年宫的科技活动。除了学习制作各种模型外，还学习电工、无线电半导体的知识和相关的制作方法，学习电脑的使用以及机器人的知识。这些科技小制作，对养成动手习惯和提高动手能力起到了关键作用。

"上自然科学课，我参与做一些实验，初步了解实验对动手操作的要求。我对物理实验很有兴趣，做物理实验的机会就多一些。除了模仿书上的实验外，在日常生活中遇到的现象或问题我也通过动手做来找答案，逐渐形成'做了再说'的习惯。我做过一些课外实验，给你们介绍几个。"

（1）气筒打气

"我经常用打气筒给自行车车胎打气。有一次打完后，手拿气筒的下半截，感到是热的，再摸上边，是凉的。在打气时，气筒里的活塞上下移动，会和筒壁摩擦，摩擦生热。可是，气筒上凉下热的现象，我以前却没有注意过。对不明白的事，我就想通过'做'来找答案。

"第一次，气筒不接到车胎上，把气直接打出气筒外面，推拉活塞一点不费力。过一会儿，摸气筒微微有点温，但上边和下边没有发现不同。

"第二次，把气筒接到车胎上打气。活塞向上拉不费力，向下推时就像压弹簧，感觉有'软'阻力，越向下压，阻力越大。下推由快到慢。打完气后一摸，气筒下边比上边热。

"第三次，把气筒的出气口堵住不让出气，再按打
气的方法上拉下推压活塞。由于筒内的空气出不去，
所以活塞也推不到底。上下提压，用力打了一会儿，
再摸气筒，下边比上边热。"

分析：

"第一次结果说明把气打出气筒外时，不费力，
活塞与筒壁的摩擦没有造成气筒上下冷热不同。

气筒怎么回事？

"第二次结果说明往车胎里打气时，因为筒内空气被压进车胎，下压活塞时费
力，气筒下边比上边热。

"第三次结果说明，虽然不打气，但只要用力下压，活塞把气筒内空气压到下
边，体积变小，就会出现下边比上边热。

"可以看出：活塞和筒壁的摩擦不是使气筒上下冷热不同的原因；活塞用力压
空气，使空气被压缩，才是使下边筒壁发热的原因。"

（2）录音机的转速

"我家旧的卡式录音机上有几个按键：录音键、放音键、快进键、快倒键、停
止键和暂停键。按录音、放音键时，磁带转动慢而均匀；按快进、快倒键时，磁带
转动快，而且越来越快。我想弄清楚磁带到底是怎样转动的。

"先看：（董栋拿出一台录音机）打开空磁带
仓，里面有两个并列的转轴，它们能卡住磁带中心的
轮，带动整盘磁带转动。按下录音键或放音键时，
左边的轴转动，转速不快，右边的轴不转。按下快
进键时，左边的轴快速转动，右边的轴不转。按下
快倒键时，左边的轴不转，右边的轴快速转动。这
说明录音机有一个轴是主动的，另一个轴是被动的。

录音机怎么转？

"然后，我要知道转轴的转动是不是匀速的？

"我是这样做的：在转轴上粘上纸条做记号，当轴转动时，可以数纸条转过的
圈数，同时用秒表记时间，就可以测出轴的转速。比较一下，我发现无论慢转还是

快转，转轴的转动都是均匀的。

"下一个问题来了，磁带的移动不是匀速的。无论快进还是快倒，我能明显看到磁带的转动不均匀，特别在带子快到头前，越来越快，会发出"呼呼"的响声。为了证明这点，我要测量磁带的运动快慢，做法和上面差不多。

"先测快转：在磁带两轮中间做一个记号（用一小块胶纸贴上或用色笔点一点），然后，把磁带放进磁带仓中，同时按快进键并用秒表计时，磁带运动几秒钟，同时按停止键和秒表。打开磁带仓取出磁带，在磁带中间再做记号。取出磁带，拉出转过的部分，用尺子量出两个记号间的长度（这很麻烦，要细心做）。用长度除以时间，得出这一段磁带运动的速度。

"用这样的办法，在磁带开始转动时和中间或结束前各测一次。测出的速度不同，证明磁带的运动不是匀速的。

"再测慢转（录音、放音）：用上面同样的方法，测磁带在不同时段的速度，结果证明前后的速度不同。

"问题来了：为什么转轴转动是匀速的，而磁带的移动却不是匀速的？

"另外，我们知道，磁带出问题时，有时转速不匀，发出的声调会变。转速快，声音又快又尖，像小孩声音；转速慢，声音变慢拉长，声调变低。既然磁带的运动不是匀速的，为什么正常磁带的声音没有变调？"

（3）瓶子倒水

"要把瓶子里的水倒出来，用什么方法最快？我设计了一个实验进行比较。

"拿一个空的饮料瓶，装满水，堵住瓶口。然后将瓶子按一定的角度倾倒。打开瓶口，同时开始计时，等到水全部流出后，记录倒水所用的时间。

"第一次，让瓶子倒立成 90 度角，倒水用时 11.7 秒。

"第二次，让瓶子倾斜成 60 度角，倒水用时 9.8 秒。

"第三次，让瓶子倾斜成 45 度角，倒水用时 10.1 秒。

"第四次，让瓶子倾斜成 30 度角，倒水用时 11.5 秒。

"第五次，让瓶子倾斜成 20 度角，倒水用时 14.2 秒。

"第六次，让瓶子先从 90 度角开始倒，边倒水边改变角度直到 75 度角，用时 9.5 秒。

"比较并排列每次倒水的时间。

"分析：瓶子向外倒水，水向外流，同时，瓶外的空气要向里进，在瓶口一进一出的争夺造成水流出的快慢不同。

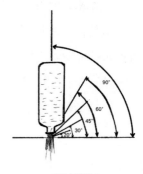

哪个倒得快？

"实验让我看到，并不是瓶子倒立（90度角）时水流出最快，而是在60度角和从90度减小到75度角时，这两次水流出得比较快。为什么？

"有时间可以用更多的方法多试几次，看看能不能找到最快的方法。

"我留个作业：把瓶子倒过来，用手晃动转圈，让它沿纵向轴旋转，瓶里的水也一起旋转，一边转一边向下流出，看看水流出的快慢。"

（4）淋浴喷头

"去年夏天，我到海边亲戚家过暑假。每天我都和亲戚家的孩子及他的同学到海边玩耍，回家后我们要冲冷水澡。那里的条件很简单：用细绳吊起一个淋浴喷头（莲蓬头），连着的软塑料管管口固定在水龙头上，打开水龙头就可以冲洗了。

"我从来没有用过这种东西，感到很新鲜。我站在喷头下，在打开水龙头的一刹那，喷头喷出的水没有喷在我身上，而是射向旁边。然后，水才喷正了。我洗完了，关上水龙头，水不流了，从水龙头上拔下塑料管。等我擦干身上的水后，冷不防喷头又喷出水浇了我一身，好像在和我'开玩笑'。难道这小小的淋浴器藏着什么秘密？于是，我把洗澡当成做实验，一遍一遍重复做，终于看清了这场'恶作剧'的全过程。

"一开水龙头，水从喷头向斜下方射出时，喷头像被推了一下，向相反的斜上方缩了一下，水就喷歪了。

"关水龙头时，水马上停止喷出，喷头像有惯性似地，向斜下方冲了一下。

谁搞的"恶作剧"

"从水龙头上拔下塑料管，管口没有向外流水。过了一会儿，管口才有细细的水流缓缓流出。流得差不多时，听见空气进入软管的'呼噜'声音。突然，上面喷头又喷出水来，但不多，是莲蓬头里的存水。

"分析：水龙头开始喷水时，喷头向后冲，就像子弹飞出时，枪向后座的运动。停止喷水，喷头向前冲，像汽车刹车时，人刹不住要向前倒。过一会儿，喷头再喷水的反常现象，肯定和拔下管子后有空气进入软管内有关。为什么会这样？还不清楚。"

这些实验都是些平常小事，但又好玩又有新发现。所以，董栋乐此不疲。

"动脚"

第三位，石童同学谈培养"联系实际"的习惯。"联系实际"就要到处跑，就是"动脚"。

石童："我爱看书，好书就是我的好朋友。'联系实际'是看书的一个'副产品'。有一年，我到苏州玩，去寒山寺，想到那首著名唐诗《枫桥夜泊》。在附近参观，从实地的情景去体会诗中的意境，更容易理解。在这以后，我看书就想到要尽可能和实际联系，那样会有更好的效果。

"我的自然科学老师是我的启蒙者。他讲课时，要加入许多实际事例，生动得很，也要求我们也这样做。每学期他都要带我们去校外参观、实践。他老挂在嘴边的话就是'读万卷书，行万里路'。'行'不就是'动脚'走路嘛！

"在他的组织、带领下，我们走进自然博物馆、地质博物馆、气象台、天文馆、航空航天博物馆、大学的实验室、科学院研究所等，还参观过汽车展（第一次看见透明的汽车模型）、汽车厂装配车间的生产线、自来水厂、污水处理厂、农村温室大棚。虽然是走马看花，但是新鲜感特别强，留下了很深的印象。

"我们还参与过许多实践活动：去果园采摘水果分装入箱、去植树、去做志愿者、参加公益服务、参加军训……

"有了一些经验以后，老师就教我们进行科学考察，比如到植物园、花卉市场考察植物、花卉分类，到动物园考察动物，还有考察化石、地质遗迹等，同时学习写简单的考察报告。

"在学校的科技小组活动中，我们在老师的指导下学习做科学调查，先后在环保方面做了水质污染的调查、空气污染的调查、住宅区噪声来源和等级的调查等。我们先设计调查方案，拟订调查提纲，然后外出调查、访问，回来整理记录、讨论，学习相关知识，做实验，最后写出调查报告。

"我轻易不放过学习的机会。比如，家里请人擦洗抽油烟机、修理洗衣机，我会在旁边看，做个小帮手，不时也问几句。看人家修自行车、马桶的水箱和磅秤，看公共汽车司机开车，看摩托车的构造，看公园里的喷水浇灌草坪，看园丁修剪花木。

"通过这些活动，我对参加实践活动越来越有兴趣。在实际中学，从实际中找答案，把书上的知识和实际联系起来，成了我的学习方法，我也逐渐养成了习惯。

"联系实际有两个难点：一个是我们接触的实际范围太小，另一个是时间不够。我们每天的安排是千篇一律的，从家到学校再回到家。天天看见的、接触到的都是差不多的东西。好像该看的都看了，该联系的也联系了，有点搜肠刮肚的感觉。因此，平时我采取搜集信息、确定目标的办法，就是通过看书、听老师讲课、看报刊、看电视、浏览网络和听同学的见闻等多种渠道，了解各种实际信息。到了休息日，我会参加一些有组织的活动，或者自己按预定目标活动，努力离开自己熟悉的环境，开阔视野，不断保持对实际的新鲜感。

"联系实际最难的是要克服懒惰，贵在坚持。联系实际要花时间、花精力，但是，只要走出去，心情就会舒畅。尝到了'甜头'以后，就会有坚持下去的信心。'万事开头难'嘛。

"物理知识来自实际，学了物理以后，又要应用到实际中，正好和'联系实际'的习惯相合。于是，我就努力用联系实际的方法来学习物理，觉得很有效。我'动脚'的成果之一是写了很多趣味短文，下面展示几篇，和大家交流。"

（1）估测

"我们不可能随身携带很多测量仪器，所以要学会估测。台北的101大楼高508米，平均5米一层。迪拜的哈利法塔高828米，有160层。我们住宅每层高约3米，知道层数就可以估计楼的高度。

"微小的长度怎么估测？比如小于1毫米的东西。一张纸多薄？一根头发丝多粗？一张纸太薄，一本书就厚了。用尺子测书的厚度，再用张数除，就能得到一张纸的厚度。比如一本书厚5毫米，100页，合50张纸，可以算出一张纸平均0.01毫米厚。测头发丝可以把它放在刻度尺的刻度线上，用放大镜看，大致估计出宽度不到0.1毫米。自动铅笔芯有0.5毫米粗。这些都可以作为估测微小长度的参考。

"人的身体可以作为估测的'尺子'。比如我的手一拃长15厘米，一臂长约55厘米，一足长22厘米，一步长50厘米。每个人都应该记住自己的'人身尺'。

人身尺

"要提高估测的能力，除了勤练，还要向有经验的人学习，比如搞建筑施工的人会目测面积和土石方，搞水利的人会估测水的流速、流量和水位，农民会目测土地面积、粮食和作物的重量，警察和司机能判断车速，厨师能估测锅里的油温，售货员能做到'一秤准'，士兵能目测目标的距离。"

（2）快与慢

"我们熟悉的龟兔赛跑就是比较速度的快慢。兔子奔跑的速度能达到50~60千米/时，乌龟爬行速度不到200米/时，兔子比乌龟快得多，所以，兔子才会骄傲。猎豹跑得快，速度是125千米/时。水里的旗鱼也不慢，能达到120千米/时。天上飞的雨燕能达到170千米/时，像闪电一样划过天空。

快与慢

"人走路的速度约5千米/时，跑步（马拉松）的速度约20千米/时，跑得最快的按百米世界纪录算，用时 9.58 秒，合 35 千米／时。

"骑自行车的速度约 15 千米／时，F1 赛车的速度近 400 千米／时。我国高速铁路列车的速度超过 300 千米／时，磁悬浮列车的速度在 400 千米／时以上。我们常用'风驰电掣'形容快，这些车速连飓风的速度都望尘莫及。

"喷气式客机超音速飞行的速度为 1224 千米／时，还有更快的飞机。而比起火箭，飞机又是慢的。火箭升空达到第一宇宙速度 7.9 千米／时；嫦娥五号返回地球大气层时，速度可以接近第二宇宙速度 11.2 千米／时。

"我们有时用时间短暂形容快，比如'迅雷不及掩耳''转瞬即逝''弹指一挥间'，也常说'一眨眼'的工夫。但'一眨眼'有多短？'瞬间''弹指一挥间''须臾''刹那'到底有多短？恐怕没有人去想。我查到具体的数值：'一眨眼'是 0.2~0.4 秒，'须臾'是 48 分钟，'弹指'是 7.2 秒，'瞬间'是 0.36 秒，'刹那'最短，只有 0.018 秒。

（3）电器调查

"通过看电器的铭牌和说明书，认识各种家用电器的外形、构造、工作特点及使用方法，给它们分类，记录电功率等数据。

"常见的电热器：电熨斗 1000 瓦，电饭煲 700 瓦，电热水器 1500 瓦，电开水壶 1500 瓦，浴霸 800 瓦。

电器时代

"电冰箱 125 瓦，是用电制冷。空调兼有制冷和发热功能，2500~3500 瓦。

"微波炉 1180 瓦，电磁炉 2000 瓦，都可以加热食物，但二者又有不同。

"通过电动机产生运动的电器：电扇 66 瓦，洗衣机 430 瓦，抽油烟机 180 瓦，榨汁机 50 瓦，吸尘器 500 瓦。

"把电变成光的电器：白炽灯、日光灯、节能灯、LED 等，从几瓦到几十瓦不等。

（4）参观小型水电站

"通过观察水电站的厂房，上、下游的河道，厂房内机组和设备，听有关人员的介绍及观看模型，对水电站有大致的实际了解，同时做好记录。

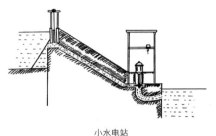

小水电站

"水流的情况：河流的宽度 20 米，河水流速 0.8 米 / 秒，流量 40 立方米 / 秒，上下游水面的落差 10 米，拦河坝长 25 米，坝高 13 米。

"水轮机的情况：水轮发电机有 3 组，转速 3000 转 / 分，水轮发电机功率 30 千瓦，发电电压 380 伏，输出电压 1 万伏，输水管的直径 1.5 米。

"其他设施情况：泄水管，拦污栅，闸门，控制机构，显示仪表，起重机构等。"

石童最后总结说："联系实际是很麻烦、很累的事，但不积跬步无以至千里。我相信，只要一点一点积累下去，总会见到成效。"

"动脑"

第四位，文浩同学谈培养"提问题"的习惯。他认为"提问题"就是"动脑"的开始。

文浩还是以问题开场："为什么有的人爱提问题，有的人不爱提问题或提不出问题？提问题对学习有什么好处？怎样培养提问题的习惯？"

文浩接着说："喜欢提问是小孩的天性。小孩出生到这个世界，周围的一切都是陌生的。从懂事开始，对新鲜事物自然会产生疑问。但是，有的人只是被动接受、习以为常，有的人想要知道得更多，就会出现问题。

拉比的妈妈问得好

　　"小孩有了问题怎么办？关键在大人的态度。有的大人懒得回答小孩的问题；有的不耐烦一个接一个地回答问题；有的自己也不会答，就借故敷衍，打击了小孩的热情，挫伤了小孩的积极性。

　　"我就受益于我的父母。他们有耐心，而且很高兴回答我的那些简单幼稚的问题。有时，他们还主动提出问题问我，或者引导、启发我，让问题从我的嘴里说出来。他们给我讲过一个故事：有人问诺贝尔物理学奖获得者伊西多·拉比，成为伟大科学家的秘诀是什么？拉比回答说，是和妈妈的教育分不开的。小时候，每天放学回家，妈妈都要认真听他讲学校里的事，特别要问'今天提过什么好问题？'拉比说，正是'提好问题'，使他成为一个科学家。我的父母也这样要求我。在他们面前，我就会没有顾虑地问问题。

　　"从爱提问题到形成习惯还有很长一段路要走，对我影响和启发比较大的有几个方面。

　　"一是有科学家小时候的榜样。比如爱迪生小时候就特别爱问问题，见什么人都问，走到哪里就问到哪里。有时候问别人，人家说不知道，他还不罢休，追问人家为什么不知道。由于爱问问题，问得老师下不来台，恼羞成怒，迫使小爱迪生只上了三个月的学就上不下去了。但是，他保持了好学多问的好习惯，自学成才，才有了那么多的发明。

　　"爱因斯坦从小就爱思考。在十六岁的时候，他想出了一个怪问题：'如果人跟随光一起，以光的速度运动，那会发生什么事？'这个问题一时得不到答案，就一直留在他的脑子里。后来，他在26岁时建立了'狭义相对论'，终于回答了这个问题。

乘着光速飞行

　　"二是有一套好书——《十万个为什么》。父母把它作为生日礼物送给我,我爱不释手。它使我增长了很多知识,大开眼界。和书里那么多'问号'相比,我这个'小问号'简直是'小巫见大巫'。我发现,原来能提出这么多问题,原来能用这么多不同的方式提问题,比如常用的'为什么''什么''怎样'和'能不能''哪个''有没有''是……还是……'等。我模仿书上提问的方法,提问题的方式多了,提出的问题也比过去更恰当,问题的质量有了提高。

"三是有一位好老师。我的自然老师为了鼓励同学提问题,规定在每一次讲课前和课后,根据书上的内容,每个人要提出1~3个问题,写在小纸条上交上来。开始,我们不习惯,提不出来或提得不像样子。老师不断表扬、鼓励我们,教我们,用大家提出的问题作示范。渐渐地我就学会了上新课前先提问题,记在小纸条上或问题记录本上。课后,检查原来的问题解决了多少,发现了什么新问题,再记下来,时间一长,就成习惯了。

"养成习惯不容易,我认为有两点特别重要。

"第一点要大胆。问问题不要不好意思,要'脸皮厚',不要怕因为自己的问题没有水平或者问错了而让人笑话。

"第二点要学会解决问题。提问题不是目的,提出的问题要及时解决、解答。提了一大堆问题,不解答是没有用的。

"现在,我初步尝到提问题的甜头。我体会到学习就是求知的过程,接受知识要思考,提问题就是主动思考的第一步。有了好奇、有了怀疑才会有后面探索解决的第二步。有句话说得好,'提出问题,就是解决问题的一半',我深有体会。

"下面,我从问题本上选出一些生活中的问题,请大家思考。"

(1)尼龙搭扣的构造和原理是什么?

(2)在用火炉取暖的地方,炉子直接加热空气。有人在炉子上烧一壶水、烧一块铸铁来取暖,会使效果更好吗?

(3)为什么纸绳湿了一拉就断,麻绳湿了却更不容易拉断?

(4)雨天马路是滑还是涩?报纸上说下雨天开车容易打滑,可是自行车的闸皮有水会更涩,鞋底有点水走光滑的地面也不容易滑,手湿的时候拉绳子也不打滑,为什么?

（5）水在什么表面会成水珠，油在哪里成油珠？

（6）高压锅煮粥好了以后，等到锅内压力减小了，取下压力阀，锅里不向外喷气。这时打开锅盖，然后再盖上，发现又有蒸汽从气孔中喷出，为什么？

（7）洗米时水能把米粘在手上，手浸到水里米就不粘了，为什么？

（8）塑料桶向外倒水时，桶身一鼓一瘪的，水也是一团一团地流出，这是为什么？

（9）放在一起的两块冰，在融化时会冻到一起，为什么？

（10）用复写纸复写，写完后，纸为什么不容易分开？

（11）鸡蛋羹蒸好后，打开锅盖看见鸡蛋羹表面是鼓起来的，为什么一下子就瘪下去了？

（12）理发店用的剃刀在使用时要像磨刀一样在一条皮带上蹭几下，皮子也能磨刀吗？

（13）在靠马路的高层楼上听到的汽车行驶的噪声要比在低层的大，为什么？

（14）为什么海水是蓝色的，浪花却是白色的？

（15）一把小提琴，我用不同方法拉同一音调的音时，音色是一样的吗？

（16）旋转的陀螺被碰以后弹开有规律吗？

（17）同一个物体为什么能发出不同音调的声音，如乐器手鼓、钢鼓？

（18）新的塑料袋为什么好像被粘住似的不容易打开？

（19）想把牛奶表面的奶皮先倒出来，可一倾斜杯子，奶皮却向相反方向移动，为什么？

（20）用刀切肉为什么不能只用力向下压而要来回拉着切？

（21）荷叶上的水珠，里面为什么是银白色亮晶晶的？

（22）雨后松树松针上的水珠为什么都在尖上？

（23）理发店门外的标志是一个直立的圆筒，里面有花纹的筒芯在旋转，有的看起来向上转，有的向下转，有的既不向上也不向下，这是为什么？

（24）地铁车厢里看见外面隧道墙上的广告也跟着车向前走吗？

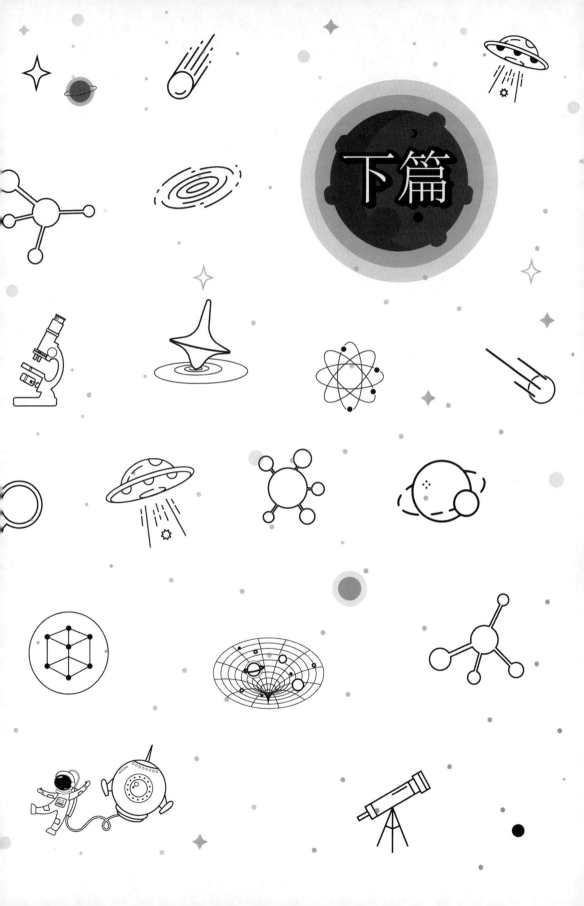

下篇

八

做实验有目的

做实验有什么用？"玩家老师"要给大家讲故事了。这一系列故事是从介绍我国古人的智慧开始的。

解决问题

有问题要回答，要解决，好多问题的回答和解决是通过"做"来实现的。我国古时候有好多精彩的故事。那时虽然没有"做实验"这个说法，但前人做的一点也不亚于现在的实验。要说"玩"，古人"玩"得也很有水平。

"玩家老师"开讲了。

第 1 个故事：曹冲称象

那是远在 1800 多年前的东汉末年，当时有人从南方送来一头大象。这样一个庞然大物，大家都觉得很新鲜、好玩。有人问它多重？没有人能回答。那就称称吧！可是哪儿有这么大的秤？就算有，怎么称？

在人们束手无策时，曹操的小儿子曹冲想出一个办法。他叫人把大象牵到河边，引上一条大船，船被大象压得沉下去不少，吃水部分加大。他让人在船帮上水面的位置画上记号，然后把大象牵上岸，船体又上浮恢复原状。他再吩咐把准备好的石头运到船上，一直装到船下沉到刚才画的记号处。最后，用秤称出船上全部石头的重量，就推算出大象的重量了。这是一个利用浮力称重的例子，一个几岁的小孩，就把难题解决了。

向吉小组模仿实际情况做实验。

实验：模仿曹冲称象

器材：一个盛有水的玻璃水槽，一艘塑料做的玩具船，一只玩具大象，一些砝码。

小曹冲称大象

做法：

（1）把船放在水槽水面上；

（2）把大象放在船上，用笔在船边吃水处画上记号；

（3）用砝码代替大象，使船浸入至记号线处；

（4）统计砝码数推算大象重量。再用秤称玩具大象，比较两次测量结果。

第2个故事：怀丙打捞铁牛

这也是一个关于浮力的故事，发生在一千年前的宋朝。在山西、河南之间的黄河上有一座古老的浮桥。这一年发大水，桥被洪水冲垮，就连在岸上用来固定铁链的重达几万斤的大铁牛也被冲入河底。由于铁牛太重，一直无法打捞上岸，桥也无法修复。为此，官方出了"招贤榜"，公开招纳打捞铁牛的能人。

后来，揭榜的人出现了，原来是一位叫怀丙的和尚。他提出打捞的办法是在两条大船之间架上粗大的横木，和船固定连在一起，横木中间系上铁链。在河水浅的时候，把船驶到铁牛所在位置的河面上。在两条船上装满石块和泥沙，使船体吃水加深。这时，命人下水用铁链捆住河底的铁牛并拉紧。然后，把船上的泥沙、石块倒入河中，船重逐渐减轻，一点一点上浮，同时铁链就把铁牛带离河底了。

怀丙捞河底的铁牛

打个比方，就像有两个"巨人"用一根扁担抬东西，把东西用绳子捆住，绑在扁担上。"巨人"先弯腰曲膝，用肩膀扛起扁担，慢慢站直，就把东西抬起来了。最后，把带着铁牛的船驶回架桥的地方，再把铁牛拉到岸上。

这就是怀丙和尚的妙招。他和曹冲同样利用了船的沉浮，做了不一样的事。曹冲的方法可以叫"浮力称重"，怀丙的方法就叫"浮力起重"。

请文浩小组来演示。

实验：模仿打捞铁牛

器材：水槽，两只塑料小船（并排放置，中间留空），筷子搭在两条船帮上，用绳子和船固定在一起，金属玩具牛（或重物），压船的重物（砝码或铁块）。

做法：

（1）把金属玩具牛放在水槽底部；

（2）连体船放在水面上，往两船上放压船重物，使船吃水加深；

（3）用绳子绑住玩具牛，绳子上端绑在筷子上并拉紧；

（4）把压船重物拿开，船带着玩具牛上浮，离开水底。

第3个故事：曹绍夔治磬

磬是我国古代的一种乐器，用特殊的石料制成。磬是扁平的，挂起来，用锤敲击出声，很好听。唐朝时，在洛阳的一座寺院里有一位和尚，他房间的墙上挂着磬。但是，这个磬常常会无缘无故自己响，怪吓人的。和尚找不出原因，很害怕，久而久之就得了心病，找医生也没法治好。

会自鸣的"妖"磬

这事让和尚的一位朋友知道了。这位朋友是朝中管音乐的官员，名叫曹绍夔。他去看和尚，恰好碰上磬没人敲自己又响了。这又把和尚吓得犯了病。曹绍夔仔细听完后，心里有数了，笑着对和尚说："这个'妖磬'在作怪是你的病因。明天你备好酒菜请我吃饭，我给你'降妖'治病。"

第二天，曹绍夔酒足饭饱以后，从怀里取出一把铁锉，在磬的上面锉了几下，然后说："好了。"这时，远处传来寺院里的钟声。他对和尚说："你听，磬发出响声就是由这钟声引起的，因为磬和钟的音律恰好相合。我锉了磬是为了改变它的音律，使二者不再相合，敲钟时磬就不会再响了。"原来是这样，和尚顿时解开了心结。从此以后，磬再也没有自鸣，和尚的病自然也好了。

这个故事说的是声音的共鸣现象。两个发声物体之间发生共振，就会发生共鸣现象。曹绍夔的办法就是改变其中一个物体的音律（磬振动的频率），磬和钟的振动不能合拍了，就不会引起共鸣。

石童小组同学来演示。

实验：声音共鸣

器材：两个相同频率的音叉和共鸣箱。

做法：

（1）将音叉插在共鸣箱上；

（2）用木槌敲一只音叉发声，另一只音叉随之发声；

（3）将另一只音叉稍作改变（加上小重物）；

（4）再敲第一个音叉，振动改变的音叉不发声。

日常生活中，也可以看到类似的现象。比如，窗外有汽车行驶或空气压缩机在工作，它们机器振动的声音很强，有时就会引起附近玻璃窗的强烈振动发声。谁能学学曹老先生，想办法消除玻璃的共振呢？

第 4 个故事：沈括的纸人跳舞

我们的老祖宗对声音的共振现象颇有研究，宋朝著名的科学家沈括就做过这样的实验。

他在弹古琴时发现，拨动一根弦发声，好像有的弦也有声音。是不是发生共振现象了呢？怎样证明没有拨动的弦发生振动？他想了个简单的办法。他剪了一些小纸人，分别夹在古琴或瑟的弦上（琴和瑟都是有许多根弦的乐器）。当拨动一根弦时，发现有的弦上的小纸人就会颤动，说明这根弦也在跟着振，发生了共振。

琴弦上的小纸人

用小纸人的颤动来把弦的微小振动放大，眼睛能看清楚，沈括做的就是证明琴弦发生共振的实验。

这个实验还由石童小组来做。

实验：模仿沈括的纸人跳舞

器材：多根弦的乐器，如古筝、扬琴，小纸人。

石童小组把小纸人固定在乐器的弦上，大家弹起琴弦，不少纸人"跳起舞"来。

第5个故事：小孔成像

早在两千多年前，我国古人就知道"小孔成像"的现象。在《墨经》中，还有当时做法的记载。他们是这样做的：用木板造了一间没有窗户的封闭屋子，在朝东的薄板墙中间开了一个小孔，屋内平整的西墙涂白。在太阳升起的时候，阳光射向东墙，让一个人站在对着小孔的墙外。这时，在屋内的西墙上，就出现一个倒立的人像。

这个实验做得很漂亮，用一间大屋子和真人做，效果明显。

"小孔成像"证明光是沿直线传播的。

从小孔"钻进"屋里的"人"

董栋说："'小孔成像'的实验我们做过。"

说罢主动到前面演示：拿出一个长方形纸盒，在一个侧面中心处开一小孔，对着的另一侧面去掉纸板，镶上一块毛玻璃。像照相机那样，将小孔对准景物，在毛玻璃上就看到了倒立的像。

老师："故事讲完了。你们有什么想法，说给大家听听。"

向吉："曹冲年纪不大，却有会观察的优点。他注意到船载重后，船体下沉吃水加大的现象。他的思路就是'等量代替、化整为零'。"

董栋："怀丙和尚的方案，一定经过周密的设计，并且动手做过试验。"

石童："要是我遇见磬自鸣，也会像闹钟响声变大那样吓一跳。"

文浩："曹绍夔为什么有那么大的神通，一下就能发现是钟声在作怪？"

老师："其实，早在公元前三百多年，《庄子》一书中就记载有瑟的弦共振现象。五六百年后的晋代，也已经有了和曹绍夔消除自鸣现象相似的故事。因为他对声律和乐器知识懂得多，又是个善于调查的人，对这个寺庙的环境和钟声的来源有所了解，才会把钟声和磬联系起来，所以，才能很快发现问题，想出解决办法。这几个故事，都是通过'做'来解决实际难题。我们现在做实验，就是在模仿古人做过的事，同样是要通过'做'来解决问题。"

怀疑之后

当你有怀疑的时候，后面的行动就应该是实验。

老师："前人的经验和结论是一笔宝贵的财富，但是，后人也不能盲目地接受。在科学发展史中，有不少有名的实验，就是从怀疑前人的结论开始的。我又要说伽利略了，你们最熟悉的故事是什么？"

石童："当然是比萨斜塔的实验。据说他在斜塔上，将轻重不同的两个球同时放开下落，两个球同时落地。"

第 6 个故事：伽利略斜面滚球

老师："对，这就是著名的'自由落体实验'。为什么要做这个实验呢？起因是古希腊著名学者亚里士多德认为'重的物体比轻的物体下落得快'。好多事实都能证明这个结论，比如铁块比羽毛下落得快。

伽利略在斜塔上扔铁球

两千年来，人们一直没有怀疑。

"伽利略对这个结论做了认真思考，产生了疑问。但是，怀疑对不对？只能通过实验来求证。而实际情况有些复杂。比如，比较轻的物体、形状不同的物体不好比较，因为它们在空气中下落，空气阻力对下落快慢有影响。比较重的、体积小的物体下落，空气阻力影响小，但是，下落很快，落地的先后很难看出来。

"怎样做才能既减小空气阻力的影响，又能分出先后呢？他想出了一招：减慢下落速度，把实验改在斜面上做。就是用一块当中有槽的长木板作斜面，让光滑的铜球沿斜面的槽'咕噜咕噜'往下滚（挺好玩），用一个水钟（滴漏）计时。他选用不同重量的球，在同一斜面下落，比较滚落的时间长短。然后改变斜面的长和高，反复做，再比较。经过好多次实验，结果是：不同重量的球，从同样高度的斜面滚落，同时到底。然后，再加上斜塔实验和其他相似的实验，他充分证明自己的怀疑是对的，亚里士多德的说法是错的。

伽利略在斜面滚球玩

"伽利略用做实验来研究科学，开始为大家效仿，他成为近代实验科学的奠基人。"

现在来模仿这个实验。

实验：伽利略斜面滚落小球

器材：一块有槽的长木板（一头架高），金属小球，激光计时器（像运动场短跑计时一样）。

做法：

（1）让金属小球从木板高端沿槽滚落，同时记录下落的时间。

（2）让不同重量的小球从不同角度的斜面下落，重复实验。

文浩："有人说比萨斜塔的实验只是个传说，是真的吗？"

石童："我查过资料，斜塔高 55 米（不到 20 层楼高），重物从顶上落地大约要 3 秒多。在这么短的时间内，要看出两个球是不是同时落地，要听出'砰'一声还是'砰、砰'两声的落地声，在那时的条件下，太难做到了。"

老师："现在，实验室里有专门做落体实验的仪器。在抽真空的粗玻璃管内做，就可以达到没有空气阻力的条件了。"

实验：真空条件下的自由落体

器材：一个两端封闭的长玻璃管，里面有小金属片和羽毛。

做法：

（1）用抽气机抽出管内空气。

（2）把管竖直放置，小金属片和羽毛在最下面。

（3）迅速倒转玻璃管，小金属片和羽毛同时在最高处下落，观察是不是同时落到底。

毛钱管又称牛顿管

第 7 个故事：托里拆利测大气压

"这个故事也和亚里士多德有关。地球表面有空气，人们能感觉它的存在。但是，空气有重量吗？亚里士多德认为没有。而且，空气无处不在，充满每一个角落，自然界里没有哪个角落空气到不了，所以不会有真空。有一句话代表了他的观点：'自然界憎恶真空'，这个观点也一直为人们所相信。

"到了 17 世纪，人们用抽水机抽水。开始时，也用这个观点解释：当抽水机的活塞上提时，活塞的下方不能出现真空，于是，下面的水自然就跟着活塞进入抽水机上升，被抽上来。人用吸管喝饮料、小孩玩的水枪吸水都可以这样解释。

"后来，人们发现在矿井中抽水时，抽水机最多只能把水抽上 10 米多高，再高，水就上不来了。这样，活塞下面就出现了'真空'。这和亚里士多德的观点不符，引起伽利略的怀疑。伽利略认为：自然界'憎恶真空'是有限度的。到底是不是这样？如果是，这个限度有多大？于是，他把问题交给了他的学生托里拆利去研究。

"托里拆利也对亚里士多德的观点表示怀疑。他认为空气虽然很轻，但不是没有重量。由于空气有重量，所以空气对水是有压力的。抽水机能抽水，是靠空气的压力把水压上去的。空气的压力有一定大小，只能把水压上 10 米高，所以矿井抽水只能达到这个高度。

"为了证明自己的观点，托里拆利设计了一个实验：用一根 1 米多长、一端封闭一端开口的玻璃管，将管内注满水银，用手指堵住开口。然后，把管倒立，管口

托里拆利巧妙测大气压

放入一个水银槽里，慢慢松开手指，这时管中的水银柱开始下降，水银从下面管口流出到水银槽里。但是，水银柱下降了一段就停止了，好像出口又被堵住了。用尺子测量，水银柱大约是 0.76 米高。在玻璃管里水银柱的上方，水银下落'腾出'的地方，出现了真空。这就是历史上著名的测量大气压值的实验。

"托里拆利的实验解答了矿井抽水发生的问题，否定了亚里士多德的观点，证明伽利略的怀疑是对的。后来法国科学家帕斯卡在高山上也进行了测量大气压的实验，证明空气稀薄的地方气压小。

"德国科学家格里克在大广场上表演，用十六匹马反向拉里面抽掉空气的两个半球，没有拉开，马的拉力拉不过空气压力，轰动一时，这就是著名的'马德堡半球实验'。现在请同学来重现这两个实验。"

马德堡有马拉半球表演

实验：测量大气压

器材：一米长、一端封闭的玻璃管，水银槽，水银，尺子。

做法：

（1）玻璃管口向上，向管内慢慢注入水银，直到注满为止。

（2）堵住管口，倒置，放入水银槽内。

（3）慢慢松开手指，水银柱下落并稳定在一定高度。

（4）测水银柱高。

实验：马德堡半球实验

器材：实验室用的半球，抽气筒或抽气机。

做法：

（1）两个半球对接好，抽出里面的空气。

（2）用力向外拉两个半球，拉得开吗？

（3）放气，半球分开。

文浩："为什么托里拆利不用水来做实验？"

董栋："我们来设想一下，矿井抽水能达到 10 米，如果用水做，玻璃管至少要 10 米多长，竖起来有三层楼高。做实验时，要提水跑上三楼把玻璃管灌满，堵上塞子。然后，用大绳捆住玻璃管，楼上、楼下的人小心配合，把玻璃管倒转过来，让管口朝下，放进大水缸里。固定好后，才能在水缸里拔塞子。玻璃管里的水面下降，待稳定后，再跑上楼，用皮尺测量水柱的高度。就这样来回折腾，我都说累了，何况做呢。"

董栋绘声绘色的描述使场内气氛活跃起来。

老师："这里有个误区，我们总是认为水是被抽水机抽上去的，就像用吸管喝饮料，是靠我们的嘴吸上来的，好像没有空气什么事。这是错的。托里拆利是反着做的，先向管子里倒满水银，既没有抽也没有吸。玻璃管倒过来后，管子里的水银往外流，妙就妙在水银液面下降到 76 厘米高时自动就停住了，不再下降。这让人感觉到下面的出口又被堵住了。是谁在堵？没有别人，只有空气的压力。实验特别突出了不是'抽'而是'压'。"

向吉："空气有压力，不但向下压，也能向上压。"

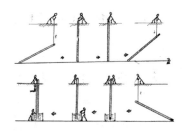

真的很累

谁喝得上？

老师："说得不错。"

第8个故事：热是什么？

"冷和热是大自然的现象。太阳给地球光和热，燃烧能产生热，闪电也能产生光和热，摩擦也能产生热。通常，我们将冷和热理解为温度低和高，也有吸热、传热和散热等一些说法，表达的意思各有不同。但是，要问'什么是热'还真不好回答。'热'到底是什么？科学家长期没有准确的解释。

"18世纪，苏格兰科学家布莱克提出，'热'是一种特殊的物质，这种物质看不见、摸不着、没有重量，叫作'热质'。想象一下，它应该是无形的，弥漫在自然之中，可以自由飘来飘去、流进流出各种物体，像隐身的'精灵'。

"物体为什么温度高？那是因为它包含的热质多。温度高的物体为什么会向温度低的物体传热？那是由于热质从高温物体流到低温物体。为什么物体受热后体积膨胀？是由于热质多了彼此排斥。这些解释合情合理，因此，这种理论被大家接受，称为'热质说'。

钻炮筒发热不新鲜

"到了18世纪末，在德国陆军工作的美国物理学家本·汤姆孙（被人尊称为伦福德伯爵）在视察慕尼黑的兵工厂时发现，制造大炮时要用钻头钻出炮筒，钻头要切削下好多铁屑，时间长了，整个炮筒、钻头和铁屑都很烫，浇在上面用来冷却的水都被烧开，'刺啦刺啦'冒热气。这个现象引起了他的注意。

"怎么解释这个现象呢？按热质说的观点，钻头和炮身原来温度都不高，又没有用火烧（不但没有烧，还用水冷却），也没有高温的物体传热，就是说没有外界给它们热质，所以，它们的热质不会增多，温度不会升高。但实际情况是，炮筒、钻头和钻下来的铁屑温度都升高了。热质说和实际产生了矛盾，就凭这钻头一钻，热质就大量增加了？这些热质是从哪里冒出来的呢？这引起他对热质说的怀疑。

"为了证实怀疑，他就进一步做实验。在机械加工中，不只是钻头打眼，车、铣、刨、磨等加工方法，都会"无中生有"地产生热。就连用锉来加工零件，锉一会儿也会烫手。其实，道理也很简单——摩擦生热。钻木取火的方法原始人都知道。我们演示用台钻钻孔。"

实验：钻头打眼

器材：台钻（有钻头），金属块。

步骤：

（1）用台钳夹紧金属块。

（2）开动台钻，用钻头在金属块上钻孔。随着钻头向下，金属屑飞出。

（3）打完孔后，关上开关，钻头停转。

（4）摸摸钻头、金属块和金属屑是不是热的（小心别烫着）。

"实验证明，伯爵的怀疑是有道理的。热不是什么热质，物体之间的摩擦就能产生。摩擦是什么？是运动。因此他认为产生热的原因是运动。

"这个观点得到了英国科学家戴维的支持。按热质理论，冰在与外界隔绝、没有供热的环境里，没有热质流进去，是不能融化的。他想出一个简单又巧妙的实验：把两块冰放在0℃以下密闭的环境中，断绝了热质的进出；然后操控它们互相摩擦。在水能结冰的环境中，两块冰慢慢滴水变小，最后完全融化。

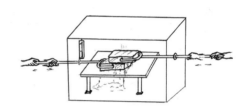

在零度以下冰块摩擦融化是新鲜事

"这是一个著名的、有说服力的实验。冰融化的热来自摩擦，来自自身的运动。"

实验：冰摩擦融化

这个实验要有0℃以下的条件，还要使两块冰相互摩擦，最好是在冬天室外的冰冷环境中做，如果用冰箱冷冻室，就要好好设计怎么做。

文浩："为什么到了19世纪，人们对热的本质还是没弄清楚？"

老师："人类对'热'早就有了认识，热胀冷缩、冷热的传递、冷热的测量（温度计）、物态的变化，甚至工业上划时代的发明——蒸汽机等。不过，文浩问得也有道理，因为以前的发现都是表面现象，比较容易解释；而热现象的本质涉及物体内部的分子运动，这方面确实知之甚少。"

文浩："我们对前人的观点都要怀疑吗？"

老师："问得好。看看你们的课本，里面的知识结论是那么简明、正确，书上很少会写错的东西。而这些知识的得出，是多少人怀疑以前错误的、不完善的结论，然后重新求证得来的，不知道要经过多少次反复，这才是科学发展的真实过程。有些前人犯错也是不可避免的，无论他们得出什么样的结论，都是后人的宝贵财富。有了错误和不完善，才会有怀疑，在怀疑后面就会有行动，做实验就是纠错的行动。文浩同学爱问为什么、不盲目相信，这也是怀疑。"

探索奥秘

大自然隐藏的奥秘，我们通过不断进行各种实验才能发现。

第9个故事：电生磁和磁生电

老师介绍说，在《走进大自然》的讲座中，董栋介绍大自然的电和磁现象比较少，但是，大自然并不是"吝啬"，而是把它们的秘密隐藏在深处。要发现这些秘密，人类必须要不断努力探索。

今天就是讲人们探索电磁奥秘的这段历史故事。

长期以来，人们一直认为电和磁是两种独立的现象。后来人们发现雷电能使铁有磁性，于是就产生了寻找"电生磁"现象的兴趣。时间进入 19 世纪，原来毫不相干的电与磁，一下子有了联系。

1820 年，丹麦物理学家奥斯特首先取得突破。他把一个磁针放在一根直导线的下方，当导线有电流通过时，磁针转动了，好像旁边有磁铁吸引它一样。断电后，磁针又恢复原状。这一动，非同小可，有电流通过的导线产生和磁铁一样的作用效果，这就是"电生磁"现象。

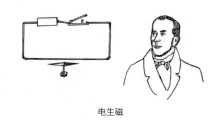

电生磁

大家会问，这么简单的实验，怎么不早做？请注意，那时电池才发明不久，没有电池，哪来的电流啊！

实验：奥斯特的电流产生磁场

器材：电池，直导线，磁针。

步骤：

（1）将直导线两端架起、固定，磁针放在导线下方。

（2）导线接电池通电，观察磁针有什么变化。

这个实验引起了极大的关注，物理学家争相效仿。接下来，很自然的想法是：反过来，磁能不能产生电？大家相信能。于是，开始了新的探索，许多著名的物理学家都投身实验中去，以为很快就要见分晓。但是，实验没有那么容易，几年过去，仍没有人成功。

英国科学家法拉第也在做实验。开始，他试着将大块的磁铁放在导线旁边，希望连着的电流计指针转动（表示导线有电流通过），但没有成功。再用通有大电流的导线代替磁铁产生强磁性，希望在旁边的另一根导线中产生电流，也没有成功。

猜想容易，做起来难。不过，法拉第对磁能转化为电坚信不疑。他认为，既然带电的物体可以使在旁边的导体也带上电（感应起电现象，也就是"电生电"），磁铁可以使在旁边的铁块有磁性（磁感应现象，也就是"磁生磁"），而且奥斯特使电流产生了磁，那么，磁也应该能感应出电流。

大自然在这里设了个陷阱。他不断失败，不断调整方法。

一次，他把两个线圈套在一个软铁做的圆环上，左边线圈的两个线头用一根长导线连接，这根长导线拉过一个小磁针的上方，这和奥斯特的实验相似，目的是用小磁针检验长导线里有没有电流。右边线圈连接上电池和开关，两边线圈彼此独立，只是都套在铁环上。

磁生电

他把右边线圈的开关合上，就在接通电池那一瞬间，左边长导线下面的小磁针好像动了一下。刚想仔细看，磁针不动了。难道是看花眼了？于是，他打开开关，准备重来。正在断电这一刹那，小磁针好像又动了一下，然后马上恢复原状。这次应该没有看花眼。太好了！不管怎样，总算是动了。

小磁针这瞬间的一动，让法拉第猛然醒悟：原来，磁对电的感应只在合上或打开开关的一瞬间发生，就是在变化时才有，不像"电生磁"那样，有电流就有磁，是稳定的现象。"磁生电"是变化的磁才能生电。十年来屡做屡败的原因，就是停留在生搬硬套"电生磁"的做法。

法拉第抓住机遇，进一步改进方案。他只用一个线圈，和电流计连接，取代直导线和小磁针。右边的线圈电池都不要，用磁铁代替。他手拿磁铁直接插入线圈中，电流计指针摆动了一下。然后，他把磁铁从线圈中拔出来，指针又动了，不过，这次是向反方向摆。法拉第高兴得要跳起来，成功了！他不断把磁铁插进、拔出，电流计的指针就像不倒翁似地不停地两边摆，奥秘终于被发现了！这种由磁"感应"出电流的现象，叫作"电磁感应"。

大自然的秘密被揭开了，电与磁被紧密联系在一起。

现在，我们在实验室重现这个实验也很容易。

实验：法拉第的电磁感应

器材：线圈，电流计，条形磁铁。

步骤：

（1）连接线圈和电流计。

（2）将条形磁铁插入线圈，观察电流计指针动不动。磁铁不动，观察指针动不动。

（3）将磁铁拔出线圈，观察电流计指针动不动。

在这十年里，有不少科学家做了实验，有的甚至已经成功了，但是错过了机会，其中，瑞士物理学家科拉顿最可惜。他和法拉第的做法相同，只不过怕磁铁的磁性影响电流计，造成实验不准确，就把连接线圈的电流计，接上长长的导线，放到另一间屋子里。这样，当他把磁铁插入线圈后，马上就

他运气不佳

赶到旁边的屋子看电流计的指针动没动，结果可想而知。他始终没能看到期待的结果，只因为错过了关键的瞬间。伟大的发现从眼皮底下溜走了，他那两间屋子的周密安排，像是命运和自己开了个玩笑。

第 10 个故事：电子的发现

老师又问大家是否还记得科技馆里的辉光球，那是高压放电的艺术杰作。早在法拉第的年代，物理学家就开始研究这一美丽的现象。他们从大自然的闪电中受到启发，用高电压放电制造"人工闪电"（在科技馆见到了）。他们又把闪电"装到"玻璃管里，便于控制和观察。先把两个金属的电极装入密封的玻璃管的两端，从玻璃管抽出部分空气，就做成了稀薄气体放电管。做实验时，只要在电极上接上高电压，管内就会出现雾样的紫红色光柱，非常好看，这就叫"辉光放电"。

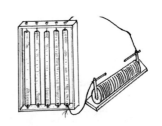

在玻璃管里出现美丽的光

实验：稀薄气体的高压放电

器材：用来产生高电压的感应圈，稀薄气体放电管。

步骤：

（1）感应圈输出端接在放电管的两极上，输入端连接电源。

（2）闭合开关，观察管中美丽的光柱。

（3）连接不同的放电管，观察不同的光柱。

在 19 世纪下半叶的几十年里，高压放电现象一直是众多物理学家关注的热点

问题。随着产生高电压的技术和抽气机的技术不断提高，实验越做越精细。科学家发现，放电发生时，负电极上会发出看不见的粒子流，这种粒子流被称为"阴极射线"。但是，这种射线到底是什么，物理学家有不同看法，需要进一步探索。

到19世纪末，英国物理学家约瑟夫·约翰·汤姆孙（和前面提到的那位威廉·汤姆孙不是一个人），带领他的团队，设计并完成了一系列实验。

他们把磁铁放在放电管的两侧，发现阴极射线发生偏转（磁对电流的吸引）。他们根据偏转的方向，证明射线是带负电的粒子流，测定了粒子的速度，发现比光速小。

然后，他们用几种方法测定了粒子的电荷和质量比值，目的是想探知粒子的大小。他们把这个比值和当时已知的最小粒子（氢原子）的值比较。不比不知道，一比吓一跳，这种粒子的质量不到氢原子的一千八百分之一，也就是说阴极射线是一种比原子小很多的带负电粒子流。

揭开"阴极射线"之谜

"阴极射线"之谜终于揭开了，这种比原子小的新粒子，汤姆孙起名叫"电子"。

同样遗憾的是，有的物理学家做过同样的实验，甚至做得更好，但是，因为人们一直认为原子是组成物质的最小微粒，不能再分，所以他们不敢想象会有比原子还小那么多的粒子存在。

然而，汤姆孙坚信：实验的结果是可靠的，要接受这个和以前认识有矛盾的事实，就必须大胆突破旧的观念，否定原子是最小的物质结构，在它里面还有更小的电子。

电子的发现轰动了世界。它是19世纪末20世纪初物理学的重大发现之一，为探索原子的秘密打开了一扇窗。

实验：阴极射线

器材：阴极射线管，高压电源。

步骤：

（1）把高电压加在射线管的两极，观察阴极射线射出后出现的荧光。

（2）将磁铁靠近射线管，射线会发生偏转。

文浩："我知道，原来老式电视机、电脑的显像管就是一个阴极射线管，发出的电子流打在荧光屏上发光。"

董栋："我觉得科拉顿'两间屋子'的安排不是问题。问题是他'先做后看'，而不是'同时又做又看'。要是在两间屋子对开两个小窗户，再架上望远镜，正对着电流计的指针，就没问题了。"

向吉："那可不一定，就是电流计放在你旁边，你要是没想同时看，也看不见。我想起一件事，有一次我外出旅游，来到一个美丽的湖边，湖水清澈见底，湖边风景优美，我们在那里用餐休息游玩，后来上车离开。车行驶很远后，我才想起那片湖水附近好像有一座名山，没有顺便去看一下好遗憾。但别人告诉我，湖就在山脚下。听后我十分懊悔，但也无奈。后来，我偶然看见一张这座山的风景照片，当时就呆住了。原来，照片就是在湖边我玩耍的地方拍的，在那里看山，简直可以算是近在眼前。当时我光顾着湖面远处的风景，却没有看见那座山，岂止是没有看见，可以说是丝毫没有意识到对面有座大山。我想那些错过机会的物理学家是不是有同样的感觉。所以说，'机遇只选择有准备的头脑'，真是这样的。"

石童："不管失败者还是成功者，他们的故事都是感人的。成功的了不起，没有成功的或者失败的也作了贡献，为成功做铺路石，也值得尊敬。只有他们共同参与，才能有这一幕幕生动、精彩的故事。"

老师："探索奥秘离不开实验，做实验就会有失败，而且失败比成功要多得多。"

评判对错

实验像大法官，有执掌判决的大权。

第11个故事：电磁波的预言和证实

老师："在奥斯特和法拉第成功之后，电与磁的关系迅速升温，可以说是'我中有你、你中有我'。19世纪50年代，数学思维特别好的英国物理学家麦克斯韦，系统总结了电与磁的实验成果，然后用几个数学公式简洁地表示出电和磁的关系，就是著名的麦克斯韦电磁学方程组。

"奇就奇在这组方程不但包含已经获得的实验结果，而且包含还没有发现的电磁现象。麦克斯韦认为，如果电与磁之间发生'振动'，就会产生'波'。1864年，他预言会有'电磁波'，这是个了不起的预言。

"当时对于电场、磁场这样抽象的理论人们还不大理解，又出了个新'玩意'，到底是个什么'东东'？人们想'拿出来'看看。

"德国物理学家赫兹对麦克斯韦的预言很感兴趣，能不能用实验来证明呢？

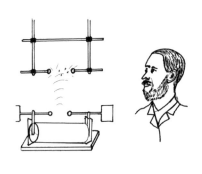

证明电磁波的仪器很简单

"他开始设计产生和接收'电磁波'的实验，把感应圈的两个线头引出，分别接到两个连着金属板的小铜球上。一通电，两个有一定距离的小铜球之间会产生火花（和起电盘的打火类似）。这是因为线圈里的电和磁发生了'振动'，'火花'就代表发出了'电磁波'。

"怎样接收呢？远在十米开外，有一个开口

的圆形金属圈，开口两端也接有小铜球。当对面的铜球间产生火花时，在这边的两个铜球之间竟然也出现了电火花。这说明金属圈接收到了对方发出的'电磁波'。

"现在，我们都知道电磁波是把'电生磁'和'磁生电'现象合二为一：变化的电在周围产生变化的磁，变化的磁在周围产生变化的电，不断向四周传开。就像用手搅动水，水的振动形成水波向四周传开一样，所以，叫作'电磁波'。

"赫兹通过一系列实验证明这种电磁振动传播出去具有波的性质，能直线传播，发生反射、折射等现象，和光有相同的性质，传播的速度也和光速一样。1888年他正式宣布了实验成果，全面证实了麦克斯韦的预言。

"其实，电磁波的发射和接收一点都不难懂，和前面说过的共振、共鸣现象类似。由于发射器线圈产生电磁振动，接收器线圈的构造正好能和它合拍，这边振动的火花就能引起那边振动的火花，这是电磁的共振现象。

"从赫兹的实验到现在才一百多年，电磁波已经无处不在，我们的科学和生活早就离不开电磁波了。

"在科技馆里有这个实验，在实验室里也可以做。"

实验：电磁波的产生和接收

器材：感应圈，发射器，接收器。

步骤：

（1）感应圈连接发射器，接收器放在几米远处适当的位置。

（2）通电后，发射器两球间产生火花。

（3）观察接收器接收到的火花。

石童："很像我们用两个音叉做的共鸣实验。"

董栋："小学时我们就做过这个实验，一节干电池，用导线连正极，让导线另一端在负极上滑动，会出现小火花。这时，放在旁边的打开的收音机会传出'咔咔'的响声。"

第12个故事：华裔物理学家的贡献

"这是现代物理学史上一段生动的故事，主角都是华裔物理学家。不过，他们研究的内容比较深奥，只能简单介绍。

三英战"宇称"

"长期以来，物理学界认为微观粒子的规律有对称性，像镜子一样物和像左右对称，叫作'宇称守恒'，有许多实验可以证明。但是，科学家也发现有的实验事实有出入，却几乎没有人怀疑'对称的理论'。

"1956年，年轻的华裔物理学家，31岁的李政道和35岁的杨振宁通过分析实验事实，潜心研究，提出了新的观点：在弱相互作用下，宇称不守恒。这个观点震惊了物理学界。

"观点提出后，要有新的实验加以证明。几个月后，同样在美国的女性物理学家吴健雄等人设计了完善的实验并且出色完成，以无可辩驳的实验结果证明了李、杨的观点。

"新理论的提出和实验证明是了不起的成就。为此，李政道和杨振宁一起获得了1957年的诺贝尔物理学奖。实验物理学家吴健雄博士也两次担任美国物理学会会长。后来，他们也为中国的科学技术发展作出过重要贡献。"

第13个故事：原子的有核模型

"19世纪末到20世纪初，科学家发现了电子、X射线及放射性现象。这些由物质内部发出的"信号"，引导物理学家把注意力集中到了对物质内部结构的探索上。

"我们知道，原子是组成物质的基本粒子。那原子呢？新发现提示人们，原子不是最小的物质单位，在它内部有更小的电子。那么，原子内部是什么样的结构呢？这个问题太令人兴奋了。

"根据已有的实验结果，物理学家纷纷提出了自己的猜测。由于电子是从原子内部发出的，质量很小又带负电，而原子是中性的，由此可以推测，在原子内部一定有质量很大的、带正电的部分。原子应该由这个带正电的部分和带负电的电子构成。

"科学家们充分发挥想象力，各种模型方案应运而生。其中，英国物理学家汤姆孙的方案影响最大，因为电子是他发现的。他认为在原子内部，带正电的物质均匀充满了整个原子，而质量和体积很小的大量电子，分散在带正电的物质中，就像是一个有葡萄干的面包。人们叫它原子的'果子面包'模型。当然，还有好多种模型。

"既然是推测，哪个是对的，只有用实验事实才能判断。汤姆孙的学生、物理学家卢瑟福要设计实验证明老师的模型是正确的。原子内部看不见，怎么探测？当时，科学家已经发现天然放射性现象，就是有些物质能发出看不见的射线。这些射线有带正电的 α 粒子，带负电的 β 粒子，也有不带电的 γ 射线。用这些发射出来的粒子来探测原子的内部，是个好办法。

"卢瑟福的做法是：用一张敲打得非常薄的金箔做'靶子'（越薄，原子排列的层数就越少，便于射线粒子穿过）。选用质量大又带正电的 α 粒子作'炮弹'，向金箔发射。

"怎样看'炮弹'向金箔发出后射向哪里？他在金箔的周围安装了荧光屏和放大镜。每一个 α 粒子射向金箔后，无论从什么方向射出，都会打在荧光屏上，显示出一个亮点。这样，他就可以通过放大镜看到亮点，通过照相记录下来。

"实验开始了。在很薄的金箔上，应该排列着一大片原子。按照'果子面包'模型，在原子内，带正电的部分均匀分布，带负电的电子分散、点缀在其中。这样，无论是充满原子的正电部分还是'小不点'的电子，都不可能对带正电、质量大、速度快的 α 粒子有什么明显的阻碍。因此，实验结果应该是：α 粒子轻而易举穿过金箔，不改变方向直接打在正对面的荧光屏上。

"实验的结果却不是这样。对荧光屏上所有亮点的位置统计表明，绝大多数的 α 粒子确实没有偏离方向，直接穿过去。但是也有极少数 α 粒子经过金箔后，方向偏离了，有的偏转角度甚至大于 90 度，极个别甚至达到 180 度，就是原路返回。这个结果完全出乎意料。卢瑟福非常震惊，

卢瑟福用"炮弹打靶"击毁了"果子面包"

怎么可能这样？他说：'这是我一生中从未有过的最难以置信的事件，它的难以置信好比你对一张纸射击一发 15 英寸（38 厘米）的炮弹，结果却被弹了回来，反而打在自己身上。'

"实验结果不但没有证实'果子面包'模型的正确，反而出现模型无法解释的现象。面对实验事实，卢瑟福苦苦地思索。当时还有一种'行星模型'。这种模型

原子核像大操场里的小球

认为，原子的绝大部分质量，就是带正电的部分，集中在一个很小的核心体积内，原子内部大部分是空的。打个比方，原子就像一个大操场，中心有个很重的铅球。四周有许多又小又轻的乒乓球。α粒子像网球一样，源源不断射进操场。绝大部分如入无人之境穿场而过；个别的恰好打在中心的铅球上，就被碰歪到一边去了；极个别碰得特别正的就正好被反弹回来。

"卢瑟福做的实验，没能证明'果子面包'模型的正确，反而为原子的有核模型提供了依据，为后来进一步探索原子结构打下基础。

"听了这一组故事，你们有什么想法？"

文浩："哎呀，有好多问题啊。什么是电磁波？和无线电波有什么区别？有火花就有电磁波吗？那么，闪电也有电磁波了？放射线是从哪里来的？我知道原子弹爆炸有放射性，核反应堆出事故有放射性。α粒子和放射线有什么关系？金属固体是实在的，怎么能被粒子穿透？"

老师给大家解释起来："电磁波是一个大家族，无线电波是其中一员。红外线、紫外线、可见光、微波等也是。并不是有电磁波就会有火花，电视台、广播电台发射电磁波也没有发射火花。在赫兹的实验里，通过看见火花来证明有电磁波发射并且能接收到。至于说闪电，打闪时，你们一定听过收音机的'喀喀'声吧？

"放射性是指有些矿物能发出人眼看不见的射线，这些射线能使荧光物质发光，也能使照相底片感光。射线是由一些微观粒子组成的。地球上有些矿物有天然放射性，这是物理学家贝克勒尔和著名的居里夫妇发现的。

"射线粒子能穿过金箔是很容易的，X射线连人体都能穿透。这些问题随着学习的深入你们就会知道的。"

石童："这些故事和以前的知识也有联系，比如'电磁波'和'水波'，'电磁振动'和'共振''共鸣'，'镜子'对称和'宇称'及以原子的'有核模型'和'太阳系行星'等。"

向吉："我感兴趣的是，怎样能看见实验结果？通过故事我知道有'荧光屏''感光底片',还有通过'电火花'、收音机的'喀喀'声等好多方法。真是长见识。"

董栋:"内容虽然深奥,但做实验同样很好玩。我来形容这几个实验:第一个故事就像'用手机通电话'——'无线';第二个故事像是说,这回'镜子里面没有你'——'不对称';第三个故事就像玩游戏机'开炮打靶',万一打正了,没有消灭'靶子',炮弹还要反弹回来和你'同归于尽',打保龄、打台球都没有这么刺激。"

不管比喻得怎样,大家都笑了。

老师:"这几个故事告诉我们:理论也好,观点也好,预言也好,猜想也好,对不对最终要由实验说了算。我讲的十几个历史故事暂时到这里。做实验要学一点科学实验的历史。看这些故事并不亚于读名著和一些推理小说。这里面有复杂、曲折、动人的情节;有富于灵感的思维和巧妙的设计;有个人的困惑,有失败,有成功,有喜悦;有深刻的内涵,有睿智的语言;有科学家感人至深的品格和魅力;有振奋人心、积极向上的精神力量……了解这些故事,能让我们终身受益。"

九

"招贤揭榜"

讲完故事以后，"玩家老师"要检验一下讲课的效果。他出了一招，叫"招贤揭榜"，也就是设置几个问题，请大家用实验来解答。

榜上写明：本人有几个疑难问题，一直未能解决。现公布于众，望有实力之能人或集体，揭榜应招为盼。

（1）用一段铜丝能不能把蜡烛的火焰熄灭？

（2）酒精比水凉，对不对？

（3）看盛有水的脸盆底觉得比实际浅，浅多少？

（4）听诊器是利用固体传递声音还是空气传递声音？

这红榜往校园一贴，引起广泛关注。经过商议，四个小组联合揭榜，分别接下问题。

经过一段时间的准备后，师生又聚在一起，揭榜人要公开解决办法了。

第一榜：铜丝灭火

第一榜由董栋同学的小组主讲。

小组成员一上来就给各个实验桌上分发器材：一截小蜡烛、一段约10厘米长的铜丝，还有一个竹夹子。

董栋说："用一根铜丝要把蜡烛火焰熄灭，能不能做到，请大家亲自动手试一下，做完再说。"场下，同学们开始动起来。灭火方法很多，比如吹灭、罩灭（隔绝空气）、捏灭（用工具捏烛芯）、扑灭等。可是，用铜丝能做什么呢？有的组把铜丝绕成小"扇子"，扇不起多大的风；有的组做个小镊子想捏灭火焰，快烧着手了也用不上力；有的绕个螺旋形的"拍子"，拍烛芯；有的把铜丝团成一团，扔在烛芯上；还有的干脆把铜丝套住烛芯上下拉。方法不少，费力不少，成功的不多。

有没有更好的办法？

董栋提示说："大家反过来想想，蜡烛燃烧的条件是什么？"

有人答："要有氧气，要达到燃烧的温度。"

董栋进一步追问："铜丝有什么长处？"

有人抱怨说："差点烫到我的手指，这铜丝传热真快。"

逗得众人哈哈大笑。

"那个竹夹子是干什么的？"有人问道。

董栋忍住笑："如果铜丝能很快地把热传走，烛焰会怎样？"

文浩："能熄灭吗？"

董栋："做了再说。"

董栋把铜丝绕在锥形的笔头上，做成锥形的螺旋罩子。然后，用竹夹子夹住，把它慢慢罩在烛焰上，眼看烛焰被罩在里面出不来，而且越来越小，最后缩成绿豆大小，一下子熄灭了。

大家觉得，这方法真简单，但是很实用，很轻松就解决了问题。

董栋说："要散热快，应该尽量加大铜丝和火焰的接触面积。绕成罩子就充分利用了铜丝。"

下面的各桌学着用新方法做，都成功了。

向吉展示说："你们看，我能把烛焰灭掉，还能让它'再生'。"

当她用铜丝罩罩灭火焰时，马上移开铜丝罩，火焰又自动出现了。

"罩上就灭，抬起又着了，好玩吧？"

石童："像变魔术，给火焰加上'隐身罩'。"

董栋："你们玩出了新花样。下面，我们做一个'困火笼'实验。"

他拿出一块大一点的、像细纱窗一样的铜丝布，

控制火苗有"隐身罩"和"压焰网"

围成一个圆筒状，底下也用铜丝布封住。

一位组员点燃一个纸团，迅速扔进笼子，马上用另一块铜丝布封住上面。

纸团在笼子里面烧，火不小，但是一点也烧不到外面来。一位组员把纸条分别放在笼子旁边、上方，想要借里面的火点燃它，试了几次，眼看火焰和纸条都要接触了，就是因为隔一层铜丝布，外面的纸条就是烧不着。

实验很精彩。

向吉："真像一个'困兽笼'。"

孙悟空在如来佛的手心出不去

石童："如来佛的手心把孙悟空罩住了。

文浩："火焰能这么'听话'？不敢越雷池一步。"

董栋："隔一层铜丝布，虽然空气是流通的，里外却是两个'天地'。你们知道吗？以前的矿井下，矿灯点的是明火，火的外面就有这样的'困火笼'，避免明火外露发生危险，叫作'安全灯'。"

董栋他们还有实验，接着演示。

他拿出一块铜丝布，用竹夹子夹住，平放在蜡烛火焰的上方，慢慢向下压。只见火焰被压平了，最后，被压灭了。

大家明白：又密又细的铜丝布散热更快，烛焰的热很快散开，铜丝布上方的温度就达不到燃烧条件了。

接着，一位组员拿起一个气体打火机，在它上方平放一块铜丝布；然后把打火机气门打开，并不点火，听到喷出燃气的"咝咝"声。另一位组员将点燃的火柴移到铜丝布上方，"噌"地一下子，火苗直接从铜丝布上面蹿了出来。只见火焰在铜丝布上面烧，下半截没有，像"隐身人"似的看不见"下半身"。

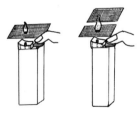

"驯火"

董栋像魔术师一样，煞有介事地将一根火柴的头放到铜丝布下面，火柴没有着火；再换小纸条，还是没有点燃。下面真的没有火。

大家看得直呼过瘾。

董栋："刚才是让火焰'有尾无头'，现在是托起来火焰'有头无尾'，我们再来做一个'无头无尾'。"

这回他们拿两块铜丝布,平行放在打火机上方。不点上、不点下,只点两层铜丝布的中间。火焰乖乖地停在夹层间,真是"无头无尾"。

下面鼓起掌来。

向吉:"这就叫'红烧'中段。"

石童:"让我想起把人分成几段的魔术表演。"

第一榜揭榜实验结束。

老师简单评述:"他们成功了,这就是模仿老祖宗的'解决问题'。"

2

第二榜:酒精比水凉?

第二榜由文浩领衔的小组讲。

文浩:"这个问题从哪里来的呢?原来,来自打针。护士用酒精擦手臂,皮肤会感到凉。要是换成水,也会感觉凉。哪个更凉?"

大家一起来试试。

组员们分发给各桌酒精、水和棉花球,让大家分别用棉花球蘸酒精、水擦在皮肤上,比较自己的感觉。

向吉:"都感到凉。"

石童:"水和酒精的感觉不一样,酒精要比水凉。"

擦酒精真凉

董栋："只凭感觉是不够的。"

文浩："对。我们用温度计测。"

大家知道，测体温一般是把体温计夹在腋下。这皮肤要怎样测呢？

文浩把温度计直接贴在手臂上，温度计中的水银柱上升，最后停在34℃的位置。然后，分别用棉球蘸酒精、水擦在手臂上，同时，用温度计再次测量皮肤温度。

结果：涂酒精处是28℃，涂水处是32℃。

实验证明：皮肤擦酒精的地方比擦水的地方温度低。

有人提出疑问："有没有可能酒精瓶里的酒精原来就比水温度低？"

文浩："有道理，马上测。"

他们把两支温度计分别插进盛有酒精和水的瓶子里，看到温度计的示数都是25℃，而且，在桌上的第三支温度计标示的室温也是25℃。

文浩："这说明酒精原来并不比水温度低，擦在皮肤上时，酒精使皮肤降低的温度比水多，所以觉得酒精比水凉。"

向吉："能说明原因吗？"

文浩："再看实验，我把插在酒精里的温度计取出来，温度计的示数马上下降，再给它扇扇风，下降得更快，这就是原因。温度计取出来后，蘸在上面的酒精很快蒸发，蒸发要带走热，温度计泡的温度下降，酒精蒸发得比水快，造成温度更低这样的结果。"

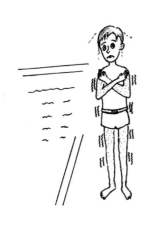

从游泳池出来直打哆嗦

大家也跟着做起来。有的在手臂上多蘸几次酒精，同时多扇风，或用嘴吹风，真凉。有的将温度计蘸酒精后来回摆动，然后再蘸再摆，结果越降越低。

文浩："冰箱、空调就是这样降温的。拿冰箱来说，冰箱的管道里有制冷剂。液体的制冷剂在冰箱内的管道里，迅速蒸发成气体，冰箱里的热被制冷剂蒸汽吸收，温度下降。而随管道带出到外面的蒸汽，在冷凝管变回液体，把热放出。所以冰箱里面是凉的，外面的管子（机壳）是热的。"

董栋："在实际生活中好多这样的例子。比如夏天游泳时从水里出来，风一吹浑身就感觉凉，有时会冷得起鸡皮疙瘩、发抖。夏天屋子里擦擦地、洒些水也能降温。"

石童："医院里还用擦酒精的办法给发烧的病人降温呢。"

向吉："还有用液氮和乙醚，都是蒸发降温。"

老师："第二榜解决了。我们用实验的结果解决了对'酒精比水凉'的怀疑。"

③

第三榜：水有多深？

第三榜由向吉同学的小组准备。

向吉："游泳时，在浅水区，看到站在水里的人，一个个都是小短腿，好玩极了。仔细看池底，也觉得比实际要浅。我们看见水里的鱼，比它所在实际的位置浅，而有经验的渔夫，会准确判断鱼的实际位置。他们是怎样做到的呢？"

向吉拿来一个脸盆，盆底画有鱼的图案。

向吉："现在往盆里倒水，随着水面升高，请大家看盆底'鱼'所在的位置是不是也在慢慢变'浅'？"

看水下的"小短腿"

文浩问："你怎么知道变浅了？"

向吉答："和没有水时盆底的'鱼'比较。"

"比较什么？"

"当然是比较大小。"说完，组员拿出一个同样的脸盆，让大家比较两个盆底的'鱼'。

向吉解释说："'鱼'变浅了，就是近了，看见的'鱼'要大些。但是，现在盆里的水不深，所以觉得变化很小，不太明显。"

文浩连续发问："到底浅没浅？浅多少？能比出来吗？"

董栋："我看不行。"

文浩："用尺子直接量行吗？"

董栋："我想也不行。变浅了的'底'在哪里并不知道，尺子插到水里也'变短'了。"

向吉接过来说："如果水深一些，应该能看出明显的不同。能不能测？怎样测？我们讨论了好长时间，想出了一个办法，就是把'鱼'上升的位置，从水里'移到'没有水的地方测量。"

文浩："盆底还能移？"

向吉："请看我们设计的实验。"

组员们一边说一边操作。

他们拿出一个圆形的透明塑料筒，中间有隔断。从中间分开，原来是两个半圆的筒合成的。在筒的底部，垂直于隔断，沿直径贴一条约1厘米宽的白色胶带，为了醒目，在白胶带的两边分别贴两条黑色胶带，三条并行。

一位组员往左半边的筒里注水到20厘米深。这时，从上面向下看，胶带"断开"了，有水的左边筒底的胶带"上移"了，变浅、变宽了，和右边没有水的筒底的胶带不在同一平面上，出现高度差。

文浩："明明是完整的胶带，怎么断开了？"

向吉示意让组员拿起筒让大家看，胶带是连着的，然后说："这回真的把它断开了。"

他们从隔断的中缝把胶带切断。另一组员把右半边筒子贴着左边向上移，向吉从上往下看，直到两边的胶带又"连"在一起，宽窄一样，像在一个平面上。再用书本垫在右筒下面固定。这时，两个筒有高度差，但是胶带却好像没有断开。

请大家过来看。

文浩："明明是断开了，怎么又连上了？"

大家也觉得很新鲜。

最后，用尺子测量水面到右边筒底的距离，这就是倒水后左边筒子看到的水的深度。

看到有些同学迷惑的样子，向吉作了一些说明："用两个半圆筒，一个有水另一个没有水，借助筒底的胶带来比较看到的深浅，方法是'对接头'。接头对上了，把左边'虚'的底，变换到右边'实'的底。'虚'的测不了，'实'的很好测。就这么简单。这就是'移'的意思。"

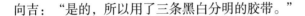

水有多深？

董栋夸奖道："这个方法妙极了。结果准不准，关键是眼睛看胶带对得准不准。"

向吉："是的，所以用了三条黑白分明的胶带。"

文浩："水浅了多少？"

向吉："用不同的水深做了几次，结果是这样。"

实际水深（厘米）	20	15	10	8	5
目视水深（厘米）	15	11.5	7.5	6	3.8

文浩："能看出什么关系？"

向吉："目前还不知道。不过，反复观察这上下两排数字会发现，变化好像有规律。"

董栋："我有一个改进意见，做一个和杯子底一样的塑料片，用铁丝吊着，可以在杯子里上下移动，把胶带贴在上面。这样，上下移动塑料片就等于改变水的深度，可以省去来回倒水了。"

向吉："可以再试试。"

老师："这是招贤榜上比较难的问题，向吉小组的探索是成功的，玩得有水平。"

第四榜：听诊器的学问

第四个问题由石童同学的小组讲。

石童也学着讲起故事："19世纪初，医生听不见病人心跳的声音，这非常影响诊断。一位叫雷奈克的法国医生也为这事着急。一天，他走在街上，看见有几个小孩在一根长木头边玩，一个小孩用钉子在木头的一头划，另一个把耳朵贴在另一头听，原来是在玩'密码通讯'游戏。医生走过去问，能听见吗？小孩说能，雷奈克也凑过去听，声音很清楚。他马上想到，心跳的声音也可以这样听。于是马上赶回医院，拿一个薄本子卷成圆筒状，下端对着病人的心脏，耳朵贴在上端，心跳声音

从小孩游戏得到的启发

果然听得很清楚。经过反复试验，他用一根约30厘米长的空心木棍做成了第一个听诊器。后来经过多次改进，逐渐有了现在听诊器的样子。200多年过去了，虽然现在医学技术已经很发达了，但医生们还在使用它。"

实验：固体传声

小组同学拿来一根长木棍，请同学上来模仿小孩们的游戏。用钉子划木棍的声音很小，屋子里的人听不见，只有耳朵贴在木棍头上的同学能听得很清楚。

实验：气体传声

小组同学分发了一些硬纸筒，模仿雷奈克做的纸筒，听同学的心跳，果然听见了。

实验：听诊器传声

然后，小组同学又拿出几个听诊器，请同学们自己听自己的心跳。"咚、咚、咚、咚"的声音真响，大家都抢着听，挺好玩的，没想到声音能这么清楚。

做完实验，石童提问："听诊器靠什么传声？"

有的说是固体，有的说是空气。分成两派，互不相让。

还是先仔细看听诊器的构造吧：前端是一个金属盒，一面有硬薄片，盒子后面连着管子，经过三岔接头分成两路，通过橡胶软管连接通到两耳的金属硬管。

争论继续。

耳聋还能听

董栋说："雷奈克医生看见小孩们玩的就是固体传声游戏。"

向吉反驳说："可是回医院用的纸筒是空气传声。"

文浩说："最后是用木棍做成的听诊器。"

向吉说："别忘了，那木棍是空心的。"

董栋又说："据说音乐家贝多芬在耳聋后就

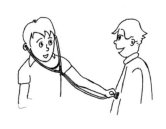

一堵就听不见了

是用指挥棒一头接触钢琴，另一头接触耳窝，来'听'钢琴的声音。有的书上说，工厂里工人师傅用一根木棍，一头和机器接触，另一头和耳窝接触，就可以听出机器运转有没有故障。"

文浩："这里有我们做过的'土电话'，用一根长线连着两个纸筒，就可以'打电话'。空气传声就听不清，这也证明了实际是靠固体传声的。"

石童接了一句："实际测量证明，声音在固体里传播的速度比在空气里快得多。"

董栋、文浩等"固体派"很高兴主持人支持自己的观点。

石童笑了笑说："还是用实验来证明吧！"

实验：听诊器靠什么传声？

实验很简单，拔开听诊器的接头，在胶管里堵一个小纸团，然后就听不见声音了。

大家也试了试，真听不见了。这回"空气派"高兴了。

向吉大声宣布："实验证明，听诊器是靠管子里的空气传声。"

这么快就结束了，有人还没有反应过来。大家议论纷纷，"固体派"不服。

石童提出："可以做实验比较嘛！"

"怎么做？"大家异口同声地问。

石童："可以分别用听诊器和一根木棍听一块机械手表的'嘀嗒'声。"

大家表示同意。

实验结果很快就出来了：用听诊器比用木棍听到的声音大。

想了一下，文浩还是不服："我们周围全是空气，可以直接传声，为什么听不见心跳的声音呢？"

董栋附和说："直接通过周围空气传递的声音，几乎听不见。"

向吉："要能听见，还要这些工具干什么？这说明听诊器里面的空气和外面的空气传声是不同的。"

石童："说句公道话，听诊器的空气是在管子里，管子不是可有可无的。有了外面的管子才能保证里面的空气传声，使声音更集中地传到耳中。管子是固体，应该说是空气和固体'协作'传声。"

石童接着说："还有，听诊器头上的金属圆盒是不是像共鸣箱？"

董栋马上支持："对呀。声音在金属盒里放大，再传给耳朵。"

这样的互动启发了大家，把问题想得更全面了。

石童又讲故事了："在我国，类似的发明很早就有。古时候打仗，为了探听对方的动静，挖地道到对方地下，埋下大的陶瓮，人在地下就可以听到地上的声音。还有，为了防备对方偷袭，把好多去了节的竹筒插入地下，耳朵凑到竹筒上，可以监听地下和远处的细微动静。更有趣的是，人们睡觉都枕着空心枕头，一有动静，就能知道。这些不都是和听诊器一样的传声妙招吗？"

大家兴奋地议论一番。

最后老师总结："第四榜评判争议，两派的观点都有自己的道理。最终，还是要根据实验结果来全面判定。我们'招贤揭榜'的活动圆满结束。几个组揭榜应答都不错，实验虽然简单，但是都达到了目的。"

古人侦听有妙招

十

实验要讲道理

玩实验有三个基本要求：要讲理，要能做，要能看。"玩家老师"要带同学们从"会玩"上升到"懂玩"，他们连做带讨论也很好玩。

老师："科学家做实验，都有一定的道理。我们玩实验，首先也要'讲理'，就是符合科学道理——'合理'。"

① 烧水讲道理

今天老师通过"烧开水"的实验和大家讨论怎样"讲道理"。

一听是"烧开水"，文浩有点不以为然："这也太简单了。我们连面条都煮过了。"

"是呀。"董栋附和道："烧到 100 度，水就开锅了。"

老师："我们一起来试试，水要怎么烧？"

文浩："当然是用火烧。还能有什么办法？"

"不，我们用'水'烧。"老师故意把"水"字拉长。

向吉："我还没有听说过水能'烧'水。"

老师："不叫'烧'，叫'加热'，反正能到 100℃就行。"

众人用怀疑的眼神看着老师组装的仪器：一个盛有水的试管，放在一个有大半杯水的烧杯里，固定在铁架台上。

在烧杯里和试管中分别吊放温度计测水温，用酒精灯加热烧杯。

文浩："还是用火烧。"

老师："试管里的水，是由外面烧杯的水加热的。"

董栋："原来是间接加热。"

老师给分了工，两人一组，各负责看一支温度计的温度并定时记录。

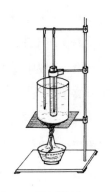

用水"烧水"

实验开始：

点燃酒精灯，两个温度计显示的水温渐渐升高，试管里的水温比外面的稍微低一点。

过了一会儿，烧杯里的水开了，温度达到100℃，试管里的水温接近100℃。

又过一会儿，试管的水温也达到100℃，但没有开锅。

又继续了几分钟，还是外开里不开。

老师建议结束实验，停止加热。

大家议论起来。

向吉："我说不行吧，水哪能'烧'自己？只有火才能烧水。"

文浩："为什么到100℃还不开？"

石童："谁说不开？只不过是外面开、里面不开，就是说，到100℃时，水可以开，也可以不开。"

董栋："这话听起来不讲理嘛！"

石童："可那是事实。"

董栋："说出道理来。"

两人争起来。

老师："我们就是要依据事实来讲道理。水温都是100℃，一个开，另一个不开。换句话说，温度达到100℃，只是水开的一个条件。"

文浩："您的意思是说还有别的条件？"

老师："开始水温为什么升高？"

向吉："由于水吸热。"

石童补充："水从温度高的火焰那里吸热。两个物体温度不同，才能传热；温度相同就传不了热。"

老师："好。这是今天烧水要讲的'第一个道理'——'传热道理'：高温物体向低温物体传热。'第二个道理'是水吸热温度升高——'升温道理'。"

文浩："为什么烧杯里的水到100℃开锅，酒精灯还在烧，水还在吸热，温度却不升高了？"

老师："问得好。水吸收的热提供给沸腾的需要了，所以水温不再升高。这就是'第三个道理'——'沸腾后不升温道理'。"

文浩："试管里的水温度也到100℃了，为什么不开锅、温度也不继续上升？"

石童："这有'第一个道理'管着呢。试管里面、外面的水都是100℃，没有温度差，不能吸热。"

文浩："好绕人的道理啊！我来讲讲这个'理'，你们听听对不对。水烧开要两个条件，一个是温度达到100℃，另一个是能继续吸热。"

老师："说得很清楚。我们来进一步探讨，如果想要试管里的水沸腾，有没有别的办法？"

老师让大家看一个实验。

拿来一个烧瓶，里面有半瓶水，放在酒精灯上加热，沸腾后停止加热，水不沸腾了。然后，用胶皮塞塞住瓶口，拿起烧瓶的瓶颈（垫着布防烫），把烧瓶倒过来。

老师："注意了，我用冷水浇在烧瓶上，看。"

大家叫起来："水开了！"

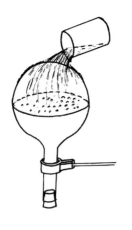

用冷水把水"浇"开了

文浩："真的不用加热水就能沸腾？"

石童："只沸腾了一会儿，你看，现在不开了。"

向吉："不但不是加热，反倒是用冷水浇，把我给'浇'糊涂了。"

大家笑起来。

老师："别急，一步一步分析，我们来看看这个实验讲的是什么道理。"

文浩："停止加热后，烧瓶里的水不吸热，反而要向外散热，水温会下降，到不了100℃，开锅的两个条件都达不到，为什么还会沸腾？"

老师："是啊，已有的道理都说不通，那就认真分析实验过程，找新道理。大家说，在高原上烧水也是100℃沸腾吗？"

石童："不是。70~80℃时水就开了，所以在高原煮饭煮不熟。"

老师："水在100℃沸腾是有附加条件的，就是在常温常压下，一般就是在一个大气压下。气压低了，沸腾温度就要下降。这是第四个道理——'沸点和气压的关系'。"

在高原上，70~80℃时水就开了

向吉："知道了。烧瓶里的气压低了，所以不用到100℃水就开了。"

文浩："浇冷水就能使气压低？"

董栋："以前我做过'喷泉'实验，也是用冷水浇烧热的瓶子。"

老师："烧瓶里水的上面有大量水蒸气，冷水浇，瓶子温度下降，水蒸气遇冷要凝结成水，水面上水蒸气减少，气体变稀薄，和在高山上一样，气压降低。"

高压锅里的粥会自己冒泡开锅

石童："我想起有一次用高压锅煮粥（小半锅），煮好后关火，晾一会儿，取下压力阀，不再喷气（说明里面的粥不开锅了）。这时慢慢打开锅盖，往锅里一看，锅里的粥又开锅了，真奇妙。"

文浩："刚才'水烧水'的实验，有什么办法让试管里的水沸腾？"

老师："记得在变魔术的活动里那个针管吗？"

向吉："针管的活塞拉、压就可以改变里面的气压。"

董栋："我知道了，可以在试管上接个针管（注射器），拉活塞抽气就行了。"

在老师的指导下，大家又把第一个实验改装了一下，在试管口加一个有细玻璃管的塞子，把针管和玻璃管连接在一起。

再重复实验。一会儿，烧杯的水开了，试管里的水还是不开。这时，把针管活

一个能控制水开不开的"机关"

塞向外一拉，试管里的水终于开了。

"成功啦！"大家高兴得叫起来。

接着，把活塞向里推，水就不开了。一拉一推，就可以控制水开不开，真好玩。

文浩："还有好多问题：为什么要塞瓶塞？为什么要把烧瓶倒过来？还有，即使沸点低了，水沸腾还有一个条件，烧瓶里的水从哪里吸收热呢？"

老师："留给大家回去想吧！"

文浩："水里放盐可以降低结冰的温度。那么，沸腾温度会变吗？"

董栋抢先说："回去做了再说。"

② 有"永动机"吗？

老师："今天我们来说说'永动机'。'永动机'的'发明'是在几百年前的欧洲。有些人宣称他们制作出了一些特殊的机器，这些机器能够不停地自动运行，不需要人力或其他动力。'发明人'宣称机器是符合科学原理的。到底是不是他们说的那样？我们来分析一下这些机器依据的是什么道理，请大家看看几个有名的'永动机'。"

老师在投影仪屏幕上打出图样。

第一张是个"斜面重力永动机"。有十几个用链子连起来的大铁球,挂在两边不等长的斜面上。由于左边有四个球,右边只有两个,左重右轻,就可以带动球链向左移动,整串铁球链子就会沿逆时针不停运动下去。

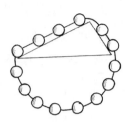

斜面重力永动机

屏幕上的图变成动画,球链按照逆时针方向转起来。

第二张是个"转轮永动机"。轮子上固定有许多连着铁球的连接杆。轮子右边的连杆被支撑住,左边的没有被支撑。右边的球离轴远,左边的离轴近,右边比左边下压的力量大,轮子就会顺时针不停地转。

转轮永动机

屏幕上的轮子也转起来,连杆一过顶端,马上向右倒,一个接一个,压得轮子顺时针转动。

第三张是一个"磁力永动机"。磁铁吸引铁球沿斜面轨道向斜上方滚动,到斜面上端,从空洞掉落到另一条轨道上,向下滚动,到下端被引导上到斜面轨道,又被磁铁吸引上行。铁球重复上面的过程,一直来回滚上滚下,不停止。

磁力永动机

屏幕上是动画效果,小铁球从上而下,又从下而上,来回滚动,让人目不暇接。

第四张是"浮力永动机"。在一个大桶侧壁上开一个长条豁口,正好安上一个圆的空盒子,盒子中心有轴,固定在桶壁上,盒子一半在桶内,一半在桶外。桶里倒满水,豁口与盒子之间不会漏水。盒子在桶里的一半受到水的向上的浮力,而桶外的另一半没有受到浮力。在浮力的推动下,空盒就能不停转动。

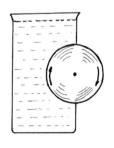

浮力永动机

屏幕上静止的图突然动起来,空盒子按照顺时针方向在慢慢转。

老师："能看明白吗？这些设计讲的是什么道理？"

同学们议论起来。

"第一个是利用重力方向向下的道理。"

"第二个轮子设计得很巧妙。它利用杠杆原理，我认为设计合理。"

"第三个设计既简单又巧妙。铁球上坡靠磁力，下坡靠重力。"

"最后一个是利用浮力向上的原理。我怀疑空盒子能转动，可是我说不出理由。"

老师："这些'永动机'的设计，确实用到了一些物理原理。道理是讲了，讲得对不对？能不能'永动'？这要由实验来证明。"

老师事先安排了几个小组的同学分别仿造了这些机器的模型，请他们上来演示。

第一个模型是由石童小组几个人做的。

石童拿起一长串小球说："你们看，像不像一条大项链？这些铁球是我们从实验室的旧材料箱里找到的，大小一样，中心有一个小孔，沿直径穿透，这样就很容易用尼龙线把它们穿在一起，小孔两头用胶黏住，保证球的位置不变。"

她又指着固定在铁架上的三角形坡道说："这就是木头做的，为了减小摩擦，表面蒙上了一条薄铁皮。"

石童先把"项链"的连接处解开，放到三角形坡道上。长链动起来，明显是一边球多，另一边少，重的一边下坠，拉动长链。然后她把"项链"两端连起来，再看，不动了，用手拉一下，还是不动。

下面有人说，阻力太大了。

她往铁皮上撒些滑石粉，再试，还不动。

有的同学按自己的想法上来，拉拉这儿、动动那儿，最终也没能有让"项链"动起来。

石童："为什么不动？请大家想想，把一串铁球支起来，它自己能动吗？为什么用斜面支起来就能动了呢？有人会说，那是四个球拉两个球，四个比两个重，这是迷惑我们的地方。用两边斜面的角度、长度不同，以及支持小球的数量不同，使我们产生错误的判断。其实，重力的方向是竖直向下的，沿着斜面方向重力产生下拉的效果和斜面的角度有关，球多的斜面长，角度小，沿斜面下拉的力也小，球少的斜面短、角度大，重力沿斜面向下的拉力也大，拉力小的球多，拉力大的球少，两边下拉的效果是一样的，谁也拉不动谁，再加上有摩擦阻力，所以，它一点也动不了。"

实验证明：第一个"永动机"是不能动的。

第二个是董栋小组做的。一块圆形木板，圆心有孔，插在轴上，轴固定在支架上。离木板外周约 2、3 厘米的圆周上，均匀挂着一圈由连杆连着的小铁球。在木板边缘的适当位置钉有一圈钉子，数量和小球一样。安装好后，就像图示的样子。

董栋："设计原理是，由于右边的连杆被钉子架起来，右边球的力臂离圆心远，左边的连杆下垂，球的力臂离圆心近，根据杠杆原理，力臂长的铁球重力作用的效果大，圆板就会沿顺时针转起来。由于铁球不断从最高处转到右边，就会使圆板不断转动下去。"

说完，他就和组员一起演示。他们摆弄了一会儿，圆板转了一下，来回晃了晃就不动了。别的同学也上来试试，折腾半天都没能让它转起来。他们讲的"大道理"不灵了。

有的同学说，你们讲了半天的道理，到了实际就行不通了，为什么？

有的同学说，杠杆原理很简单，应该能转。

董栋："抱歉，刚才我'忽悠'大家了。其实，这不是我们说的，而是'发明者'讲的道理，他的说法不全面。左右两边力臂长短是不同，但是，两边铁球的多少也不同，圆盘的转动是由两边力和力臂这两个因素共同决定的。在这个机器上，两边的效果势均力敌，只能平衡，静止不动。"

第二个"永动机"也不能动。

第三个是向吉小组做的。他们拿出的模型和屏幕上的基本相同。一个由木板钉的直角底座，左边最高处是放磁铁的地方，水平板上分别固定两个硬塑料板做的轨道，都是左高右低。下面的微弯，末端往回卷；上面是平的，到左边最高处有缺口。

向吉拿着一个小铁球比着说："这讲的是什么道理呢？很简单。小铁球从左端的下面轨道滚下，这是什么力在起作用？重力。到最低处被弯回的轨道引到上面轨道，小铁球由于惯性向上滚，再加上磁铁的吸引，回到高处，到了缺口，扑通一下掉进下面轨道，重复刚才的过程。这样小铁球就能来回运动。"

文浩马上质疑说："磁铁能把铁球吸上来吗？这么远，吸引力不够怎么办？"

向吉："换大磁铁。"

文浩还是要较真："磁铁如果能吸引铁球,铁球离磁铁越近,吸引力越大,一下子就会被磁铁吸住了,怎么可能掉下去呢?"

向吉："把缺口开得离磁铁远一点,让它还没有接近就掉下去了。"

文浩还要争,董栋拦住他,说:"让向吉她们做做看,做完再说。"

向吉小组做起实验。磁铁来回换了几个,小铁球也换了大小不同的几个,费了好大的力气,不是吸不上来就是一下子吸住了掉不下去,把她们弄得无可奈何。不过,她们只是在"演戏",在准备的时候其实就知道试验会失败。

第三个没有成功。

第四个轮到文浩小组。他们用大塑料瓶做盛水容器,空盒也是用塑料盒粘的,圆心处有一截铁丝做轴,放在瓶壁开口中,里外各一半。难点是解决漏水问题,尽他们力做得仔细一些,不过,还是做不到一点不漏。他们决定尽量快些做。

文浩在小组同学往大瓶里倒水时说:"我们尽可能让空盒转动自如,只要水开始浸没空盒,我们就要盯住空盒,看它动不动。"

水开始浸到空盒,空盒没有动;浸到一半,没有动;全部浸没了,还是没有动。文浩还用手拨了一下,加个起动力,空盒仍然纹丝不动,实验没有成功。

为什么?

这时老师插话:"浮力是怎么来的?是由于水对物体的压力形成的合力。在水里的半个空盒的边,受到水的压力方向都是垂直于空盒的周边,就是说,半圆边上各处受力的方向都指向轴心,自然合力也通过轴,当然不会形成使空盒转动的力。所以,空盒子根本转不了。"

最后一个"永动机"也不能转动。

看完实验表演,大家感觉在白费功夫。明明是做不到的,为什么又好像有道理、看着能实现呢?

老师说:"这些机器用讲道理做招牌,暗藏着不合理的内容。它们用真道理掩盖了不合理的地方,所以能迷惑人。'永动机'是特指那些违反了'能量守恒'这一自然界根本原理的机器,就是想不消耗'能'就做功的机器,也就是不用'吃饭'就可以干活,或少'吃'多'做'。'又要马儿跑,又要马儿不吃草'那是永远做不到的。"

停了一下，老师接着说："我们做实验要讲真道理，不能讲假道理、讲歪理。"

听了老师的一番话，有人还不能完全接受。这些看起来很有道理的设计，怎么就变成不讲理了呢？真的没有"永动机"吗？

老师说："发明'永动机'，对人类有太大的诱惑力。几百年来，有不少人迷上了'永动机'，他们绞尽脑汁、冥思苦索、千方百计地去设计和制作。有的人造假、骗人，有的人甚至付出一生的心血，但是，最终都以失败告终。"

他又接着说："做出'永动机'是很多人的幻想。就是到了现代，还有人沉迷于此道，钻牛角尖，陷进去拔不出来。其实，违反科学的设计，不管看起来是多么精巧、多么细致周密，也可能合乎某些'小道理'，看似'有理'，但是却违背'大道理'，因此是不可能成功的。"

3

自动喝水的"鸭子"

有人还沉迷在"永动机"的幻想中。

文浩提出疑问："在一些商店的橱窗里，有来回碰撞的小钢球、能不断转动的铁环、自由摆动的小花，这些也是假的吗？"

老师："能自己动或者'永动'的，都有原因。来，我们一起来研究橱窗里'永动机'的'祖师爷'——一只玩具鸭子。"

说着，老师拿出来一些材料，和大家一起组装。

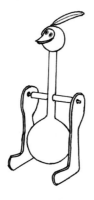

自动喝水的"唐老鸭"

材料不多：一个像哑铃一样的"鸭身"和两条"鸭腿"一样的支架。

"哑铃"的两头：上面是空心透明塑料球（"鸭头"），连着一根塑料管，直插进下面的塑料球（"鸭肚子"）的液体里。液体是透明的，大约装了"肚子"的一半。整个"哑铃"是密封的。

"哑铃"中间的塑料管下端两边各伸出一段短轴，可以架在"鸭腿"一样的支架上。这样，整个"鸭身"就可以前后来回摆动。

老师再给"鸭子"戴上有黄色鸭嘴、大圆眼睛的头套，穿上尾部有羽毛的小衣服，再调整一下轴的位置，使鸭子姿势稍微前倾，活像个卡通玩具"唐老鸭"。

怎么玩呢？

老师说："鸭子渴了，要喝水。"

说罢就把一杯水放在鸭子前面，鸭子看见水，却无动于衷。

"帮它一下。"老师边说边把鸭头按下，让鸭嘴浸入水里，蘸了一下，然后放开手。

只见小鸭子抬起身，前后摆了起来，摆了几下，好像没有喝够，一头栽下去，探入杯中又喝了一口，起来后摇摆几下，还想喝，再低下头去，就这样又喝起来。大家给它数着数，一次接一次，没完没了，好像永远喝不够。

董栋阻挡了一下，想让它停下来，但没有用，鸭子仍然执着地继续喝。

大家兴奋地说："太神奇了，这不就是'永动机'吗？"

"我们来看它有没有道理？是什么道理？"老师指着鸭子说："其实，它的动作很简单，只有低头'喝水'，立起摆动，后面就是不停地重复这两个动作。我们先从低头说起吧。"

向吉："第一下是老师把鸭子头按到水里，是强迫喝水。"

老师笑了："对。是我将鸭子头按下去，让它的嘴浸到水里，然后就松开手。它自己抬起身，以后的动作全是它自己完成的。我们来分析动作的原因，嘴沾水后抬起身是因为重心在后面。"

文浩："第二次喝水是自动低头的，没有人帮助。这里发生了什么变化？"

石童："是不是鸭子的重心移动了？过去有小商贩把杆秤中心挖空，灌入水银，利用水银可以在空心秤杆内流动，来控制称显示的重量，用这种方法达到缺斤短两的目的。"

老师："有道理。我们看看喝水后有什么变化？鸭子的嘴和头套是用容易吸水、松软的薄绒布做的，吸水快，很快渗开到整个头部。头部面积大，再来回摆动，相当于在扇风，头套里的水就会很快蒸发。我们知道，蒸发的结果是鸭子头部温度降低……"

向吉急着插话："上面塑料球里的水蒸气凝结成液体，气压降低，和烧瓶浇冷水的实验一样。"

老师："鸭子肚子里面装的不是水，是乙醚。这是一种很容易挥发的液体，在室温下，它就会很快蒸发变成气体。所以，鸭子头上面充满乙醚的蒸汽。大家已经见识过魔术实验针管里乙醚的快速变化。在头部气压下降的情况下，和用吸管喝水那样，下面肚子里的乙醚就会被吸（压）上去，使鸭子重心上移，到了'头重脚轻'的时候，鸭子就自动低头再喝水。"

文浩："既然重心在前面了，为什么还能自己抬起来？"

董栋："是啊，乙醚流到头部，头又低，是流不回去的。"

这时，老师在屏幕上打出了示意图："你们看，当鸭子前倾到水平位置时，整个哑铃横过来，乙醚都在哑铃的下半部，管口露出液面，上下两边的球就连通了。由于头部球里的乙醚气压小，肚子球里的乙醚蒸汽就向上压过去，使流到上面的乙醚被挤压，流回下面的肚子里。这样，鸭子的重心移回后面，就能立起来了。"

石童："真复杂啊！"

老师把鸭子的整个动作过程和原因打在屏幕上。

1. 低头喝水→嘴沾水

2. 抬头直立→来回摆动→头部外表面的水加快蒸发→头部温度降低→头部里面乙醚蒸汽液化→乙醚蒸汽稀薄→气

"自动"喝水

压下降→下面气压大于上面气压→肚子的乙醚被压上升→重心上移

3. 低头喝水→鸭身倾倒→前后连通→下面气压大于上面气压→乙醚被压回流→重心下移→抬起直立→接 2

大家看屏幕，觉得可以接受了，不过，还是觉得有点难。

大家边议论边"消化"。

石童："这些箭头一步接一步，全是推理，有前因才有后果。"

文浩："推理就是在讲道理。我们总结一下，用了哪些道理。"

石童："'造假杆秤'的道理——重心移动。"

文浩："'酒精比水凉'的道理——液体蒸发快慢。"

董栋："还有液体蒸发使温度下降。"

向吉："'冷水浇烧瓶'的道理——密闭蒸汽凝结。"

石童："直接的结果——气压降低。"

这些道理都被用过。通过复习，大家对"小鸭子"的原理增加了理解。

石童感叹："想不到，鸭子就低头点了一下水，就引起那么复杂的变化！"

向吉："而且，里面神不知鬼不觉的，外面根本看不出来。"

文浩："是谁设计得这么巧妙？"

董栋："不管怎么说，这就是'永动机'。"

大家一阵兴奋，好像见证了重大发现，创造了奇迹。

等大家平静下来，老师才问："'永动机'是指那些不用消耗能量而做功的机器，鸭子是这样吗？"

董栋："除了有第一下按头喝水，鸭子都不需要人管。"

老师不动声色地问："鸭子和周围没有任何关系吗？"

大家摇头："没有。"

向吉："要说有，那就是鸭子头上的水蒸发要把里面的热带走。"

老师："那么它肚子里的乙醚蒸发从哪里吸热呢？"

文浩："哦！乙醚蒸发还要吸热？"

老师："冰箱里制冷剂的蒸发要靠压缩机帮助完成，这要消耗电。以前，有一种老式的冰箱，通过烧油加热使制冷剂蒸发，在没有电的地方可以用。小鸭子里的乙醚蒸发，没有压缩机，也不烧油，它需要的能从哪里来呢？只能由周围环境供给。"

文浩还不服："向周围空气吸热？这根本看不见，神不知鬼不觉的，反正不要电、不用油，不需要人工供给能量。"

董栋附和说："是啊。就算'小鸭子'要消耗能量，但也是悄悄地、自然而然就做了，没有给别人添麻烦。"

向吉沮丧地说："还是要消耗能量，不能算是'永动机'。"

大家有些失望，好像到手的"伟大发现"像肥皂泡被吹破了。

老师理解大家的心情："你们说的也有道理，可是，历史上已经把不用消耗能量的'永动机'给否定了。无论什么机器，都要消耗能量。其实，有些来自大自然的能量，比如人类早就使用的风车、水车、水磨，都可以'永动'。地球上的石油、煤、天然气等会枯竭，但是，还有很多能源是非常丰富的，像风能、潮汐能、水流能，还有太阳能、核能等。问题是

真"永动机"早就有

我们利用的水平太低，如果发明充分利用这些能源的机器，像小鸭子一样'永动'起来，是完全可能的。太阳能发电、风力发电、水力发电等，都是环保、低碳、绿色的发电方式。只不过，我们就别再用历史上被否定的名字吧。"

石童："不叫'永动机'，我们另起个名吧。"

向吉："我建议叫'智动机'，像小鸭子一样，用'智慧'造出的能'永动'的机器。"

大家表示同意。

老师："希望大家努力，让这样的智慧机器越来越多。看你们的了，同学们！"

④

满就倒的大水桶

　　一只小鸭子让同学们的兴奋度延续了好长时间，再次活动时仍然是这个话题。

　　董栋："我仿造了一只小鸭子，放在家里。这新鲜的玩具，连我爸爸妈妈都被吸引了，问我是怎么回事呢。"

　　向吉："我回去想，如果小鸭子里面不装乙醚，改装别的液体，比如水或酒精，行不行？"

　　文浩："我和你想的相反，我想让小鸭子不喝水，改喝酒，酒比水蒸发得快，小鸭子会不会也喝得快？"

　　还是"永动"的话题。

　　向吉说起自己的经历："这是在一个戏水乐园的遭遇。在浅水的水池中间，有一个高高的支架，支架顶端安有一个巨大的水桶，桶外有轴架在支架上，可以来回摆动，像小鸭子。在桶的上方有一根粗水管，不停地向桶内灌水。我正在下面玩，突然看见旁边有人迅速躲开，相反，也有人往这边集中，我没有理会。突然一下子，好像天上开了个大口子，哗……一阵响，一大桶水从天而降，从头到脚把我浇了个透，还吓了一大跳。不过，觉得真痛快。旁边的人哈哈笑，看我的狼狈样，有点幸灾乐祸。抬头一看，原来是头上方的大桶好像故意向下朝着我泼水。真是的，也不打个招呼。我嘟囔一句，走开了。

　　"我站在旁边，倒想看看是谁搞的恶作剧。上面的粗水管还在放水，空桶自动回过来接水，在水流的冲击下轻轻摆动。几分钟过去，没有什么动静。这时，水花从桶边溅出来，看来水快装满了。桶摇摆得慢了，可能有什么人要准备下手，我紧紧盯住不放。突然，在光天化日下，好像有一只无形的大手，把桶推得越摆越大，然后，桶一下子整个被掀翻了，毫不客气把整桶水倾泻下去，冲得下面的人哇哩哇啦乱叫，太刺激了。

"啊！原来如此，我高兴得跳起来。这个能自动倒水的大桶，和小鸭子有异曲同工之妙。"

讲完后，向吉又画了个示意图，大家看明白了，有的人也经历过同样的一幕。

董栋："我见过。它和小鸭子的道理差不多，重心高平衡不稳定。"

石童："和小鸭子不同，大桶要靠外界水管灌水来提高重心。"

文浩："为什么那么巧，一定要等水快装满时才倒呢？"

董栋："这和轴的位置有关。我在做小鸭子的时候发现，摆动轴的位置很重要。调高了，鸭子倒不了；调低了，一下子就倒下起不来。"

向吉："对。这个自动是事先设计好的，桶空的时候和水少的时候不能倒，装满了就一定倒。"

董栋："这和骑自行车走钢丝差不多。底下吊着一个人，整个重心在钢丝绳下面，人骑在上面很稳，没有要倒的感觉。如果底下没有人，重心在上面，就不稳了。"

向吉："是的。同样的道理，大桶在没有装满水前，桶的重心在支撑轴的下面，不会倒。装满水时，重心比轴的位置高，就要倒了。"

文浩："倒完水以后，为什么还会自己翻转回来？"

董栋："空桶的重心又低了。"

向吉："我们又发现一个'智动机'。不过，向上抽水要消耗能量，如果水从山上流下来就好了。"

大家都很高兴。

老师插进来说："你们给小鸭子找了个'伙伴'。我也来凑一个。"

老师在投影屏幕上打出图片，接着说："这是一个出土的古代陶罐，名字叫'㼜'，古人用它来盛水。它的形状有些奇怪，上部是圆柱形，下部是圆锥形，两边有提耳。

"这个水罐有些特点,空的时候直立放入水

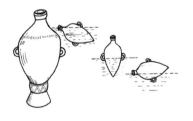

老祖宗的发明——㼜

自动翻斗

中，它立不住，会自动倒下，'意思'是要盛水，水就自动流入罐中。当水装一半时，就会自动直立起来浮在水中，'意思'是该提走了。如果你嫌少，故意将水装满，它就'不愿意'，马上'躺倒不干'，把多的水倒出来。整个盛水过程是'全自动'，好玩吧？"

石童："太神奇了！每一个动作都充满智慧，这也是'智动机'。"

向吉："空的时候倾倒，半时直立，满的时候倾覆，这'东西''太有才'了。"

董栋："和大桶不一样，它还没有轴。"

文浩："靠什么支撑？"

董栋："只有水。"

老师："这种容器能浮在水中，支撑它的自然是水的浮力。它巧妙地把重力和浮力这一对方向相反又相互依存的力协调得如此完美，我们的老祖宗又显示了高超的智慧。"

董栋："这'智动机'真神，我要亲手做一个模型，好好在玩中探索它的道理。"

石童："有书上说，能自动翻倒一类的小车在矿山、工地等处早就使用了。"

董栋："我也要做。"

文浩："这么聪明的用具是什么时候发明的？"

老师："最早见于西周，传下来的有好多种。这个欹不但自己有'智慧'，还有教育意义呢。"

大家知道老师又要讲故事了。

老师："据说有一次，孔夫子召集弟子们来，让他们用欹盛水做试验，验证了欹的功能。孔子对弟子们说，'欹'盛水太满就会倒，'水满则覆'。用来比喻做人也一样，告诫弟子们不能自满、骄傲。"

孔子传道图

科学的道理和做人的道理有时也是相通的。

十一

实验要能做

做实验首先要构思、设计，想好了就要去做。做实验有时成功，有时不成功，但是，还有不能做的实验。

①

阿基米德要举地球

今天老师要说不能做的实验。

文浩："难道还有不能做的实验吗？"

老师："有啊！还是阿基米德的故事。他有一句豪言壮语：'给我一个支点，我能举起地球。'这个想法有道理吗？"

董栋："是他发现的杠杆原理。他是宣传他的杠杆无所不能。"

老师："实际能做吗？"

文浩："谁来给他当这个支点呀？"

老师打开投影屏幕："这里有一幅画，很形象。画上有只手提着杠杆的支点，杠杆左边提着地球，一位老人在右边压杠杆，这就是阿基米德在举地球。

"我们来看他要怎样才能实现这个'豪言壮语'。人的重量和地球重量比是 $1 : 10^{23}$，根据他的杠杆平衡条件，人的这边动力臂长就要是地球那边阻力臂

阿基米德要举地球

长的 10^{23} 倍。如果阻力臂是 1 米，动力臂就是 10^{23} 米。这有多长呢？或者说有多远呢？阿基米德要飞到银河系以外去了。

"想一想吧，一位老人，在遥远的宇宙中，用力地压着杠杆的一头。如果他想要把地球举高 1 厘米，他压着的那端就要走过超出银河系半径那样长的一道弧线。如果他能走完这段弧线，考虑他要一直压多少时间？这一定是个惊人的数字。这个实验是不是很有趣，也有道理，但是，不能做。"

同学们一边听一边想象"阿老"的实验，仿佛看见在遥远的宇宙某处，一位老公公手握杠杆的一头，周围黑暗、空旷、寂静、寒冷，只有点点星光和他做伴。老公公在艰难而又坚定地一步一步走，实践他的豪言。大家不由地产生敬佩和怜悯。

"阿老，别做了！让我来替你吧。"董栋情不自禁地对着画中人说。

大家都笑了起来。

老师："再给你们讲个故事。大家知道测量速度的道理并不复杂，只要测量运动物体走过的距离和所需的时间，就可以算出运动速度。

"那么，光有速度吗？如果有，一定特别快。谁想到要测光速？是伽利略。他就是想用这种办法，来测量光传播的速度。我们来看他是怎样做的。

"在黑夜里，把参加的人分成两组，每一组分别带灯和计时器，分头登上相距千米的甲、乙两个山头。甲山头的人把事先遮挡的灯打开，同时开始计时。乙山头的人，看见对方的灯光就马上打开自己的灯。甲山头的人看到对方的灯光就马上停止计时。这样，用记下的时间除两个山头之间往返的距离，就可以算出光的速度。

"设想很好，你们想结果会怎样？肯定是以失败告终。他的方案是合理的，但是，由于光速太快了，用眼看灯光的反应和手工操作，再加上当时简单的计时工具，这些因素合在一起导致根本测不出可靠的结果。"

向吉："这就是说，实验有道理，也能做，但是，做不出准确的结果。"

文浩："做也是白做。"

董栋："我想起来一件事，有一次，我学测量小灯泡的电阻。想得很简单，只要测量小灯泡两端的电压和通过的电流，两个数一除，就能算出电阻数值。连接好电路，很快测出一组数据。我想为了让数据准确，再多测几组数据。于是，改变小灯泡两端电压，又做了几次。结果，没想到每一次计算的结果都不一样，

测不准的电阻

差别还很大，到底取哪个数？无法决定，实验失败了。"

老师："每一次小灯泡的亮度都不同，是不是？"

董栋："是。有的看不出亮；有的灯丝有点红；有的就很亮，灯丝发白光。"

向吉："通过的电流大小不同。"

老师："导体的电阻大小是与温度有关的。灯丝的亮度不同表明温度不同，测出来的电阻当然不一样。"

董栋："我知道了，小灯泡的电阻随着电压和通过电流大小的变化而改变，所以，测出来的是各个不同温度下的电阻值。"

文浩："这个实验的道理有问题吗？"

老师："没有，但做法有问题。所以，做实验，要能做、会做还要好做，这里的学问可多了。接着说测光速，我再给你们介绍历史上有名的实验。

"由于光跑得太快了，要想能测到光传播的时间，就要加大光传播的距离。在地面上不容易做到（像伽利略那样），有人就把目光转到天上，用天文学的方法测。光速虽然快，但在遥远的天体之间传播，距离足够大，这样，传播所需要的时间就可能测出来。第一个成功测量光速的人是丹麦天文学家罗默，他利用望远镜观测木星卫星食（相当于月食），然后算出光速，数值是 21.5 万千米 / 秒。虽然误差非常大，但总算证明光是有速度的。即使速度很快，但光的传播也是需要时间的。

"测天上的距离不容易测准。有些科学家不满足天文测量的误差，又把思路转回地面。地面上测，距离有限，能测准，但光传播时间极短，这就要在测时间上想办法。

"1849 年，法国科学家斐索想出办法。他像伽利略那样先确定两点距离，起点处发出光，终点用镜子把光反射回来，省去像伽利略那样在两地测量的麻烦。

"但是，光往返用的时间非常短，怎样测这个时间呢？用钟表测肯定不行，按当时条件，恐怕秒针还没有来得及动，光早就回来了。换一个思路，如果放一个可以转动的钟表的表盘在起点，光发出，表盘同时从 0 刻度开始转，光返回，会落在表盘的另一个刻度上。表盘是 60 个刻度，一分钟转一周，一个刻度是 1 秒，时间太长。加多刻度线，比如要是有 600 个刻度，1 个刻度就是 0.1 秒。如果转速加快到 6 秒转一周，1 个刻度就是 0.01 秒。这就是说，想要再缩短时间，一是加多刻度，二是加快转速。

"按照这样的思路，他想出了一个办法：用齿轮。例如，一个有 100 个齿的齿轮，如果齿轮一秒钟转 10 圈，转过一个齿的时间就只有千分之一秒。

"所以，只要增加齿轮的齿数，或者加快齿轮的转速，就可以再缩短时间间隔。这个方法简单又容易调节。光往返的时间再短，总能选到和它相当的时间间隔。

"我们来看具体的做法。在起点安装一个可以旋转的齿轮，让光源的光线从齿轮两个齿之间的空隙通过发出，经过反射返回时，光线正好被转过的下一个齿挡住，说明光往返的时间，恰好和齿轮转过半个齿的时间相等。按上面说的办法，很方便就可以算出这个时间。

"斐索做实验的起点到终点的距离是 8.633 千米，用的齿轮是 720 个齿。当齿轮每秒转 12.6 圈时，反射光正好第一次被挡住。由此算出光速是 31.33 万千米 / 秒。

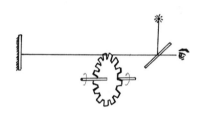

"'旋转齿轮法'的巧妙，在于可以把时间间隔（理论上）无限缩小。实验中，尽

"旋转齿轮法"测光速

管光往返的时间不到万分之一秒，但是旋转的齿轮很容易就把它锁定。打个比方，光传播的时间像一条很小很小的鱼，像钟表这样的'大网眼的网'是捞不到的。我们加快齿轮的转速，就好像缩小'渔网'网眼的大小。最终，总能缩到大小合适的网眼，捞到小鱼。"

老师停了一会，看大家听得入迷了。

老师："怎么样？能听懂吗？"

下面还是很安静，有的同学微微点下头。

老师："看起来很难的事，实际的道理很简单，做法也不难。这就是能做而且好做的实验设计，这种富有创造性的主意，值得我们去体会、学习。"

老师继续说："一个开创性的好思路，会引来一些更好的模仿。比如后来又有科学家用'旋转镜法'和'旋转棱镜法'来测光速，使精确度进一步提高。

"进入20世纪，又出现了一些新的测量方法。60年代科学家发现激光，用激光代替普通光，直接测光波的波长和频率，进一步提高了测量的精度。科学家根据实验结果，确定真空中光速的准确数值是299792.458千米/秒，达到相当精确的程度。

"光速的测量更加精确，带来好处是可以用光来直接测距离，比如，测房间大小的测距仪，既方便又准确。月地之间的距离，就是从地球上发射激光测定的。当时，登月的航天员在月球上放了一个反射器（直角镜）反射激光，这你们是知道的。

"一个测量光速的实验，延续好几百年，经过多少人的努力实验，一步一步提高精确度。可见，一个实验，道理很简单，做起来就不简单了。有的能做，做不成功；有的能做，太难做了；有的根本就做不了。能做的可以有不同的做法，有创意又好做的才能有好结果。所以，'实验要能做'还要看'怎么做'。

"我们还回到开始的话题，阿基米德的实验不能做，但是可以画图，想象着做。前面我们说过伽利略从斜面上滚小球的实验，他还做过一个让小车从斜面下滑到平面的实验。

"无论平面是什么材料做的，是粗糙还是光滑，小车下滑到平面，最终要停下来，因为有摩擦阻力。实验可以看出，平面越光滑，小车就走得越远。

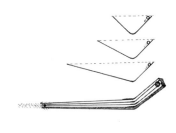

想象的实验也有用

"根据这个实验事实，伽利略推想：如果有一个光滑到没有阻力的表面，小车应该一直运动下去。这是个想象的实验。而牛顿就是根据这个'实验'，总结出'惯性定律'。所以，这样的实验虽然不能做，也有用处，人们称作'理想实验'。"

② 浮力消失了

这次活动的起因来自一则报道：某国的潜艇在海中失事，下沉到海底，潜艇底部陷到泥沙中，无论怎样采取自救的方式上浮，都没有成功。

围绕这个消息，大家议论起来。

董栋："依我玩潜水艇模型的经验，只要把水箱里的水排出去，潜艇自己就能上浮。浮不上来，要么是没有动力排不了水，要么是有破洞进水了。"

失事的潜艇陷入海底

石童："听说潜艇有下潜深度的限制，超过了限度就上不来了。"

向吉："怎么会呢？在液体里的物体，不管浮还是沉，都要受到向上的浮力，这是阿基米德定律。"

文浩："会不会是潜艇让海底的泥沙给吸住了？"

董栋："我们一起做一个实验试试。"

他们向老师要来器材：一个大玻璃水缸，一个用橡胶塞堵住瓶口的广口玻璃瓶，从塞子的两个孔中插入两根玻璃管，一根用软管接到橡皮球，另一根作为进、排水口。

把玻璃瓶放进水缸里，先让水从进水口进入瓶中，水到一定量时，瓶子就下沉到缸底。然后，挤压橡皮球，把瓶中水排出，瓶子自动上浮。

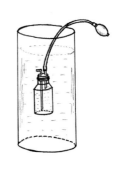

也是"浮沉子"

实验做完了，同学们又展开新的讨论。

向吉："看，阿基米德是对的，浮力总是有的。"

石童："换个深的水缸再试试。"

文浩："我去弄些沙土来铺在缸底。"

大家一起又做了几次，瓶子还是照样上浮。有一次，文浩用力把瓶子往沙土里压，也没有改变结果。看来，这个问题没有什么可说的，浮不上来另有原因。

这时，老师提出要做一个实验给大家看。他拿出一个表面平直、空心的小立方体。把它放进水缸，小方块漂在水面上；把它按到水下，马上就浮出水面。老师让大家看到小方块是受到浮力的。

然后，老师好像故意放慢动作，用手捏着它小心翼翼地放进水里，生怕"惊动"了水，这样一直送到缸底，让小方块一个面平贴在缸底。放稳后，又等了一会，外面的手做了一个"OK"的手势，这才小心地把手指松开。

哎呀！不可思议的事情出现了，小方块竟然像被施了魔法一样纹丝不动，被缸底"吸住"，没有浮上来。老师又玩了一次魔术。

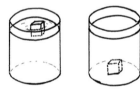

水底有"吸盘"吗？

大家震惊了。刚才还能浮上来的小方块，一会儿就变了，大家议论纷纷。

向吉："眼见为实。浮力没有了？难以置信。"

文浩："是不是有胶黏住了？"

看见同学们有怀疑，老师用一根细棍插入水中，轻轻触到小方块，小方块动了一下，竟然离开贴着的缸底，上升到水面。

实验事实把疑问给挡了回去。

大家都想亲手试试。有的把方块放到缸底，一松手方块就漂上来；有的压住方块，一抬手，方块也跟着动。好几个做的都不成功。大家看着老师。

老师说："我再做一次，你们仔细看。"

大家目不转睛地看着老师做，想要发现点什么。老师做完后，议论又开始了。

石童："老师把方块压在缸底后，轻轻来回移动，好像在找合适的地方。"

文浩："老师松手特别小心，生怕'惊动'小方块。"

董栋："是的，手出水也特别慢，尽量不搅动水。"

石童："在缸底的小方块能保持不动，不是很容易的，我们做得太随意了。"

细心的向吉说："我们为什么没有成功？你们注意一个细节了没有？老师在拿小方块时，挑选了一个面向下，而我们是随便放的，这里是不是有什么秘密？"

这次同学们的探讨进了一步。

老师："好的，我们再玩一次。"

这次是这样做的：老师拿来一个空的玻璃缸，把里面擦干净；然后，直接在缸底上熔化一块蜡，使蜡液堆在一起成一个蜡块；冷却后，轻轻地使蜡块离开缸底不再粘连。

这时，他再用手指压住蜡块，贴在缸底。他让董栋向缸里慢慢倒水，水没过蜡块倒满了玻璃缸。等水平静以后，老师提醒大家注意，他小心地抬开压在蜡块上的手指，蜡块纹丝不动，真像被吸住了，重复了小方块的"特技表演"。

等大家又要怀疑有什么"机关"时，老师用小棍探进水缸，轻轻碰一下蜡块，蜡块马上脱离缸底，浮上水面。

这回，大家要再试试。吸取了前面的教训，每个人做得都很小心。结果，大家都能让蜡块贴在水底不上来，百分之百成功。

实验好玩是好玩，但是，蜡块在水里不上浮，这是不可思议的。奥秘在哪里？

大家想到了一起。

文浩："为什么用熔化的蜡做？一定是让形成的蜡块底面和缸底一样平。"

董栋："让它们紧密接触。"

石童："它们之间没有缝隙。"

向吉："水进不去。"

连珠炮式的接力推理，终于找到了解决问题的"钥匙"。

文浩："蜡块下面没有水意味着什么？"

董栋："蜡块下面没有受到水的压力。"

向吉："而它的上面和侧面有水的压力，压住它起不来。"

石童："这让我想起家里用的气压挂钩，将它往墙上或玻璃上一按，它就被吸住了，挂上衣物都掉不下来。"

文浩："这是同样的道理吗？"

石童："你想，用手压按挂钩是什么意思？就是把贴墙那里面的空气挤出去，里面就没有空气的压力，而外面的大气压有向里的压力，挂钩就吸住了。"

老师提醒说："不是'吸'，是'压'，和'喝汽水'一样。蜡块不能浮起来也是同样的原因。"

接着又问："你们想一想，浮力是怎样产生的？"

向吉："由水对物体的压力产生。"

老师："为什么方向向上？"

石童："水对物体向上的压力比向下的压力大。"

老师："为什么？"

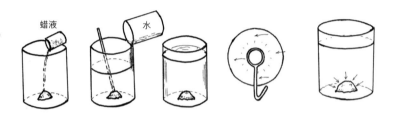

真的没有浮力了

董栋："压力大小和水的深浅有关，水越深，压力越大。"

老师："很好。从浮力产生的原因来讲这个道理，小方块或蜡块贴在水底不上浮的现象就可以理解了。"

文浩："这么说，'浮力消失'是可能的。"

石童："是在特殊条件下才能实现的。"

文浩："阿基米德说的还对不对？"

向吉："你不能说他错吧。"

老师："阿基米德总结的定律，是告诉我们浮力有多大，而浮力的产生来源于液体对物体的压力。这是对同一现象从不同角度讲的道理，都是正确的'真道理'。所以，实验讲'真道理'也要会选、选对、会用。"

石童："我体会到，实验能不能做，能不能做成，和你想用的道理有很大关系。要按我们原来的理解，小方块一定受到浮力，这实验就做不成。"

董栋："做也要有'功夫'。就是道理对了，按我们开始大大咧咧、毛手毛脚的做法还是做不成。"

文浩："那个失事的潜水艇呢？"

向吉打了个官腔："各种情况都有可能。"

刺客的失误

向吉最近迷上了侦探故事，听听她讲的故事。

"前些天，我看《名探探案集》，里面有一段情景，说的是有一个刺客要行刺，来到目标所在的一座大房子。他躲在窗外往里窥探，因为有大窗帘遮挡，他看不见屋内的情况。但是，窗帘没有完全拉上，留下一道窄的空隙。从空隙向屋里看，能看到一面大镜子。定睛一看，太巧了，要行刺的人就在镜子里，活灵活现坐在椅子上。

"真是天赐良机，刺客对着镜子中的对象瞄了一会，推测出人所在的位置。他看着镜中人像，枪口对着窗帘后面的人瞄准，扣动扳机，'嘭'的一声，刺客认为十拿九稳、大功告成。结果出乎意料，他没有打中。

"其实，刺客和被行刺的人相距并不远，为什么没打中？"

石童："这是小说故事的安排，没有特别的含义。"

向吉："当然可以这样理解。可是，我觉得这里面

侦探故事引发思考

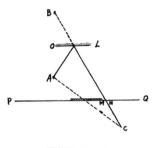

图总是画得准的

有值得探索的问题。我给你们画个图说明一下。这条横线 PQ 表示屋子内外的分界线，就是墙、窗户的位置。在这条线上点两点 MN，表示窗帘和墙之间的空隙。上方的短线 OL 代表镜子的位置。镜子前面不远处画一个点 A 代表被行刺的人。从这点向镜面画一条垂直线延长到镜子后面，在线上和 A 点对称的位置再画一点 B 表示人的像。刺客能通过空隙看见 B，他在的位置是 C。这样，只要把 C 和 A 连起来，这条线 CA 就是刺客瞄准和子弹飞行的路线。看明白了吗？"

文浩："明白了。可是，这么近，为什么还打不中呢？"

石童："作者安排了一个劣等刺客，要是行刺成功了，故事就写不下去了。"

董栋："现在，向吉'假戏真做'，要查出他'劣'在什么地方。我建议用实验复原你这个草图。"

说做就做。大家在桌子上竖立一面镜子，在镜子前放一个小偶人当作被行刺对象，用一把尺子放在桌面当墙，在墙外放另一个小偶人充当刺客。移动刺客的位置，让他面向镜子看，大家都沿着刺客的视线，看到了镜子里的小人。

向吉："还应该有窗帘挡住。"

于是，大家又用夹子夹着一块布，沿着尺子上方，挡在两个小人之间。

窗帘一挡，大家再看，行刺对象就看不见了，往下怎样做，没有确定的意见。

别怪人家没有本事

董栋想出一个办法。他说："我们来比赛，看谁比刺客瞄得准？"

他找来四支激光小手电说："就用这个当枪，看谁能打中？"

这个主意不错，大家觉得好玩，正好试试自己的眼力。一致同意，请老师当裁判。

老师："大家放心，要保证玩得公平，我有两条措施：第一，要抽签排先后；第二，每支'小激光枪'开启后就不能动，也不关，最后打开窗帘决胜负。"

大家都说好，比赛就开始了。首先，让选手回避，老师放好小偶人，选手进场，看着镜子里的像，向窗帘后面瞄准，固定好小手电的方向，按下开关，红光指向窗帘。

四个人都做完了，等着看结果。

老师移开窗帘，四束光线直射向小偶人方向。真扫兴，除了向吉的擦中一点，其他人都没有打中。

老师测量光束和小偶人之间的距离，评出结果。

众人有些沮丧，但还是重新"复盘"，反复试验。

董栋："别怪刺客。看来，这不是很容易的事。"

石童："这小手电稍微动一点，光线方向就会大改变，真是'失之毫厘，差之千里'。"

文浩还问同一个问题："打不中的原因是什么？"

向吉："当然是瞄准的方向不对。"

文浩："你们是怎样定瞄准方向的？"

石童："自然是根据像和人是对称的，像距离镜面多远人就离镜面多远。"

向吉："就是草图上的 OB＝OA。两段距离都要估计，一段是看得见估计，另一段看不见估计，第三段 CA，也是看不见估计。"

董栋："第一段是关键，这段估不准，第二段也估不准，两个'不准'凑在一起，第三段就更不准了。我看，难就难在这里。"

向吉："其实，第三段长度不用估计，估计的是从像到人转过的角度，∠BCA。"

石童："这就更难了，这就是'差之千里'的原因。"

在这个共识下，几个人又在模型前操练起来。首先要用眼睛从镜子里的像向镜面"拉"一条垂直线，估计这条垂线的长度 BO，这真有一定难度。再把这条线"延长"到镜子另一边，"截取"等长的 OA。这被窗帘挡住看不见，完全是"盲测"。距离估得准不准先不提，"拉"的线是不是能垂直于镜面？延长线有没

现场复原发现问题

有偏离那条垂线？这些都是问题。这回真感觉到有难度了。

"镜子里面有把尺子就好了。"文浩感慨地说。

"镜子外有尺子就够了。"董栋解嘲说。

面对有些无可奈何的状况，向吉提出了个新建议：把小模型实验恢复成作案现场的大实验。去哪里做呢？有好地方。她把大家带到体操练功房。这里有一面墙是镜子，还有隔离用的布帘，恰好可以模拟摆放现场。

在向吉的指挥下，镜子前安排文浩一个人坐在椅子上，充当被刺"靶子"。在他的后面挡上布帘，当作窗帘。其他人站在稍远的斜后方，相当于刺客的位置。大家从大镜子里看到了文浩的像。看着这近似于真实的场景，大家都感觉很新鲜，又感到和在实验桌上做不一样。有什么不一样，说不出来。

还是向吉先打破僵局："前天，我参加体操小组活动，看着墙上镜子里面各人的动作，突然意识到，这不就是实际'案发现场'吗？于是，就站在一边认真看，看人和镜子中的像怎样对称？看看这边的人，再看看那边的像，看着看着，哎，不对称啊，我突然有这种感觉，好像镜子里的像比镜子前的人小一点，离镜面近一点。真奇怪，是不是眼睛有问题？我又盯住一个人看，看得人家走开了。我又对着镜子看自己，向前走、向后退，反复比较，还是一样的感觉。不信，你们试试。"

大家在镜子前做起实验，改变距离、角度，互相看。文浩也坐不住了，参加进来。

向吉开始发问："人和像是对称的，是不是应该大小相等？"

石童："是。"

向吉："可是，只有人的脸贴在镜面上时，才是大小相等的，离开就不相等了。"

文浩："是吗？为什么？"

董栋插话："是这样。你照镜子，小镜子能'装下'你的整个脸吗？"

文浩："当然装不下。"

董栋："不对，能装下，只要离得远。"

文浩："这说明什么？"

镜子的"容量"

石童："明白了，说明看见的人和像的大小不一样。"

向吉："这说的是大小，距离远近呢？你在后退中看到镜子里的像也同样在后退，你看见自己离镜面远，像离镜面近。"

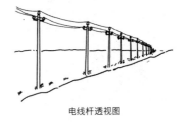

电线杆透视图

董栋："这也有道理。你看远处的电线杆是不是越远的两根之间距离显得越近。"

文浩："哎呀！乱套了。难道镜子的对称规律不对吗？"

石童："我带书了，翻开看看。没有错，是说像和物到镜面的距离都相等，像与物大小相同。"

文浩："到底哪个对？还是另有玄机？"

大家又卡壳了，把目光转向老师。

老师高兴地说："这是你们发现的新问题，我以前也没有想过。事实和书本有矛盾，怎么办？一要核实事实的真假，二要认真看书。书上的'平面镜成像规律'，有一点要看仔细，人家始终是说'像'和'物'的关系，没有说'我看见的'或'你看见的'还是'谁看见的'。"

石童反应快："哦，'像'和'物'这样一对'双胞胎'长得一样，是自己内部的事，谁来看他们，这是外部的事了。"

向吉："我想了几天，原来如此。眼睛看东西，有'看'东西的规律；镜子里外两边的'像'和'物'有对称的规律，二者不要混在一起。我想，刺客一定也弄混了，打不中是必然的结果。"

文浩："看来，真道理还要真正理解。"

董栋："回去要把'看东西'的规律做实验研究研究。"

老师："刺客给我们上了一课，'做'不能想当然。"

④

"八仙过海"

今天的活动室像个大市场，桌子上摆满了水果、蔬菜等好多杂七杂八的东西。同学们要做电池实验，并且做出各自有特点的电池。

根据事先约定，大家分头准备材料。

做电池，首先得有电极。他们拿来各种材料的金属棒（片），有铜、铁、铝、锌、锡、铅、镁，还有从废旧干电池上拆下来的石墨棒。

两个电极中间要放的东西就更多了。什么水果啦，蔬菜啦，还有一堆瓶瓶罐罐，其中有实验室提供的稀盐酸，还有从家里拿来的醋、酱油、料酒，有人把橘汁等多种果汁和可乐等饮料都拿来了。更好玩的是，还有清洁剂、洗涤灵、消毒液甚至花露水，简直成了小超市。

人多东西多，怎么玩？好在董栋几个人做过实验，有点经验，自行组织安排起来。

按什么分组，费点脑子。大家一商量，中间介质的种类最多，就按介质分类。

活动室前面出现三块牌子，上面写着：

（1）水果组。柠檬、橘子、苹果、梨、猕猴桃、西瓜、香蕉、桃、杏、李子、葡萄等。

（2）蔬菜组。白菜、萝卜、西红柿、黄瓜、茄子、芹菜、洋葱、冬瓜等。

（3）液体组。酱油、醋、油、盐水、各种饮料、酒、蔬菜汁等。

每个组下面再细分，由各组自行安排。如电极尺寸大小、距离远近，以及不同材料电极的搭配和电极连接方法等，又如液体的浓度、多少、温度高低等。

为了检验电池有没有电，还准备了电子表、音乐卡、计步器、小手电等用纽扣电池的电器。

这是玩实验以来，实验物品和器材最多的一次。搭配的种类多，实验方案复杂，所以，同学们充分发挥自己的创造力，不拘一格，大胆进行。

代替纽扣电池

比如，电极的搭配，有采用干电池的石墨棒和锌板，有用实验室常用的铜、锌搭配，有用铁、铝等金属代替或者组成新的搭配。

电极的大小尺寸、形状，电极之间的距离，插入的方向（平行还是成一定角度）、插入的深度，电极的数目、连接方法等，都是五花八门。

使用水果、蔬菜就有更多选择了。水果的酸度、甜度，水果、蔬菜的汁液多少，水果类型（木本、草本等），电极插入部位、方向等，各有不同。

液体的种类、味道、浓度、冷热还有如何混合，也都不一样。有的还想出用注射器向水果里注射液体。大家热火朝天，现场像早市一样热闹。

实验告一段落，各组都做得不错，都能用上自制电池供电，就是太麻烦了，不如纽扣电池方便。但是，成就感、新鲜感还是现成的电池比不了的。

余兴未尽，大家七嘴八舌发表自己的感受和体会。

有人发现，不是所有的金属材料搭配都有效果。

有人说，有些蔬菜和水果做的效果不明显，或者带不动电子表。

董栋："看来，电池很容易做，关键是能够方便使用就不容易了。"

文浩："怎样评定电池的优劣呢？"

石童："按干电池的规格有一定的指标，比如大小（容量）和电压。"

向吉："能带动电子表，应该达到纽扣电池的电压了。"

文浩："能够比较吗？"

董栋："用测量电压的仪表应该能比较。"

石童："做了这么多，其实构造都差不多，就是两个电极（正、负极）加上中间的'中介物'。"

向吉："对，无论什么水果、蔬菜，花样再多，其实都是要利用它们里面的那些'汁液'。"

文浩："为什么是植物里的'汁液'呢？别的不行吗？"

董栋："我看，可以用动物试试。"

文浩："我去拿块肉来。"

逗得众人哈哈大笑。

有人叫："是什么肉的电池啊？"大家又是一阵笑声。

这时，老师说话了："你们别笑。我想问，你们知道电池是怎样发明的吗？"大家安静下来。

老师接着说："这又有一段好玩的故事。那是在 1799 年的意大利，有一位动物学家叫伽伐尼。一天，他在做解剖青蛙的实验，他将解剖完的青蛙用铜钩子钩住，挂在外面铁栏杆上。他的解剖刀尖偶然碰到蛙腿，发现蛙腿突然抽搐一下。不会是看花了眼？接着试，出现同样的结果。真是不可思议，难道解剖完的青蛙还有生命？还是受到什么刺激？

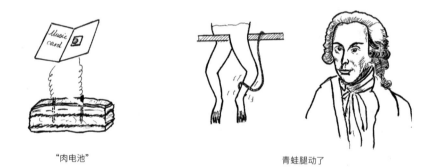

"肉电池"   青蛙腿动了

"于是，他把解剖实验变为研究蛙腿抽动的实验。经过实验，他认为这是青蛙本身有电造成的。人们早就发现，有的动物本身带电，像海里的电鳗、电鳐等鱼类都能放电。现在，发现青蛙身上也有电。如果有两种不同金属碰到青蛙肉，就会有电通过，使蛙腿抽搐。伽伐尼的结论是：实验证明了动物本身有电，蛙腿的反应是由金属引起'动物带电'的反应。这个结论引起了广泛的关注。

"和他同一国家的科学家伏打，也对这个发现很感兴趣。他重复伽伐尼的实验，但是对实验事实形成的原因，却有不同的看法。他认为蛙腿的抽动不是本身有电造成的，而是来自外部不同金属通过蛙腿生成的电，刺激了它的神经，发生抽搐。既然认为是外部原因造成的，那么，这电是从哪里来的呢？他要做实验来证明。通过把两种不同金属接触，他发现一种金属上会带上正电，另一种则带上相反的负电，这可是一个重大新发现。这种现象说明，不同金属接触会产生电。

"而形成电流则与青蛙的身体有关，青蛙的肌肉和体液是能够导电的。因此，在两种不同金属接触青蛙的身体时，就会有电流通过，电流刺激蛙腿的神经，使肌肉抽搐。

"让伏打高兴的是，既然不是青蛙本身带的电，那么，离开青蛙也能够产生电流。于是，他进一步做产生电流的实验。他将一块铜板和一块锌板放进盐水中，然后用导线连接两块金属板。结果，导线中就有了电流。这是人类第一次用自己的方法产生电流。这个盐水泡着铜板和锌板的装置，就是最早的'电池'。

最早的电池是这样的

"毕竟盐水的缸子不方便使用，于是，他做了改进：去掉盐水缸，在两块金属板之间，夹着一块用盐水浸过的纸板，代替液体的盐水，就像一块'三明治'。为了加大电流，他做了许多块一样的'三明治'，然后把它们连接起来，就可以使用了。伏打终于做成了世界上第一个有实用价值的电池，这些摞在一起的'三明治'叫作'伏打电堆'。从此，人类有了电池。"

老师的故事让同学们听得津津有味。

文浩："原来电池的'老祖宗'真是'肉'做的。"

一句话又把大家逗乐了。

董栋："关键不在于是植物还是动物，是在于那'秘制'的'汤汁'。"

又一阵哄笑。

石童："把'汁'渗进固体，或者浓缩成'糊糊'，不要'稀的'要'干的'，就成了'干电池'。"

一个个笑话使会场气氛更热闹。

向吉有所感悟："有意思的是，伽伐尼不是研究物

摞起来的"三明治"

理的，而是研究动物的。机会给了玩实验、爱观察的人。"

文浩："可是，发展了二三百年，电池到处都用，种类也不少，为什么还赶不上用发电机供电？"

向吉："是啊。发明比发电机早，使用比发电机方便，容量和寿命却不如人家。"

董栋："今天，我们做了这么多实验，应该再想想新办法。"

老师："伽伐尼和伏打的故事对我们的启发是：同样的实验现象可以有不同的理解。当时，伏打按自己的认识取得了成功。但是，你能说伽伐尼的认识是错误的吗？他的发现同样也被大家，特别是被伏打本人肯定和赞扬。大家知道，人身上也有电啊。直到现在，'生物电现象'也是很重要、很前沿的研究内容。今天大家玩电池是'八仙过海，各显其能'。我希望各有各的玩法、有自己独到的见解成为每个人的追求。实验能做，但是，可以探索不同的做法。"

十二

实验要能看

做实验是要看的，不但要能看见，还要能看清楚、看准确；看不见或者看不清楚，得不到结果，等于没有做。

"能看"就是能看清楚用什么做的，能看清楚怎么做的，能看清楚做出什么结果。

为了"看"清楚，人们可以想出好多办法。意大利原子物理学家费米在美国第一次试验原子弹爆炸时，在爆炸点外围，向由冲击波引起的大风中，抛出一把撕碎的纸片，根据纸片被刮出时的快慢，判断风速的大小，然后，估计爆炸的威力。沈括在琴弦上插上小纸人，是为了看清共振引起弦的轻微振动。卢瑟福的 α 粒子散射实验，要通过打在荧光屏上发出的亮点，来看粒子射出的位置。赫兹的电磁波实验，是通过"电火花"的出现，证明电磁波的传播。做光学实验，要用各种方法显示光路并成像。在科技馆里，就连声音也要想方设法让你"看见"。

"能看"是做实验的重要内容。

湖水升降的难题

又一次课外科技活动开始了。

老师的开场白："我先讲一个故事。据说在一次学术会议上，有许多学者参加。在会议当中休息时，为活跃气氛，有人出了一道智力测验题让大家猜，题目是这样的。"

屏幕上显示画面。

有一个封闭的湖（就是既没有水流入也没有水流出，湖中水的量不增不减），湖上有一条小船，船上有一个人，船内装满石头。

难倒众人的智力测验

人把船内的石头全扔到湖里，问湖的水面高低有无变化？

文浩："水面当然上升，石头沉入湖中占了一部分体积。"

向吉："应该不变，石头在船里和在水里都要占一定的体积。"

文浩："石头在船上并没有占水的体积呀？"

石童："知道'曹冲称象'的故事吧，大象在船上，要压船进而排开水的。"

向吉："是的，石头压船间接排水。"

董栋把争论稍作分析："石头扔到水里水面要上升，但是，船变轻了，吃水就少了，水面要下降。"

这分析正中向吉下怀："又上升又下降，所以是不变。"

董栋继续自己的分析："应该比较上升的和下降的多少。"

文浩："谁会比较？"

大家你看我、我看你，一下子冷场了，不约而同转向老师。

老师："这个问题不好回答是不是？据说当时的与会者也一下子被难住了，大家也没有认真对待，所以，也是众说纷纭，莫衷一是。可见，这个问题并不简单，有没有别的思路？"

董栋马上做出反应："能不能实际去试一试？"

文浩反问："那怎么能试？上哪里找这样的湖？就是有那要用多大的船啊。"

董栋："我们可以把它们缩成'小人国'，用脸盆代表湖、用肥皂盒来代替船。"

暂时没有别的办法，不妨一试。

说做就做，大家马上分工动起手来。

实验过程：

（1）找来一个脸盆、一个肥皂盒和一些小石头。

（2）在盆里倒进半盆水，把小石头放在肥皂盒里，将盒轻轻放在水面上。

用脸盆、肥皂盒做

（3）在盆边的水面处做一个记号。

（4）把盒里的石头拿出来放入水中（盆底）。

（5）水面平稳后，仔细观察这时的水面，和原记号比较。

向吉犹豫地说："好像不变。"

文浩马上反驳："我看上升一点点。"

董栋也拿不准："有一点下降。"（他又觉得不大可能，所以小声说。）

石童："看不清结果，说明这样做是失败的。"

大家像泄了气的皮球，又蔫下来。

老师给大家打气："'小人国'实验想法是对的。我给你们换一套东西：量筒盛水当作湖，一个小的空塑料盒当船，一些小螺丝钉、螺丝帽当石头。再做一次。"

实验过程：

（1）（想想倒多少合适）往量筒内倒水。

（2）把小螺丝钉、螺丝帽装进塑料盒里。

（3）把盒子小心放入量筒，浮在水面。

（4）记下量筒的水面刻度。

（5）把盒里的东西全部倒进量筒水中，空盒子仍放在水面上。

（6）看现在量筒里水面刻度，和原来的刻度比较。

向吉观察很细致："水面下降了6.2毫升，比用脸盆做清楚多了。"

"湖"变成"井"

结果非常明显，虽然出人意料，大家还是高兴得欢呼起来。

一个简单的实验，就把专家学者们想不出来答案的问题轻而易举地解决了。在兴奋之余，每个人都会有想法。

董栋特别高兴，这是对他信奉的"做了再说"的有力支持，他说："复杂的问题，费了半天脑子想不出来，而做起来并不难，为什么还在那里冥思苦想，不去动手呢！"

石童："可是用脸盆做并不成功。可见，光想到'做'还不够，还要'会做'。"

文浩："为什么要换成量筒呢？"

老师："用量筒做抓住了实验的关键。因为一定量的水，有一定的体积，水面面积越小，水的高度就越大，这就为看清水的升降创造了条件。'做'为了'能看'。"

向吉有感而发："从'湖'到'脸盆'再到'量筒'，这个脑筋转弯变得好。"

文浩："我怎么就没有想到呢？"

老师："这就是'实验意识'。什么是'意识'？其实，'意识'我们经常用，比如说'环保意识''节水意识''遵纪守法意识'等。用通俗一点的话说就是'能想到''想到了'。我们爱做实验，要会做，就要有这样的'实验意识'。'想到了'就是成功的开始，'开始了'就是成功的一半。"

文浩爱刨根问底："结论有了，但是问题没有全解决，为什么湖水水面会下降？"

老师："问得好！留给你们大家回去探讨吧。"

引力能看见吗？

几位同学讨论起力能不能看见的问题。

董栋："力当然能看见，我拉文浩，这就是拉力。"

石童："不一定，你拉他，没有拉动，也可能你伸着手做样子，根本没有用力。"

董栋正要辩解，向吉抢过来说："力要通过作用的效果才能看见，在你们两人的手之间放一个弹簧就知道你用没用力。"

文浩："磁铁吸引铁钉，起电盘吸引棉花，这些磁电引力都能看见。但是'万有引力'为什么看不见呢？不都是'吸引力'吗？"

向吉："谁说看不见？天上行星、彗星绕太阳运动，月球绕地球运动，都是引力的证明，就像用一根绳子绑着一块石头绕圈，手对石头有拉力一样。"

文浩："我说在地球上……"

石童打断他的话说："在地球上，牛顿看见苹果从树上落到地面……"

文浩又打断她："这还是地球的引力。我想，既然叫'万有引力'，就是任何东西都能相互吸引。包括人和人、房子和房子、人和桌子，所有一切。"

董栋："如果是那样，全都吸到一起，世界不就乱了吗？"

文浩："那就改名，别叫'万有'，叫'地球有'或者'星球有'得了。"

一下子把大家噎住了。

还是老师来解围。

"是啊，看不见的'引力'怎么让人相信呢？我给你们讲一个故事。1687 年，牛顿提出万有引力定律，揭开了天上的奥秘。他认为地球吸引苹果和月球，一个落地一个在天上转，都是有吸引力的结果。

"但是，既然叫'万有引力'，就不能光地球有；吸引是相互的，就是说苹果也吸引地球，月球也吸引地球。而且，就像文浩说的那样，所有的物体之间都应该有。遗憾的是，在地球上，除了看到地球显示的吸引作用外，其他物体之间的吸引力，我们却丝毫感觉不到它们的存在。就是说，两个人之间、人和物之间、物和物之间都应该相互吸引，可是我们看不见也感觉不到。这是为什么呢？

能把对方吸引过来吗？

"好在有公式，可以算。根据万有引力公式，两个物体之间引力的大小和它们的质量成正比，和它们之间距离的平方成反比。计算表明，地球上的物体由于质量太小（和地球、月球没法比），相互间的引力就很小。举个例子，两个体重 50 千克的人，相距 1 米，两人之间的吸引力可以算出来，大约是体重的千万分之一，相当于质量 1 毫克（一粒小米）的物体受到的重力的大小，实在是太小了。怎么会看到作用效果？怎么会感觉到呢？

"小是小，这样大小的重力用现在的秤，完全可以测。但是，重力又和地球扯上关系了，我们要测的不是重力，而是物体之间的引力。又在地球上测，而且还要排除地球引力（重力）的影响，这就难了。

"能不能在地球上测量任何两个物体之间的引力，成为证明牛顿的万有引力定律的大事。为此，当时就有人想做实验探索，但没有成功。这样过去了100多年，到了1798年，英国的实验物理学家卡文迪许在借鉴前人探索的基础上，精心设计了一套实验装置。

"让我们看看他是怎样做的。请看这里的模型。"

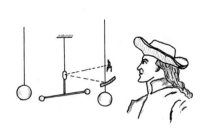

卡文迪许的妙法

老师拿出一根细铜丝吊着中间的轻木棍，木棍两头插着吹塑做的小球。两个小球旁边分别吊着两个大球。

没有想到是这么简单的几件东西，这哪像实验仪器，大家议论纷纷。

老师："不要小看这几件东西，听我介绍后再评论。首先互相吸引的是两个大球和小球，都用铅做，质量大。大的直径8英寸，约20.3厘米，小的很小，直径2英寸，约5厘米。

"实验就是让吊着的大球和小球互相吸引。由于两个小球用轻棒连在一起，在大球反方向的吸引下会转动，这样，就把吸引力的作用效果显示出来了，由转过的角度大小来测定力的大小。道理就这样简单。"

老师讲完了，引来了大家的问题。

文浩："为什么要吊起来做？"

老师："实验在地球上做，还不带地球'玩'，只能吊起来让竖直方向的吊丝的拉力和地球的引力（重力）抵消（平衡），让两个球的吸引力在水平方向，巧妙地把地球的影响排除在外。"

向吉："为什么分大球和小球？"

老师："让小球动啊。"

董栋："就让大球直接吸引小球不行吗？"

老师："直接吸过来，吊丝就斜了，重力又会起作用了。横着吸，轻杆和小球转动，吊丝只是发生扭转，还保持竖直，就没有这个问题。"

石童："难道不能发明测引力的仪器吗？"

老师："你们对测重力比较熟悉，可以用各种磅秤、电子秤，要想测很小的重力，借用精密的天平测量质量，也可以计算出重力。但是，测其他物体间的引力就不同了。在地球上测，不仅要排除地球引力（重力）的影响，还要排除测量仪器的影响。也就是说，你有测量引力的仪器，仪器本身也能吸引，那把它放在什么地方才不干扰大小铅球之间的引力呢？又要测'别人'的力，自己还不能掺和，很难做到。用这样的方法，细金属丝和轻棒的干扰就小得多。"

向吉："吊丝能测力吗？"

老师："金属丝的扭力也是弹力的一种。我们知道有弹簧秤，这也是一个弹簧秤，人们叫它'扭秤'，很灵敏，适合测很小的力。"

连珠炮式的提问被老师一一化解，大家觉得就这样"一吊""二转"就能解决测引力的问题，还是太容易了。

老师看出众人的心思，进一步说："即使这样能做，但由于引力太小，能不能成功也不一定。实验的关键是要排除对这么小的力的干扰。为了减少人、空气流动的干扰，要把实验装置放在密闭的大木箱里，人在外面控制操作和观察。最重要的是要能看清楚，用望远镜来观测偏转的微小刻度，得到扭转的角度就可以算出引力的大小。卡文迪许第一次在地面上完成了对一般物体万有引力的测量，证明了'万有引力'真的存在。"

老师停下稍微想一下，又说："为了能看见实验过程和结果，做实验的人一定要事先设计好'能看'的方法，对微小的变化还要想办法'放大'。在这个实验里，把小球固定在轻杆的两端，已经把微小的引力转为扭转吊丝的力矩，这就把力的效果'放大'了。后来，改进的实验在金属丝上面固定一面小镜子，将一束光射向镜面，由镜子反射出来，这样就会把金属丝的轻微扭转，转变为反射光线转过较大的距离，把效果又一次'放大'，看得更清楚。为了看清楚，在我们的实验仪器里，好多地方都体现了'放大'的功能。比如，天平要看清平衡，就要通过指针，指针长，针尖摆动的幅度大，看得就清楚。弹簧测力计要测小的力，就要用细的、软的弹簧，容易伸长。微小压强计要把液体的很小的压强，通过连通器两边液面高度差清楚地显示出来。比较金属热膨胀实验，被加热的金属棒有微小的伸长，推动一个滚花轮发生微小的转动，相连的指针末端发生较大的偏转。体温计比一般温度计准，是因为里面的管子细，刻度线间隔就大。这些都是常用到的办法。"

大家受到启发，而且，以前也说过类似的事例，于是又纷纷发挥起来。

文浩："阿基米德用杠杆把力放大了。放大镜把字放大了。"

董栋："八音盒把声音放大了。电磁铁的铁芯把磁力放大了。"

石童："警棍把电池的电放大了。"

向吉："共振把振动放大了。"

文浩："麦克风把声音放大了。"

董栋："高电压发生器能把电压放大了。"

石童："互联网能把信息放大了。"

向吉："投影仪能把图片放大，显微镜能把细菌放大。"

……

③

滴水的毛巾和会"爬高"的盐

今天的活动是老师上次留下的问题，同学们做了准备，还是关于"看"。

董栋第一个发言："我的实验来自偶然的发现。一天早上，我在洗漱间地上发

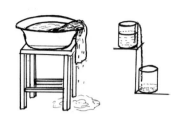

滴水的毛巾

现一摊水，水从哪里来的？往上找，看见一条毛巾搭在脸盆边上，一半浸在盆里的水中，另一半从盆边垂到外面。毛巾是湿的，水从毛巾上滴下来。

"我们知道，毛巾之类的纤维织物容易吸水（记得小鸭子的嘴和头套吗？）。我在旁边，想看毛巾怎样吸水。看了几分钟，脸盆里没有一点动静。看不见毛巾怎样把水吸上来，只能看见下垂的毛巾边有水滴出现，慢慢由小变大，集成了一滴才脱离毛巾，滴落下去。

"我的第一个实验就是想'看见'水的移动。

"我想了个办法，拿一条干毛巾一头放在盆里，另一头搭在盆外。这样从干毛巾变湿，就能看出水的移动过程。我耐心等待，水顺着毛巾上升，湿的印迹，齐头并进，上升得越高就越慢。终于，水翻过盆边，再慢慢向下，等到毛巾全湿了，就只能看滴水的结果了。

"我的兴趣被调动起来了，就想'玩一把'毛巾滴水。

"第二个实验，我想知道水顺着毛巾能爬升多高？

"于是，我就摆开了脸盆和水桶，把两条毛巾分别搭在盆和桶边上，在里面的一端浸在水里。等了不到一小时，搭在脸盆外的毛巾开始滴水；由于水桶深，水面低，毛巾还没有湿上来。又等了几个小时，水桶外的毛巾始终没有看见滴水，不但没有滴水，搭在桶沿上的毛巾还是干的，仔细看桶里面毛巾湿的印迹，还在桶沿的下方。又等了好长时间，没有什么变化，水迹根本上升不到桶边。这说明毛巾吸水上升的高度是有限的。

"第三个实验，我想知道，只要水迹过了盆边向下，毛巾就一定滴水吗？

"为什么会有这个问题？因为在实验中，我偶然发现有的毛巾在盆外的部分全湿了，但是没有看见滴水。这是什么原因呢？于是，我再做一次。

"我把两条同样的毛巾搭在同一个脸盆里，一条搭在外面的比较长，另一条比较短，只是刚搭过盆边。在盆里的部分，两条毛巾的水迹一样，都能湿上来，绕过盆边，也能一直湿下去。但是，短的毛巾先湿到毛巾的下边，等了好长时间，并没有看见向下滴水；而长的毛巾后来也湿到下边，却能够滴水。

"这个反常现象不可思议，水都'爬过'最高点了，应该没有什么障碍了，为什么不滴水呢？

"于是，我继续做，看毛巾搭在盆外的部分至少多长才能滴水？毛巾下垂长短和滴水快慢有没有关系？

"实验结果是搭在盆外的毛巾至少要和盆里面毛巾一样长（水面到盆边的高），毛巾才滴水；短于这个高度，毛巾可以变湿，但不滴水。而且，毛巾长，滴水快。

"第四个实验，我想比较不同材料输水能力有没有不同？

"除了毛巾，我还用毛线、粗线绳等不同材料的布条来做。一连好几天，我反复做，终于有了些眉目。

"根据实验记录，总结出四条规律：

（1）搭在脸盆边上的毛巾能'帮助'水绕过盆边，滴到盆外。

（2）毛巾吸水，水迹上升开始快，后来慢。如果盆边离水面很高，毛巾上的水迹到了一定高度，不再上升。

毛巾滴水"四规律"

（3）毛巾搭在外面的部分，要超过一定长度，毛巾才会滴水，短了不滴水。

（4）不同材料的毛巾或不同粗细的毛线、线绳、布条，输水快慢不同，水能上升的高度也不同。

"简单说，第一是'毛巾自动输水'规律，第二是'最大高度'规律，第三是'最小长度'规律，第四是'不同材料'规律。我的体会是：不做不知道，做了觉得真奇妙。"

董栋讲完了。大家报以掌声，为董栋叫好，场下气氛顿时活跃起来。毛巾滴水是很平常的现象，但是，里面还有这些"名堂"，真是没有想到。

向吉："董栋发现'毛巾滴水四规律'，了不起。"

石童："毛巾滴水，像个抽水机。以前，真不知道毛巾吸水上升还有限度，它让人想起伽利略时代的矿井抽水。"

文浩："抽水能上升 10 米多，毛巾能吸多高？"

董栋："也就 20 厘米左右。"

文浩："搭在盆外的毛巾，要多长才能滴水？"

董栋："这个长度和盆里水面到盆边的高度有关，盆外毛巾起码要比这个高度大。"

文浩："难道水靠重力自然向下'掉'，还要受毛巾的控制？"

石童："是不是和大气压有关？"

向吉："我觉得和'虹吸现象'有些像。"

董栋："这没有抽，也没有压，是水自己往上爬，也可以说真是被吸上去的。"

文浩："被谁吸的？是什么吸引力？"

大家都被问住了。你看我，我看你。

这时，老师拿出几个烧杯、试管，里面倒些水，分发给大家，让大家观察水面。大家左看右看，看了半天也没有看出什么。

老师问："水面平不平？"

大家答："平。"

文浩："水平，水平，还能不平？"

向吉体会出老师的话音："小试管里的水面是个凹面，中间低四周向上翘。"

石童附和道："好像玻璃管内壁把边上的水拉上一点，烧杯边上也是。"

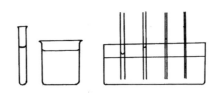

弯弯的水面会爬高

老师："再看实验。"

老师拿来几根粗细不同的玻璃管，把它们放进有红水的烧杯里。红色水柱自动沿玻璃管内上升，管子内径不同，水上升的高度也不同，管径越细的水柱越高。

有些同学开始理解水面是凹面的意义了。

董栋："管的内径越细，水面越凹，就会向管壁爬升，越细的爬得越高。"

文浩："粗的为什么就吸不上去？"

老师："这是'毛细现象'，是很普通的现象。树木利用毛细现象吸收养分和水分，输送到树枝、树叶。像餐巾纸、酒精灯芯、泥土等能吸水的材料，都能看到毛细现象。顾名思义，'毛细现象'是在细小的管道——'毛细管'里发生的。"

文浩："好玩。毛巾里有这样的细管吗？"

老师："很多很多。"

文浩："看得见吗？"

董栋："看不见。"

石童："水往高处流，违反地球吸引的规律。"

向吉："只能说明在毛细管里，能产生一种吸引水的力。"

文浩："又出来一种看不见的、神秘的'力'？"

第二个上来的是向吉。她拿上来一个玻璃杯，里面斜插着一根玻璃棒，杯子里和玻璃棒上全是白色的结晶。

向吉："我来说比董栋的实验还要慢的现象，这也是一个偶然的发现。在做烧开水实验时，为了提高水的沸点，我想可以在水中加盐。回到家以后，我就做实验。往水杯里倒盐，先搅拌，再加热，盐全溶化在水里。做完实验，我把杯子放在窗台上晾，搅拌用的玻璃棒也没有拿出来。过了几天，才发现是这个样子。你们看，杯子上面，玻璃棒上，全是厚厚的一层盐。"

大家凑上前去仔细看。

盐的结晶不仅是在原来的水面下，在水面上玻璃杯四壁，直到杯子边沿都有。最奇怪的是高出杯子的玻璃棒，也裹着一层盐。

文浩："这盐也会'爬'高，怎么'爬'上去的？"

向吉："我没有看见。"

董栋："你应该跟踪整个过程。"

向吉："要好几天呐。你等几个小时，几乎看不见什么变化。我倒是应该用定时拍照的办法，把过程拍下来。"

石童："那也只是拍下各个时段的结果，应该用摄像机拍。"

向吉："那也拍不了这么长时间，应该用专业拍植物生长的'慢拍快放'的办法拍。"

文浩："最后，也只能证明盐确实是'爬'上去了，为什么会'爬'并没有解决。"

向吉："是呀。我也在想，又出现'神秘'的吸力？这次不吸水，改吸盐了。"

文浩："是不是盐水温度高，它的蒸汽蒸发形成的？"

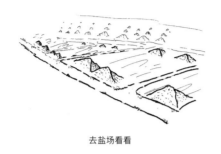

去盐场看看

董栋："蒸发的是水，剩下的是盐。你们到过盐场吗？在盐场有许多围起来一块块的盐田，把海水抽进盐田，太阳晒，水分不断蒸发，盐就出来了。"

文浩："蒸发也好沸腾也好，只是水变成气，盐怎么会到水面以上呢？"

董栋："会不会和毛巾吸水一样，盐水也向上爬。"

文浩："并没有毛巾呀。"

向吉："又不能'飞'，只有玻璃棒和杯壁可以利用。"

文浩："毛巾还有毛细管，你这是实心的玻璃棒，哪里有'管'？而且，玻璃那么光滑，盐怎么上得去。"

老师："很有趣的问题。刚才看过凹形的水面吧，由于杯壁和玻璃棒的引导，盐水和玻璃接触的地方，会微微向上翘。蒸发水分后，在接触玻璃的边沿先形成结晶。盐结晶的颗粒，本身有毛细管。这样就能形成毛细现象，把下面的盐水吸上来，在上面的边沿又形成结晶。就像搭积木一样，一层一层向上，越爬越高。所以，这也是一种'毛细现象'，只不过'毛细管'是结晶盐自己有的。当然，杯壁和玻璃棒的引导也很重要，没有'梯子'，盐水也'爬'不上去。你们看见过冰糖的结晶吗？也是有根细绳放在糖水里做引导用的。"

文浩："太好玩了，可惜看不见怎么变的。"

向吉："'人家'只让我们看结果。"

④

在平静的水里面

第三个上来的是文浩。

文浩："我的实验现象是快速的，请大家注意看。"

说完就拿出一瓶啤酒让大家看。

文浩："没有开盖，里面是平静的，一打开盖子，就有气泡冒出来，请问啤酒的体积变大还是变小？"

董栋："光看气泡了，没注意。不过，酒没有少，不然顾客会不愿意。"

向吉："气泡和酒都流出来了，当然变大。"

石童："气泡原来在酒里面，要占地方，气泡出去了，酒会变少。"

老师插了一句："不会出现又一个'湖水之谜'吧？"

大家笑了。

文浩："既然这样看不出有什么变化，我想就像湖水实验那样，换用细长的管子来做。"

第一个实验：看打开盖子后啤酒的体积有没有变化？

文浩拿出一根口径约 1 厘米、长 0.5 米的透明塑料管，下头堵死。把刚打开的啤酒慢慢倒进管里，准备在液面处做个记号，然后等待气泡冒出。一段时间后再看液面的位置。

由于倒的时候比较小心，酒慢慢流进管里，所以，没有像平时倒进杯子里那样冒出好多气泡。文浩拿起笔在液面处画一个记号，大约 40 厘米高。

大家一看，怎么没有画准，记号画低了。再看，让大家吃惊的是，不是画低了，而是没有办法画记号，因为液面在不断上升，都快要到管口了。

"哎呀！太奇怪了！酒怎么会越来越多呢？"董栋说。

大家也是出乎意料，看得目瞪口呆。

向吉好像有先见之明："我说对了，开盖时流出去的不止是气泡。"

文浩："你知道为什么体积会增大？"

向吉看得很仔细，她指着管子说："你们看，管子的内壁有好多小气泡。"

真的，在管子内壁上像变戏法似的，不断变出小气泡，而且越来越多，从上到下都挤满了。

文浩："看到了。原来憋在啤酒里的气，在压力减小后就要出来，变成气泡，'趴'在管壁上'休息'。随着气泡不断出现，挤占了啤酒的空间，啤酒液面自然上升了。"

液面上升了约2厘米高，不再上升。这时，附在壁上的气泡，好像'休息'够了，开始从不同深度、不同位置陆续脱离附着，争先恐后，一个一个向上跑，密集程度也可以说是一群一群向上跑，最终跑出液面。液面上不停地冒出气泡，同时，液面在一点一点下降。

大家又看呆了。

气泡跑出去多了，液面回落了2厘米，但还没有停下来，又继续下降。最后，液面竟然下降了7厘米，好惊人的数字。

文浩："很明显，气泡占有的空间不小，它包括开盖后'趴'在管壁上'有形'的气泡，还包括没有开盖前隐藏在啤酒里的'无形'的、看不见的气泡。它们占有的空间'腾'出来了，啤酒的体积缩小了。"

文浩说，他用可乐、汽水等带气的饮料都做过，得到同样的结果，说明水里有容纳气体的空间。

石童："水里也有空气，即使没有像啤酒那样密封加压，在水里也有足够的空气，要不然鱼儿怎么能呼吸呢？"

文浩："我们根本看不出来平静的、透明的水有'空隙'，但是，实验证明气体能'藏'在水中的'空隙'里。"

第二个实验：盐溶化在水里后，总的体积会怎样？变大、变小还是不变？

文浩还用透明塑料管。他把水倒进管中约40厘米高，再慢慢倒盐，为了防止盐进入水里马上溶化，先在管口堆集，然后一起推进水中，马上看到水面升高约 2 厘米，赶快画上记号。然后堵住管口，来回颠倒塑料管，让盐和水充分混合，使盐全部溶化。这时，看见水面下降了约 0.5 厘米。

用糖重复上面实验也得到相同的结果。

文浩："固体在水里溶化后，液体的总体积小于原来水加固体的体积。这说明水里面的'空隙'不但能'藏'气体，也能'藏'固体，条件是都要被水'同化'，气体也好、固体也好，都看不见，消失得'无影无踪'。同样的想法是，不同液体混合，应该'藏'得更好，本来就是一类的。"

第三个实验：酒精倒进水里，总体积也会减小吗？

把水倒进塑料管中，约 20 厘米高，为了不让它们混合得太快，慢慢倒入酒精，一共 40 厘米高。这时，再上下颠倒摇晃充分混合，再看，液面果然下降了 2 厘米，体积变小了。

再用可乐、雪碧、酱油、醋、凉茶等各种液体和水混合，实验也得到类似结果。

文浩："我也总结了几条规律。"

（1）气体可以藏在水里。公式：$V < V'$，$V > V''$（V 代表未开盖啤酒的体积，V' 代表打开盖后啤酒的体积，V'' 代表气泡跑出去后啤酒的体积）

（2）固体溶化在水里后，总的体积减小。公式：$V+V' > V''$（V 代表固体的体积，V' 代表水的体积，V'' 代表固体在水里溶化后的总体积）

（3）液体和液体混合，总的体积减小。公式：$V+V' > V''$（V 代表第一种液体的体积，V' 代表第二种液体的体积，V'' 代表混合后的总体积）

向吉："又来一个'三规律'。"

大家一边鼓掌一边笑。

石童："不过，实验是用几种具体的物质做的，用气体、液体和固体来概括不合适。"

文浩："对，应该改成啤酒、水和盐、水和酒精等。"

实验的结果大大出乎大家的意料。水是人们用得最多、最熟悉的物质。水有流动性，没有一定的形状，能够充满任何空间，结果却是看起来密实的水里面暗藏着没有"填满"的角落。

水为什么不是"实心"的？它的空隙在哪里？为什么看不见？为什么固体、液体、气体都能"隐身"在水里？

董栋："这个实验看得见的结果是体积的变化，而怎样变化的却看不见，像变戏法。"

第四个轮到石童。

这个实验也是现场做。她拿出两个烧杯、一小瓶墨水和一个滴管。

石童："在两个烧杯里，一杯是热水，另一杯是我刚从冰箱里拿出来的冷水。现在，我用滴管分别往两杯水中各滴一滴墨水，请大家欣赏。"

先看热水杯，只见热水杯里墨水滴很快下落，同时也在水面向四周伸展、扩张，一缕一缕像薄云一样飘逸。下落的墨水带出一股主流，沉到杯底后向四周铺开，冲到杯子边上受阻，便沿杯壁向上翻，仅仅十几秒就把整杯水变成'黑汤'了。

再看冷水杯，过程像是慢动作。墨滴缓慢地向下，保持比较细的主流，同样有沉底平铺、碰壁后翻上的过程，由于速度慢，但构成变化缓慢，黑白分明，混合也慢。由于墨滴下落慢，在水面上的墨迹就散开了，也向四周扩展，清楚看见形成一个圆盘。圆盘上面的一丝一丝的墨迹，形成一条一条放射状的条纹，很好看。

董栋："像一团蘑菇云。"

向吉："像一缕缕飘逸的丝带。"

文浩："像透明的水母。"

又过了一会儿，随着墨滴下落，墨迹的中心被墨滴带着向下，中心好像空的，周围好像跟着被吸下去，看起来像一个喇叭口似的"黑洞"。一幅幅变幻的水墨画面美极了。大家不禁发出赞叹。实验的结果反倒被忽视了。

最美的舞者

文浩："实验不是只让我们欣赏变化的效果吧？"

石童："科学也是艺术，欣赏也是目的。这两幅'流动的画面'是自然的、没有人为控制的变化。实验要说的就是：外表平静的水，里面是不平静的，在水的内部有复杂的运动变化。而且，墨水在热水中比在冷水中的运动变化快。实验的特点就是看到了过程，结果反而简单，都是'黑汤'一杯。"

说完大家都笑了。

文浩："你这个'黑汤一杯'，里面还有变化吗？"

石童："应该有。只不过墨水和清水充分混合了，看不见。"

向吉："你是拿墨水当作'显影剂'了。"

董栋："墨滴把水的'内部活动'展现出来，好像费米的'纸屑'和沈括的'小纸人'。"

向吉："墨滴让我们看见了隐藏在平静的水里面的不平静。"

文浩："如果没有墨水滴入，水内部还有运动变化吗？"

石童："看不出来。我相信肯定有。"

文浩："水内部是什么在运动？是什么原因造成的？是'永动'吗？"

一连几个问题把老师"请"了出来。

老师把话接过去："正好，这里有几台显微镜，我们来看看。"

老师招呼大家过来看。

老师："看见了什么？"

董栋叫起来："是活的，里面有东西在动。"

向吉："是小虫子？是细菌？"

逗得大家笑起来。

老师："不是活的。"

文浩："真的？那在不停地移动的是什么东西？"

老师："是用水稀释了的广告色颜料，只放了一滴在镜头下。"

向吉观察得仔细，一边看一边说："好像在透明的水中浮着大小不一的颗粒，每个颗粒都在动，从这里移到那里，到处'跑'，没有一定的规律。"

石童补充说："大的移动得慢，小的移动得快，但是速度不大。"

老师："你们看到的就是颜料小颗粒，它们为什么像是'活'的？第一个发现的人是谁？这里还有个精彩的故事呢。

"在1827年的某一天，英国植物学家布朗用显微镜观察花粉，发现悬浮在水滴上的花粉颗粒竟然在动，这让他大吃一惊。难道植物花粉有动物的特征，是'活'

显微镜下的"小精灵"

的？他仔细观察，小颗粒在不停地、杂乱无章地运动，和你们现在看见的差不多。

"是不是因为水滴在晃动？是不是由于蒸发引起的水面轻微运动？他反复完善实验条件，排除了液体的流动、蒸发等原因。

"剩下的问题就是：花粉是有生命的、也像动物一样会运动吗？

"于是，他又用煤粉、岩石粉、金属粉等小颗粒代替花粉做实验。这些无生命的细"小精灵"在显微镜下同样非常活跃。

"布朗敏锐地觉察到这种运动不简单，但一时又无法解释为什么。他对外公布了这一发现，以求引起大家的关注。在显微镜下能看见这些小颗粒在动，的确引起轰动，人们称作'布朗运动'。有人相信是真的，也有人怀疑，谁能说明为什么动？当时，人们对物质内部的组成还一无所知，所以对这种现象没有令人信服的解释。

"到了19世纪中叶，随着对热现象本质的深入研究，科学家提出'分子运动'的理论。1860年，物理学家麦克斯韦对'布朗运动'作出科学解释。他认为，花粉自己并不能动，它们悬浮在水中，被水分子包围，受到周围水分子碰撞，才导致它们运动。花粉小颗粒不停运动，说明水分子在不停地碰撞它。小颗粒运动杂乱无章，说明大量水分子的运动没有规律，对小颗粒的碰撞也是'乱碰'。分子比小颗粒小得多，小颗粒的运动是大量分子碰撞的结果。

"'布朗运动'是分子存在和分子在不停运动的一个间接的证明。布朗的发现太重要了，他以'看见的'事实证明了'看不见的'事实。

"作为一个植物学家，发现这样重要的现象，我们应该佩服他观察的敏锐。"

石童："我做的实验也能证明水分子运动，而且能直接看见，比'布朗运动'更清楚。可惜，没有在200年前做。"

老师："你做的是'扩散现象'，是证明分子运动的现象。不过，这种不同液体混合的实验，做过的人无数，你还不能'抢'布朗的功劳。"

老师幽默的话引来一阵笑声。

"不过，"老师接着说："你的实验让大家看到了内部，看到了'过程'。你的冷、热两杯水比较，还证明温度高，水分子的运动速度快。这说明分子做无规则运动的快慢和温度有关。虽然不是首创，但在小组内，算是你的'功劳'。而且你把实验做成了美的艺术，让人来欣赏，这也算你的贡献。"

大家鼓掌，伴随一阵笑声。

老师："前面两个和毛细现象有关的实验，以及这次的两个实验，都是分子运动、分子之间有作用力的表现。它们为我们'看'实验，又打开一扇窗户。"

通过几次活动，大家体会到"看"的重要。实验要深入发展，"看"的功夫也要提高。

十三

玩出名堂

有了玩的基本功，又学了玩的规矩，"玩家老师"又要策划新的活动内容，就是"玩出名堂"。科学在迅速发展，近现代的科学家做什么实验？怎样做实验？实验还"好玩"吗？要解答这些问题，最好的办法是和科学家直接联系，请他们回答。

"玩家老师"安排了"请进来"和"走出去"的系列活动，同学们可以和科学家面对面打交道了。

啤酒里的气泡

第一次"请进来"活动，研究微观粒子的科学家汪院士应约来到学校。今天的活动就是听汪院士讲座。礼堂里座无虚席。

讲座题目：啤酒里的气泡

看到题目，有的同学心中窃喜，这是他们"研究"过的项目。

讲座开始。

汪院士："我先提几个问题。你们见过气泡吗？你们见过什么样的气泡？你们知道气泡是怎样产生的吗？有什么特点？听我慢慢说来。

"'下雨啦，冒泡啦。'地面的积水上，一个个气泡慢慢游荡。用小树枝一碰，'噗'一下破了。小时候都玩过吧。

"最常见的气泡在哪里？对，是烧水时出现的。如果用一个玻璃杯烧水，到一定温度，就会看见在杯底和杯内壁上，一个个气泡好像藏在玻璃里，像'隐身人'

现形一样冒出来。随着水温升高，气泡出来得越来越快，出气泡的点越来越多。气泡排着队、急急忙忙又很守秩序地一串串向上跑，越变越大。最后，可能热得受不了，连水里藏着的都跑出来，争先恐后向水面冲出，这就是开锅沸腾了。

"煮豆浆、牛奶也有大量的气泡。煮粥时，粥稠，气泡出来有点费劲。

"气泡也不总是热得难受才往出跑。汽水、啤酒、可乐等也冒气泡。汽车拉力赛冠军拿着香槟酒瓶，上下晃动，大量气泡喷得老高，像泡沫灭火器一样。

"鱼缸里也冒气泡，那是人为制造的。鱼儿也会向外吐泡泡，那是鱼儿制造的。

"你们见过沼泽吗？那里死水一片，但也不时冒出单个或几个气泡，好像有什么东西在呼吸。发酵池、沼气池的气泡能让人窒息。

"上面的气泡都出现在液体里面。有没有不在液体里的气泡？有。在固体内也有气泡，不过，那里面的气泡喜欢安静，不爱运动。玻璃里有气泡，冰块里有气泡。有的冰块里的气泡不是圆的，像是一条条小泥肠。最珍贵的要数被关在琥珀里的气泡，那可是多少万年前的空气啊。不透明的固体里面也有气泡。不过，要想看见它，就要靠仪器了。金属里有气泡会影响金属材料的质量。

"气体里有没有气泡呢？这个问题有点另类。不过，像肥皂泡、气球这样的是不是可以看作空气里的气泡呢？

"气泡怎么来的？一是有气，二是被围成泡。冒气泡是有原因的，比如加热、减压、化学反应等。有些气泡出现的原因不明，有些神秘。"

大屏幕上打出各种泡泡的图片。

一大段开场白，引起同学们的兴趣，想不到科学家这么"接地气"，讲得全是日常生活中的事。另外，大家刚刚"玩"过气泡，觉得很熟悉，也使会场的气氛活跃起来。

"说了半天气泡，是个引子，书归正传。"汪院士接着说。

"现在专门说气泡多多的啤酒。啤酒泡有什么用？"

向吉："好看。一杯啤酒半杯泡。"引来一阵笑声。

董栋："好喝吧？"笑声更大了。

石童："你又不是喝气泡。"全场都笑了。

文浩刚想说自己做的实验，犹豫一下，错过了。

汪院士抛出问题："我说研究啤酒泡能得诺贝尔奖，你们信不信？"

会场一下子乱了，众人带着怀疑的表情，纷纷摇头。文浩心跳加快，心想不会是和自己做的一样吧？

院士接着说："不信是吧？请听故事。

"19世纪末、20世纪初，就是100多年前，物理学对微观世界的探索取得了重大突破。科学家发现了电子和其他粒子，知道了原子内部的组成。但是，这些粒子太小了，看不见、摸不着，又在运动之中，想要搞清楚它们的情况太难了。那时，只有通过荧光屏和照相底片才能发现它们的踪迹，通过计数器才能知道粒子的数量，但这些粒子做什么运动、运动的路线和轨迹是什么样的却无法了解。怎样让它们留下'脚印'？科学家为此绞尽脑汁。

"20世纪中叶，美国青年物理学家格拉塞也在想这件事。1952年的一天，他来到一个小店喝啤酒。啤酒倒入玻璃杯后，酒中的气泡向上涌，杯口上冒出一堆啤酒泡，这是司空见惯的现象。不过，这次他饶有兴趣地关注起整个过程。

"当啤酒被封在瓶子里时并没有泡，那时，泡是藏在酒里的。打开盖，倒进杯里，藏着的气泡就大量涌出。然后，气泡一个一个破裂。过了一会儿，杯子里的啤酒不再冒泡，表面的泡沫也陆续消失了，剩下一杯'安静'的啤酒。

"啤酒不再冒泡，在啤酒里面还有没有'藏着'的气泡呢？他认为有，只要加热，像烧水那样，气泡就会出来。但是，除了加热，还有没有别的什么办法能使气泡冒出来呢？

"再来一次，他一直瞪着眼睛看着杯子，看气泡是怎样出现的？

把沙粒扔进啤酒里

"原来在杯子里冒出气泡的地方，那里就像有个'带队老师'，能招呼气泡们排好队冒出来。突然，他有了一个念头：我也找个带队的试试怎么样？于是，他马上找来一把沙子，等啤酒完全'安静'后，拣起一粒放进啤酒里。奇妙的现象出现了：沙粒掉进啤酒里，在它周围出现一连串气泡，沉入杯底后，在它上面还不断出现气泡。太有意思了。接着，他抓起一把沙子撒入啤酒中，你们猜，怎么样？哎呀呀！整杯啤酒像开了锅一样，在这些沙子周围冒出大量气泡，就像刚才刚倒出来的啤酒一样，泡沫几乎要溢出杯外。

"沙粒在平静的啤酒里重新带出气泡，格拉塞从这随手一'玩'中受到启发：充当'带队老师'的沙粒很小，在啤酒里下落不容易看清楚；但是，由它带出的一串气泡，就让人看得很清楚。如果让根本看不见的微观粒子，像沙粒一样充当'带队老师'，能不能同样带出气泡呢？如果能，那么粒子虽然看不见，但是通过它带出的气泡，就可以看见它的踪迹。微观粒子只要进入像啤酒这样藏有气泡的液体里，它的行踪就会暴露在光天化日之下，想'隐身'也办不到了。

"啤酒是使沙粒现形的'魔法液'，格拉塞要找使粒子现形的'魔法液'。

"回去后，他就投入实验。经过多次实验筛选，他选中装在高压容器里的液态氢，让它像'安静'的啤酒一样准备着。然后，他让微观粒子射进液氢，果然，就和沙粒进入啤酒一样，带出一连串气泡。同时，他使用照相机马上抓拍，就得到了清楚的粒子运动的照片。

"就这样，一种能够'看见'微观粒子踪迹的新仪器就制成了，它被命名为'气泡室'。

"这可是一项了不起的发明。为此，格拉塞荣获 1960 年诺贝尔物理学奖，那一年他才 34 岁。"

大屏幕打出格拉塞的照片和气泡室的图片，以及拍摄的粒子踪迹的图片。

会场上议论纷纷，好多人感到怀疑。这是真的吗？有这么简单的发明？那啤酒是特制的吧？或者那沙粒有秘密？

这时，汪院士拿出一瓶啤酒说："以前我也不信，让我们当场做，好不好？"

台下热烈鼓掌。

大屏幕显示：

实验方案：用沙粒使啤酒出现气泡。

做法：

（1）打开一瓶冰镇啤酒，将啤酒倒入玻璃杯中，看气泡的产生。

（2）待杯中啤酒内部和表面的气泡完全消失后，向杯中放一粒沙粒，看发生的现

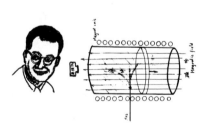

留下蛛丝马迹

象。

（3）陆续再放入沙粒，继续观察。

汪院士在大家面前"玩"了一遍。沙粒果然不负众望，把隐身的气泡带出来。

大家热烈鼓起掌来。

他继续将一小把沙粒扔进去，这回更激烈了，形成好多串气泡，冒出啤酒表面，形成一堆泡沫。

这回掌声更热烈，甚至有欢呼。

院士把剩余的啤酒分别倒进几个杯子，请同学们上来玩。这下子可随了大家的心意，大家争先恐后上去玩了一把。近距离观察，看得更清楚。大家看得心服口服。

大屏幕上打出：

实验结论：沙粒可以在啤酒中不断带出气泡，成串的气泡可以显示沙粒的运动轨迹。

汪院士说："大家一定没有想到这样一杯啤酒'换来'了诺贝尔奖。"

场下议论起来。

董栋："谁还没见过啤酒冒泡？这样的泡泡就在我们面前破裂、消失，一次又一次，我们熟视无睹。"

文浩鼓起勇气介绍了自己做的啤酒实验，不过，只是发现了体积的变化。接着说："就是真的有什么东西掉进啤酒里，出现好多气泡，我们也未必有什么反应。"

汪院士对文浩大加赞扬："这位小同学能主动做实验非常好，坚持下去会有更多发现。有句话说得好：'机遇喜欢有准备的头脑'。"

停了一下，汪院士继续说："我来补充一个故事。你们知道雾是怎么形成的吗？"

董栋："我们用冰箱做了'人造雾'实验。"

向吉："雾是水蒸气凝结成液体，白色的雾是由小水珠组成的。"

院士："为什么会出现雾？自然界雾的出现需要什么条件？"

石童："水汽大，气温降低。"

院士："说得没有错。但是，有的时候具备了这些条件，却没有雾，为什么？大家知道，以前说英国雾多，把伦敦叫作'雾都'。为什么雾多？

"1911 年，英国物理学家威尔逊在观察研究雾的形成时发现：水蒸气要凝结成小水珠，除了水蒸气多和温度的条件外，还要有一个重要条件，就是需要有很小的微粒做'核'；有了这个'核'，水蒸气才能围绕它凝结。雾由大量小水珠组成，需要大量的微粒做'核'。哪有这么多的'核'？原来，空气中飘浮着大量灰尘颗粒，它们就是现成的'核'。有了它们，水蒸气聚集在周围，才能生成雾珠，空气中大量的雾珠就形成雾。

"水蒸气是透明的，看不见；而组成雾的小水珠成白色，能看见。在这个现象的启发下，威尔逊想到，如果让微观粒子代替灰尘充当'核'，生成雾珠，粒子不就被'看见'了吗？

"于是，他就朝着这个方向研究。经过长达十几年的实验，他设计、制造出一个能造雾的容器。容器里面充满水蒸气，是透明的。这时，让粒子射进容器，一下子水蒸气里有了'核'，马上借助粒子凝结成小水珠。在粒子穿行的路上生成一连串白色雾珠，粒子运动的踪迹就能看见了。这个容器就叫'云雾室'。

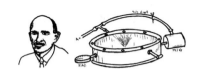

云雾室

"威尔逊因这项研究获得了 1927 年的诺贝尔物理学奖。

"这是两个相似的发明。它们有相同的用处，都是把隐身的粒子的行踪暴露出来。它们让粒子显形的方法相似，一个靠一帮小气泡，另一个靠一群小水珠。二者有异曲同工之妙。"

大屏幕上打出威尔逊的照片、云雾室的图片以及拍摄到的微观粒子的图片。

又引起一阵热议。

文浩："我理解，'气泡室'和'云雾室'都要处在有准备的状态，表面看不见，都在里面'憋'着呢，都在'急不可耐'地等着，想变出来。粒子就像魔法师，一边跑，一边就让它们现出原形。"

文浩把大家逗笑了。

向吉："这两个发明给实验的'看'带来新方法。"

董栋："啤酒能做，汽水、可乐、水等液体也能做吗？用沙子可以做，用别的小颗粒也能做吗？大石头扔进去会怎样呢？我一定要亲自再做做。"

文浩："现在空气污染叫'雾霾'，'雾'和'霾'是一回事吗？"

石童："雾的主要成分是水，霾却含有大量污染物。我们应该去做些调查。"

董栋："也可以做实验。"

同学们的发言受到汪院士的鼓励。

老师："汪院士给我们做了生动好玩、通俗易懂的精彩讲座。两位诺贝尔奖获得者发明的仪器是为了解决'看'微观粒子的问题，他们的灵感都是来自大自然和生活。他们也在'玩'，但是，没有停留在好玩上，而是受到启发，玩出了名堂。感谢汪院士。"

大家热烈鼓掌。

汪院士："我今天是'走进来'，欢迎大家'走出去'，到研究院看看。"

② 光纤之父

今天的活动请的是科学普及协会的乔老师，要讲热门的话题——信息。

乔老师上来就用教鞭敲桌子，敲了几下，然后问："知道我敲桌子干什么吗？"会场很安静，有的同学摇头。有同学说，您想引起大家的注意。这时，石童猜测说："您敲的是'SOS'求救信号。"

乔老师问："你学过摩尔斯电码？"

"没有，我看过一个电影里有这样的情景，就记住了。"石童回答。

"很好。"乔老师夸奖道："这就是一种信息传递的方法。自古以来，人们为了传递各种信息，发明了各式各样的方法，今天，请大家一起来说说。"

会场动起来了。

"长城上的烽火台，靠点火、起狼烟来报告敌情。"董栋带了头。

信息传递很重要

"说得对。用这种接力的方式传递信号，能够看得清楚、传得很远。"老师肯定说。

"以点火为号有好多种。"文浩补充说："电影里有这样的场面，在野外空地上点三堆篝火做标志，让夜航的飞机找准目标。还有，以点火把为号起义，以点灯为号开始行动，点'孔明灯'发出信号，等等。"

场下更活跃了。

"古时候的晨钟暮鼓向周围报时。"

"古诗有'家书抵万金'的句子，寄信报平安是重要的方法。"

"还有'鸿雁传书'，信鸽传情报，秘密的'鸡毛信'。"

"'马拉松'也应该算，希腊的勇士传递胜利的喜讯。"

"驿站、快马和信使，八百里加急。"

"射箭传信。"

"风筝传书。"

"海上放'漂流瓶'，是非常特别的方式，不知道什么时候、什么地方能收到。"

"军舰上打旗语，挂信号旗，打灯光信号。"

"开会，面对面交流也都在传递信息。"

"贴小广告算不算？"文浩这一问逗得一片笑声。

乔老师："当然算。说说其他的手段吧。"

"电报、电话、互联网、电子邮件，短信、微信、微博、博客和QQ。"向吉说。

"还有电视、广播、邮件、快递、电影、户外广告牌（屏）。"石童说。

"书、报纸、杂志。"董栋说。

乔老师很高兴："你们知道的真不少。信息传播是很好玩的话题，涉及面广，

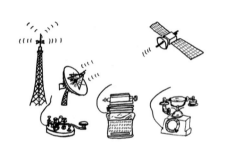

有线通信和无线通信

方法多样，发展迅速，值得我们研究。你们看，从传递的内容看：有声音，有文字，有画面，有视频；从传递的方式看：最初由人自己传递，发展到人利用各种方法包括用动物传递。

"19世纪初，科学家发明了电池，有了电流。这个电流好，只要有电线，就可以传递到远处。于是，电报就应运而生，用长短信号的电码代表字母，就可以传递文字信号。19世纪中期，第一条横跨大西洋的海底电缆铺设完毕，电报连接了两个大洲。后来，人们发明了电话，直接把声音转变成强弱不等的电流，通过电线传递到终端，再把电流信号转变回声音，这比电报方便多了。

"19世纪末，人们找到了一种传递信息的新方法：通过发射电磁波把信息发射出去，在远处接收电磁波再把信息提取出来。这下可好了，把电线甩掉了，从'有线'变为'无线'，省力又省钱，这是信息传播的革命。广播、电视改变了人们的生活，一下子把世界变小了。微波通信把卫星和地球联系在一起，覆盖每一个角落。无线通信显现巨大的威力。

"20世纪中期，在有线电和无线电通信的大发展下，计算机、互联网使信息传递遇到新的考验，人们要求又快、信息量又大、保密性能高、覆盖面又广的传递方法。这时，有人重新想到了'光'。这里的'光'可不是火光、灯光，而是激光。激光的光束集中、传得远，有许多优点。但是，大家知道，光是沿直线传播的，遇到障碍就被挡住了。能不能让光拐弯呢？"

向吉："我们做过光的反射、折射实验，光都可以拐弯，不过拐的是死角。"

"好的，让我们再做光学实验。"

董栋等几位同学帮老师把仪器放到桌面上。

乔老师拿起一块玻璃问："光线射到这块玻璃上会怎样？"

下面有同学说："透过玻璃继续向前传播。"

乔老师拿着激光小手电，把光线直射到玻璃上，光线穿过玻璃直射出去。他改变光线射入的方向，斜射到玻璃上。当斜到一定角度时，光线没有透过去，而是被反射出去，玻璃变得和镜子一样。

乔老师让大家看桌子上一个长方形的玻璃缸，里面盛有半缸水，他把小手电的光从水面上方射进水面，光线偏离一点射入水中。

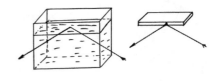

光的全反射现象

他问道："光线为什么改变了方向？"

"这是光的折射。"有人答。

然后，乔老师把小手电放到水面下方，让光从水中射向水面，出现了两条光线：一条穿出水面射出，另一条反射回水中另一侧。

"水面上是折射光线，水面下是反射光线。"乔老师解释说："我把入射光的角度逐渐增大，请大家注意观察。"

随着入射角加大，折射角也加大，反射角同样加大，两条光线都向水面靠近，不过，折射光更近些。当入射角达到了一定角度，折射光线沿水面射去，再增大，折射光线没有了，只剩下反射光线，和刚才射向玻璃的情形一样。

"你们看，这时水面上没有光线，水面下有入射光和反射光，光线全部被反射回来，无法通过水和空气的界面，这种现象就叫光的'全反射'现象，就像光线射到一面镜子上一样。你们可以从水面下方向斜上方看，不能看到水面上的东西，只看见反射过来的白光。如果是鱼缸，可以看见鱼的倒立的像。"

文浩问："那就是说，虽然是透明的水和玻璃，光线也不会穿过去？"

"是的。"乔老师答："只要是光线从水射向空气，或从玻璃射向空气，而且入射角够大，就会发生全反射。反过来不行。"

他停了一会儿又说："我们再做实验。"

老师把一枚硬币放在桌面上，拿来一个玻璃杯，压在硬币上，请前面几位同学来看。

"能看见硬币吗？"

"看得见。"

乔老师用另一个盛水的杯子往空杯子里倒水，一边倒一边让大家注意，到一半时，就有人说："硬币没有了。"其他人也仔细看，果然，硬币消失了，真奇怪。

"这也是'全反射'现象。其实，这和镜面的反射是一样的，只不过镜子是不

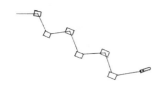

反射光接力

透光的，而水和玻璃是透明的，妙就妙在光可以射出去而'自觉地'不射出去、反射回来。

"反射现象已经使光的方向改变了，我们来做让光连续拐弯的实验。请几位同学上来，面对面站成两排，彼此拉开距离。每人拿一块小玻璃，我把小手电的光射到董栋的玻璃上，董栋把光反射出去，文浩再接过反射光，从自己的玻璃反射出去，以下同学依次接着做，看看会成什么样子？

"如果我们成两排，斜对面站，这样来接斜对面射出的光，又会有什么结果呢？"

经过大家的努力，终于彼此接上了，好不容易啊。一个人的玻璃，稍微动一点，整个传递就要改变。角度不合适，光就有可能穿过玻璃'跑了'回不来。

做完后，乔老师夸奖道："大家很有耐心，团队的合作很好，不过太辛苦了。下面，用这个实验来代替，大家休息休息。"

"能不能不用人力？能不能别拐'死角'，拐得圆滑一点？再来看一个实验。"

说完，他搬出一个仪器，其实就是一个水桶，在桶的下端有一个小孔，有塞子堵着。同学们帮着往桶里倒水，差不多了，老师拿出一个包着塑料袋防水的小手电，小手电的灯亮着放进水桶里，光指向小孔的方向。然后把窗帘拉上，屋内暗了。这时，他把塞子拔开，水从小孔射出，成一条弯曲的水柱，流到下面接水的桶里。

乔老师拿来一张卡片，放在水流下落的中间挡水，水流落在卡片上一个亮斑，就像小手电的光照在卡片上，还可以看清卡片上面的字。原来，光是随水流拐弯下来照到卡片上。

"看，这就是会拐弯的光。桶里的灯光在水流形成的'导管'里发生'全反射'，被控制在'水流导管'里传播。

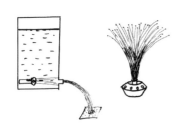

光在水流里、在塑料丝里传播

"光拐弯了，而且是和水流一样'圆滑'。

"这个实验在 19 世纪就有人做过。"

做完实验，乔老师像变魔术一样，从下面拿出来一束"花"。仔细看，那是一个花瓶里插着一把白塑料丝，散开像一根根细细的草。奇妙的是，每一根的末端都是亮的，闪着彩色的光点，像一束美丽的花，而塑料丝本身却是无色透明的。

乔老师说："这是和水流一样传导光的现象，光在弯曲的塑料丝里传播。"

有人说："这是市场里卖的装饰玩具。"

"对！"乔老师又接着说："这可是一项重大发明，是一项荣获诺贝尔奖的发明。"

这下子又把场下引爆了，大家七嘴八舌说什么的都有。

乔老师说："觉得不可思议是不是？一个小孩玩具，太简单了？错！当年提出让光这样传播的想法时，还有人认为这是'疯子'的想法，根本不可能。"

他的话让大家又目瞪口呆，明明很简单的事，怎么会不可能呢？

老师接着说："那是在 1966 年，华裔物理学家高锟教授写了一篇文章，首先提出用光在透明的玻璃纤维中传递信息，并提出相应的做法。这个想法引起很大震动，反对的人说他是'痴人说梦'。为什么很多人接受不了？因为用金属导线来传递电信号和用发射电磁波来传递电磁信号是成熟且运用广泛的办法，为什么还要用光？况且光也是电磁波，可以自由传播，为什么要从'无线'改回'有线'，让光失去'自由'，把光关到细玻璃纤维里呢？

"另外，光通过玻璃纤维也会有损耗。如果要减小损耗，就要找到没有杂质、纯度特别高的玻璃材料，按当时的条件，是非常困难的。

"高锟教授知难而上，坚持自己的看法，尽最大的努力宣传、推广自己的想法和做法。经过多年的努力，人们终于得到了以石英为原料的高纯度的石英玻璃，用它制造的玻璃纤维，可以满足了传递光信号的要求。

"人们看到了玻璃纤维传播光信号有很多优点。

"第一，传递信号的容量大，比起用电缆要大千万倍。两条细光纤可以传递几万个电话信号，如果用电缆，直径就要达到桌面那样粗。

"第二，损耗小，可以长距离传递。用电线，有电阻，损耗大；用电磁波，要接力。

"第三，抗干扰能力强，特别是电磁干扰，所以保密性强。而用电磁波传递信号，受到的干扰很多。

"第四，光纤又细又轻，直径才 0.1 毫米，比塑料丝细多了。一根 8 芯光缆直径才 10 毫米，而同样的电缆为 47 毫米。光纤占的空间小得多，需要的材料也少得多。

光纤之父

"第五，光纤所用的原料是石英，从沙子里提取，容易得到，成本比铜导线低得多，可以节约大量的金属。

"我认为，最重要的是提出用光来传递信息，这个思路是突破性的。虽然光也是电磁波，但是，只有光能在光纤中传递。把光的'全反射'现象，用到传递信息上，不让光在外面'乱跑'，把光'关在小胡同里'，向前一条道走到底，这独一无二的想法真是了不起。

"光纤通信的应用，使互联网大为普及。如今，宽带飞速发展，都进入寻常百姓家了，这个发明的优越性得到充分体现。

"光纤通信的实现和发展证明高锟教授当年的论文和一系列工作的正确。为了表彰他的成就，2009年的诺贝尔物理学奖颁发给他，这离论文发表已经过去近半个世纪了。这个奖来之不易。高锟教授被誉为'光纤之父'。他生于上海，后到香港，曾经担任过香港中文大学的校长。他小时候就是爱玩、爱做实验的孩子。"

乔老师最后说："一个能让光拐弯的简单物理现象可以做出好玩的玩具，用在科学上，却能成就大事。"

同学们拿着老师带来的光导纤维看，纷纷感叹："好细啊！好轻啊！"

有人感慨："一个好主意如果不坚持就会落空。"

有人说，提到"纤维"就自然会想到织布，怎么会和导线联系在一起？而且不是"导电"而是"导光"，不可思议！

还有人说，中学生都知道的简单原理——全反射，能和最高的物理学奖联系上，关键是玩到了点子上，玩出了高水平。

"玩"出来的大奖

今天是"科学家进中学日"。物理研究所的郭教授来学校吸引了不少热心同学，因为讲座海报的题目有点"雷人"，大家都想知道"玩"什么，怎么"玩"？

看见来了这么多同学，郭教授很高兴。一上来就说："'玩'什么能得大奖？要回答这个问题，让我们先玩。"

说完他拿出一盘"修改胶带"问："你们用它做什么？"

大家齐答："粘错字。"

郭教授笑着说："今天我们就用它来做实验。"

有的同学分给大家一小块白纸、铅笔和透明胶带。

郭教授："现在请大家用铅笔在纸上涂一块黑，然后，用透明胶带把这块黑印迹粘下来。"

同学们认真地照着做，把黑的痕迹粘得干干净净。

大家做完了感觉很平常，并没有什么特别之处。

看见大家的表情，郭教授突然说："今天大家体验了诺贝尔奖获得者做的实验。"

同学们一下子愣在那里，会场好像凝固了。看到大家疑惑的表情，郭教授接着说："这就是十几年前的事，听我慢慢来说。2010 年的诺贝尔物理学奖授给了两位科学家，一位叫安德烈·海姆，另一位叫康斯坦丁·诺沃肖洛夫。后面这位是 70 后，很年轻。听这名字像哪国人？"

下面有同学大胆应道："俄罗斯。"

"对。安德烈·海姆也是。"郭教授夸奖道。

"他们都出生在俄罗斯，在俄罗斯上完大学，后来出国留学。现在是英国曼彻斯特大学的教授。他们做了什么事获奖？就是和你们做的一样，用胶带在铅笔涂鸦的纸上粘来粘去。"

场下一片哗然，交头接耳议论起来。

郭教授示意安静，问道："铅笔芯是用什么做的？"

同学答："主要是石墨。"

"对。"郭教授又问："石墨由什么元素构成？"

"由碳组成。金刚石也由碳组成，一软一硬。"有同学答。

"你知道的很多。石墨很软，手指甲一划就一道印。又很容易分离开，在纸上一划就被刮掉一层。"

郭教授说着就拿出一块石墨，并在纸上划给大家看。然后说："大家听说过'纳米材料'吧，现在火得很，几乎到处都在说。其实，这是表示在探索物质结构的尺度。1纳米等于10^{-9}米，就是10亿分之一米，原子尺度在0.1纳米左右。能不能把物质分到纳米这么小？如果真能分到原子大小的尺度，石墨会有什么变化吗？"

下面又议论纷纷。一位同学问："只知道物质间有化学反应，性质发生变化；把石墨变成金刚石要有特别的条件，难道把铅笔变成铅笔末它就不是石墨吗？"

"这位同学问得好，"郭教授夸奖道，接着说："关键是'分'到多小？'铅笔末'还远不够。"

下面有人问："还要怎么分？"

"是啊，怎样来'分'这软软的石墨呢？"郭教授提出问题。

同学们议论起来。有人说用薄刀片切，有的说用细砂纸打磨，有的建议用电磨磨成细粉，还有人说刚才用铅笔涂在纸上最薄了。

郭教授说："办法很多，见仁见智，可以试试。由于石墨是一层一层的结构，而且层与层之间很容易分离，如果按层来剥离，保持原有的层式结构，应该是好的办法。那么，最薄能分到什么层次呢？

"我们来看两位教授是怎么做的？他们平时就喜欢玩，喜欢想一些与众不同的主意。于是，他们想出一个'怪招'——用胶带粘。"

场下又像开锅一样。

"太简单了。"

"真会玩。"

"是做实验吗？"

"能行吗？"

全是质疑声。

郭教授一点不生气，反而对自己引发的热烈讨论很满意。

他继续说："他们就是根据石墨的特点才这样做的。首先，把石墨分离成很薄的小片，然后，用透明胶带粘住两面，撕开，胶带上粘有更薄的石墨，再用胶带粘，再撕开，每粘一次，就会使石墨更薄，这样反复粘上十次二十次，最后得到最薄的石墨。"

大家急着问："有多薄？"

"仅仅一层的石墨。一层是什么意思？就是这层石墨只有一个原子厚。刚才说了，原子的尺度是10^{-10}米，碳原子的大小是 0.335 纳米，这就是说这层石墨的厚度比起它的长、宽的尺度小到几乎可以忽略，像一张报纸，所以，可以叫它'二维物体''平面物体'。世界上头一次得到这么薄的材料。"

最薄材料是"粘"出来的

场面又热闹起来，同学们各种表情都有。

郭教授接着说："有同学会说，这太容易了。比起那些研究微观粒子的高级、大型仪器设备，像加速器、对撞机等，这简直是'小儿科'，连手工作坊都够不上，纯手工作业。好吧！我们再来尝试这两位科学家所做的手工作业。"

郭教授请两位同学上台，发给一人一小块石墨和一卷胶带。两人也不用教，自己就做，一粘一撕，再粘再撕。做了几次，一个人没有耐心了，这要做到什么时候呀；另一个人也停下来，因为看不出胶带上的石墨了。两人都不知道该怎么办了。

郭教授请他们回去，然后说："碰到问题了？其实，以前也有人想过把石墨分层，但是，一般认为，单层原子是不能在常温下存在的，所以，不可能分得这么薄。另外有人也用粘胶带的办法做过，但粘出来是多薄？怎么知道和证明是一层？他们像两位同学一样，也没有继续。你们看，这后续还有文章呢。"

大家全神贯注，想知道结果。

郭教授："两位教授既要解决如何分离的难题，又要能思考怎样分辨。用什么办法呢？你们看见过下雨天马路的积水上有彩色的斑纹吗？"

"见过。"

"那是水面上有一层油。"

郭教授拿出一个大的托盘，里面倒水，然后在水面上滴了一滴油，打出灯光。然后，请几位同学看，并用投影打在屏幕上。大家都看见了彩虹似的斑纹。

郭教授："这叫作'光的干涉'现象，产生的原因就是光射到水面上的这层很薄的油膜上产生反射光叠加，形成彩色斑纹。这层油膜是一点油在水面上摊开很大的面积形成的，因此特别薄。

"两位教授想到用类似的方法，用光照在剥离的石墨层上，如果出现了五颜六色的斑纹，说明和油膜一样，石墨层非常薄。最后，他们证明薄到只是一层原子。"

同学们被这个故事感染了，自己做了诺贝尔奖获得者的实验，分享了成功的喜悦，仿佛拉近了自己和诺贝尔奖的距离。

郭教授看出大家的心情："确实，诺贝尔奖获得者研究的东西也不全是很难懂的内容。可是，要反问一句，你想到了吗？你做了吗？关键是有了好主意，还要有耐心，又细心去做，当然，也有一定的运气。这不是所有人都能做到的。"

同学们从郭教授的话里受到启发，知道科学家也会"玩"，而且，"玩"得比我们高明。

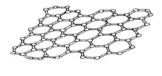

像蜂巢的石墨烯

郭教授继续说："他们发现并成功得到只有一层原子的石墨，它的结构与化学上的烯类物质结构相似，所以，被称为'石墨烯'。大家能想象它有多薄吗？"

这马上引来各种各样的回答。

"薄如蝉翼。"

"能透过它看见字的薄饼。"

"出土文物薄得透明的帛衣。"

"切得特别薄的羊肉片。"

这恶作剧式的玩笑，引来一阵笑声。

"薄豆腐皮。"

又是笑声。

"特别薄的纸。"

"塑料薄膜。"

"打成透明的金箔。"

"科技馆玩的肥皂膜。"

郭教授："就拿你们说的塑料薄膜，大约 0.01 毫米厚，也比石墨烯膜厚 3 万倍。肥皂膜很薄，也比它厚千倍以上。"

大家觉得刚才回答的那些"薄"的东西，有些可笑。

"这项研究取得成功并获奖，不仅仅是因为石墨烯非常薄，而且它还具有非常奇妙的性质。石墨烯是由碳原子组成的六角形结构，像蜂巢的表面。彼此连在一起，像一张好多六角形连成的网。但它的密封性能好，连原子都透不过去；它又透明，所以也可以看成是一张非常薄的膜。这张膜有弹性，能伸长五分之一，像气球膜。虽然薄，它又很结实。有人打了个比方，如果用 1 平方米石墨烯做'吊床'，这张床上可以躺一只猫，好玩吧。大家会说，1 平方米这么大，躺个人都没问题，何况是只猫。你们要明白这个比方的意思，虽说面积够大，但是，它太薄了，这张'吊床'本身才 1 毫克重，相当于猫的一根胡子的质量。如果是一只重 5 千克的猫，你们算算，差多少倍？"

下面有同学小声说："500 万倍。"

另一位同学说："一个 50 千克的人躺在 1 千克的吊床上，这才相差 50 倍呀。"

大家理解了，这层膜真不一般。

郭教授继续："石墨烯的强度超过钢的 100 倍。还有一个生动比喻，说把石墨烯膜蒙在一个杯子口上，如果想用一支铅笔戳穿它，没那么容易，大力士也不行。谁行？得让一头大象站在铅笔上。"

下面的同学忍不住欢呼起来。

"哇！神了！"

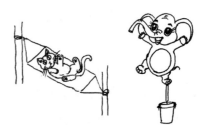

神奇的"石墨烯"

场面引爆了。

"用它做包装袋能装多少东西啊！"

"能装 2 吨。"

"只怕是装不下，就是装下了也拿不了。"

有人调侃说："皇帝真的有新衣了，就是石墨烯做的衣服。虽然和童话里一样透明，但是，这件新衣'密不透风'，而且是'防弹'的。"

郭教授："它的导电性比铜好，导热性也特好，可以应用在电子元件的制造和集成电路芯片改进散热条件并进一步小型化。已经有人在设想它的其他应用，比如制造超薄手机、大容量薄膜电池等。你们看，这么优秀的性质能给未来的科技带来多么大的变化！

想象中的太空电梯

"如果把石墨烯卷成'蛋筒'，就成了碳纳米管，可以用它制造'太空电梯'。它就像把一根绳子吊在太空和地球之间，人和装备沿着这根绳子可以到达距地面几万千米的高空。碳纳米管的'绳子'本身非常非常轻，又非常结实（要是真的绳子或钢丝绳，那么长早就被自己本身的重量压断了）。这真是'天梯'，以后往返空间站，用不着航天飞机和宇宙飞船了。"

场下的气氛热烈，大家对这神奇的新材料着迷了。

郭教授进一步介绍："两位获奖者是师生，诺沃肖洛夫读博士的导师就是海姆，在曼彻斯特大学成了搭档。他们爱玩，把科研当成游戏，有自己独特的风格，因此做出这样的实验。但是，他们玩真的，不是玩玩而已，而是认真玩下去，坚持玩出结果。如果只说玩透明胶带就能拿奖，那是不公平的。

"我还可以介绍海姆教授有趣的故事。世界上还有一个叫'搞笑诺贝尔奖'的奖项，听名字好像是闹着玩的活动，但其实是一项很有趣的科学奖。2000 年，海姆教授和他的合作伙伴就得过奖，他们的成果是让一只青蛙悬浮在空中。有人会说，这是魔术。不，这是千真万确的事，所以引起轰动。他们是利用磁性的道理，用青蛙受到的向上的磁力来克服重力，然后飘起来。请注意，那可是活青蛙，还动来动去呢，你们说神奇不神奇，该不该拿奖？有人说，这不就是磁悬浮吗？是的，难道他把青蛙变成超导体了？你们说，海姆教授多么会玩！"

大屏幕上显示"飞行青蛙"的视频：一只青蛙悬浮在空中，飘来飘去，就是掉不下去。大家看得目瞪口呆。

"会飞"的青蛙

看完后，场下一片惊叹声。

郭教授接着说："还有呢。你们知道壁虎为什么能在墙上、天花板上、玻璃上爬行而不掉下来吗？"

有人答："它的四足上有吸盘。"

"壁虎侠"

郭教授："其实，是在四足上有非常细小的绒毛，这种特殊的毛有吸附的能力。海姆教授突发奇想，要仿制这种材料。经过研究和实验，他终于做出这种非常细小的毛，真的就有奇异的吸附效果。用1平方厘米的一小块就能支持起1千克的重物。

"这又让他玩成功了。穿上用这种材料制作的手套、衣服和鞋，就成了'壁虎侠'，一点不输给飞檐走壁的'蜘蛛侠'。"

讲座获得空前成功。一下来，郭教授就像明星一样被同学们围得水泄不通。

上帝粒子

今天的活动是参观正负电子对撞机。同学们"走出去"，到科研单位看看，特别高兴。

他们先到展室看有关展览：第一部分介绍人类探索物质结构的历史，从远古时代到近代对微观粒子的认识和发现的过程；第二部分介绍探索微观粒子的实验方法和仪器装置；第三部分就是正负电子对撞机的说明。

随后，在多功能厅，大屏幕上播放了简短的视频，大家对参观有了个大致的了解。

看完后，接待大家的研究员于老师介绍说："欢迎大家在开放日来参观。对微观粒子的研究，是物理学的一个重要方面。研究微观世界，用到的一个重要方法就是'碰撞'。我记得小时候玩'弹球'就是用大拇指把一个在手上的玻璃球弹出去，碰撞其他的球，我还有两下子，弹得很准的。"

于老师自己笑了，大家也笑了，科学家小时候也玩弹球，哈哈。

于老师接着说："不过，现在玩得高级了，可以打台球、玩保龄球。大家玩台球吗？"

有几个人举手示意。

玩弹球

玩台球

"没有玩过也一定看过，打台球首先是'准'，然后要考虑碰完后母球的位置，那就有好多技巧了。有的碰完被顶回来，有的碰完定在那里不动，有的碰完跟着向前跑，有的斜碰后分道扬镳。最好玩的就是开杆，一个球把一堆球打得满场跑。这里的学问可多了。"

大家听得津津有味，想不到研究员老师还是个行家。

"打台球很像微观粒子的实验，科学家研究微观粒子也喜欢'玩'碰撞。谁来做'母球'呢？谁来打呢？最初是用一些有天然放射性的矿物，它们能不断发出射线，就是一些微观粒子，靠它们来碰撞其他物质。20世纪初，英国科学家卢瑟福用放射性物质发射的 α 粒子射向金箔，让这些'母球'碰撞金原子，才发现原子内是个大空场，大多数'母球'什么也碰不到，只有个别的能碰到里面的原子核。大家知道，这个实验导致了原子核式结构模型的建立。

"原子核还能分离吗？里面有什么东西？到20世纪30年代，科学家用类似的碰撞方法，发现一种不带电的粒子，但是不知道是什么粒子。英国物理学家查德威克设计了实验，像打台球那样，让这种中性粒子当'母球'，分别去碰两种不同的原子。这样，用中学学习的弹性碰撞的公式，就能算出这种粒子的质量。他通过实验确认这是组成原子核的粒子，起名叫'中子'。这个发现破解了原子核内部构造之谜。

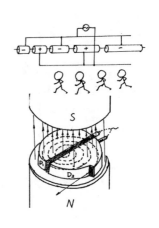

加速器

"用碰撞的办法来研究微观世界是不是很好玩？玩弹球时，如果用力大，发出的球速度大，就有可能把玻璃球撞碎。科学家也玩上瘾，继续碰，就要找威力更大的'母球'。所以，各种粒子加速器应运而生，直接用电场一级一级加速的叫直线加速器，用电场和磁场联合加速的叫'回旋加速器''同步加速器'等。

"粒子碰撞的速度越大，粒子被撞碎的机会越多，就有可能碰出新的成果。加速器使碰撞实验的水平上了一个台阶。但是，它的加速能力是有限的，在现有条件下，要想碰得更厉害，应该怎么办？"

下面马上有人回应说："对碰。"

"对呀！'母球'加速了，被碰的'靶球'别傻傻地呆在那里挨碰，也来个加速，迎面冲上去。对碰，那会有加倍的效果啊！"

同学们马上有反应。

董栋："交通事故里最严重的车祸就是对撞了。"

石童："飞机在空中飞行时，如果和飞鸟对碰，轻则飞机损坏，重则机毁人亡。"

向吉："所以，飞机场周围有专门设备驱赶鸟。"

文浩："在操场玩球，有时候两个球会在空中碰巧对碰掉下来，导弹拦截也有对碰吧？"

于老师："大家对碰撞知道得不少。这样普通的现象成为打开微观世界之门的重要手段。今天，大家要参观的正负电子对撞机，就是让正负电子对碰的仪器设备。它的外形像一个羽毛球拍，'球把'是200米长的加速部分，'球拍'是直径240米的圆形储存环，被加速的正、负电子进入环内，沿相反方向转圈，以接近光速的速度对碰。监测仪器记录实验中的蛛丝马迹。简单介绍这些，一起去参观吧。"

大家走进像隧道一样的通道。

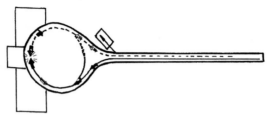

正负电子对撞机

"这是'羽毛球拍'的'球把'吗？"文浩问。

"是的。"

一眼望不到头，好长啊。

"正、负电子就在这里面加速？"文浩又问。

"是的。过去旧的电视机显像管里的电子枪发射电子也要加速。"

"里面有空气吗？"董栋问。

"里面是高真空，保证电子通行无阻。"

前面是弯道了。

"这是'球拍'部分吧？"向吉问。

"是的，叫'储存环'。正、负电子分两头，以相反方向进入，好像在一个跑道上一个顺时针跑，另一个逆时针跑。它们一边绕圆圈，一边不断被加速。"

"电子那么小，能碰上吗？"石童问。

"问得好。要使它们能碰上，一是要电子数量够多，在储存环里，电子不断转圈，不断积累，不断有新的伙伴加入转圈的队伍，就像汽车不断从辅路进入高速路，使车流足够大；再有，就是要保证电子要聚在一起，不能散开。当然，这些都有专门的设备在保障。"

"转一圈能碰上多少呢？"文浩问。

"不是这样算的。电子太小，数量太多，速度太快，每秒能有 125 万次碰撞。"

"哪能看得过来呀？"向吉说。

"真正有用的不多，只能对极少数有价值的碰撞结果进行研究。"

"怎样才能看见呢？"向吉关心这个。

"在碰撞的区域，有专门的仪器，相当有万双眼睛在盯着，保证不会漏过。"

参观这么大型的科研设备，大家还是第一次，兴奋地交谈着回到多功能厅。下面安排的是互动环节，于老师请大家提问题。

文浩："对撞机能不能换大的粒子呢？"

于老师："如果要加速大的微观粒子，比如质子，那就不是'打台球'的级别了，比如质子的质量是电子的1800多倍，就应该是'射炮弹'的级别。粒子质量越大，加速和对撞需要的能量就越大，'打台球'用人的力量，'射炮弹'就要用弹药爆炸的力量。2008年，欧洲核子研究中心建造成新的对撞机——大型强子对撞机，就可实现'炮弹级'的对撞。"

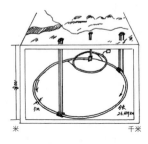

位于地下的大型强子对撞机

文浩："一定很大吧？"

于老师："它的环形管道的周长约27千米。"

向吉："哎呀！整个管道包含的范围把北京的整个内城都围在里面了。"

董栋："这么大能做什么实验呢？"

于老师："重要的实验就是寻找一种重要的粒子。你们听说过'上帝粒子'吗？"

石童："好像说是什么'扑克牌'里的最后一张'牌'。"

于老师笑了："听我讲它的故事。20世纪初科学家就发现有些物质有天然放射性，能发出几种微观粒子。来自宇宙的射线也是一些微观粒子。科学家还在实验中陆续发现电子、中子、质子等粒子。经过半个多世纪，又发现了不少新的粒子。到20世纪50年代，各种粒子也有几十种了，人们把这些粒子叫'基本粒子'。

"大家知道元素周期表吧，把已知的元素按性质分类排列，通过对表的分析解读，人们对自然界中物质元素的认识前进了一大步。而且，从排表的空格里，还可以推测未知元素的存在。为'填上'空格，人们努力去发现一个一个新元素。

"科学家给基本粒子进行分类，设计了一个'标准模型'。这个理论认为，在宇宙的开始，就是'大爆炸'发生时，形成了许多基本粒子。它们之间有4种作用力。按照'标准模型'，还应该有一些我们尚未发现的粒子。

"标准模型理论不足的地方，就是没有解释这些基本粒子为什么有质量？大家知道，物质有质量是物质的基本性质，但为什么会有质量？牛顿也没能说清楚。物质有质量是因为组成物质的微观粒子有质量，那么，微观粒子为什么有质量？科学就是'较真'，要'刨根问底'。

"为了弥补这点不足，早在1964年，比利时物理学家恩格勒和英国物理学家希格斯就在论文中设想存在一种特殊的粒子，它有赋予别的粒子质量这样的'本事'。同时提出预言的还有另外几位科学家。

"这样，加上别的没有被发现的粒子和这个好像有'魔法本事'的粒子，标准模型的'家族'就比较完整了。这个'家族'一共应该有61个成员。最近几十年，预测的粒子一个一个陆续被发现。到1995年，这个'家族'里只剩下最后一名成员没有被发现，就是能'给'大家质量的特殊粒子，人们叫它'希格斯粒子'。

"1993年，诺贝尔物理学奖获得者、美国科学家利昂·莱德曼和人合作写了一本科普书，他以幽默的口气，把一直未能发现的'希格斯粒子'称作'讨厌的粒子'，来表示对找不到这么重要的粒子的无奈。出版商不喜欢这个不好听的名字，把这个单词去掉尾巴，恰巧就改成了吸引眼球的'上帝粒子'。这个新名字不胫而走，知名度大增，全世界都知道了。

"到底有没有这个'上帝粒子'？为什么还找不到？科学家认为以前的对撞机碰撞的力量不够大，于是，就想办法造大个的，这就是刚才说的大型强子对撞机。这个'大家伙'是为找到'上帝粒子'重新研制的设备，它能把质子这样的大型粒子加速到接近光速（99.99999%）。想象一下，这些具有巨大能量的'炮弹'对撞，该是多么震撼，比动画、电影里那些飞机、火箭对碰激烈得多。据说，这能够模仿宇宙大爆炸初期的场景，这样才具备产生'上帝粒子'的条件。"

同学们听入迷了，急于想知道下文又有点紧张。

标准模型像一副牌

于老师："经过几年的实验，并对结果进行严格的审核验证，2012年，欧洲核子研究中心宣布发现了希格斯粒子。大型强子对撞机完成了这个艰难的任务。'标准模型'里的最后一张'王牌'出现了，'家族'成员终于凑齐了。这是粒子物理学研究的重大事件。

"2013年的诺贝尔物理学奖授给提出预言的两位科学家——恩格勒和希格斯。这离他们最早提出设想已经过去近半个世纪，两位获奖者都已经80多岁。他们等到了这一天，幸运地看到他们的预言被证实的时刻。

"而和他们一起提出设想的另一位科学家布绕特已经去世，没有能得奖。同时提出类似想法的另外几位科学家都还健在，但是诺贝尔奖最多只能发给三个人，所以他们没有得奖。但他们并没有遗憾，他们高兴的是自己几十年前的预言成为现实。而得奖的科学家也处之泰然，希格斯本人甚至不同意以自己的名字命名粒子，也反对用上帝的名义命名。

"科学家有一颗平常心，他们年轻的时候思想活跃，勇于提出自己的新奇想法，他们知道要得到证明需要时间。

"按理说，做实验证明的也应该获奖，那是好多国家的科学家组成的一个团队啊！就像你们参观看到的，任何一个部门都有科学家和工作人员，没有他们的共同协作，实验做不了。他们奋斗几十年，不断努力，默默地承受失败，也欣喜地看到成功，仅此而已。为什么？因为他们有兴趣，有追求，以此为快乐。"

会场的同学们深受感动，同时也为科学家终于获得成功庆贺。

最后是互动环节。

文浩发问："质量不是'天生'的，还要'别人'给，这是什么意思？"

于老师："我们知道，光子是没有静止质量的，能以光速运动。如果微观粒子都以光速运动，全都没有质量，就没有这个物质世界了。希格斯粒子就有能让其他粒子减速的'能力'。怎么减？理论认为，希格斯粒子周围有场存在，充满空间。其他粒子从这个场中经过时，就像过黏稠的糖浆似的，被黏住，速度减下来，于是就有了质量。质子、中子、电子有了质量，就有了原子，原子构成物质，才有了物质世界，也才有我们人类。"

向吉："好神奇啊！以光速飞行就没有质量，速度一减，质量就有了。"

董栋调侃说："希格斯粒子真不愧为'终结者'，简直就是万物的主宰，被叫做'上帝粒子'也挺合适的。"

文浩："有电场、磁场还有希格斯场？有吸引和排斥作用，没有听说有这种……叫什么？是'黏糊'作用？"

他的话把大家逗笑了。

于老师："不好理解是不是？前些年，英国的科学机构征集对希格斯粒子的通俗解释。有的科学家就打比方，说希格斯场像一间有许多人的房间，当其他人走进这间屋子，就会受到不同的'阻碍'。有名的人，因为好多人认识他，是他的'粉丝'，就要和他说话、合影、签名留念，按那位同学的说法就是被'黏住'了，名人就走得慢了，走得越慢获得的质量就越大。这算是一种解释，好玩吧。"

石童问："以前听说过'夸克'，'玻色子'是什么粒子？"

于老师笑道："这位同学知道的不少。基本粒子有不同的分类，'夸克''玻色子''轻子''胶子'等都是它们的名称。我们已经知道中子和质子分别由三个'夸克'组成，这就说明曾经认为不可分的'基本粒子'还可以再分。"

文浩问："发现这么多微观粒子有什么意义？"

于老师："从原子可分、原子核可分到基本粒子可分用了百余年时间，研究物质世界只有继续深入，没有终点。宇宙起源、大爆炸理论、黑洞、反物质和暗能量等研究领域，都要从微观粒子这里来加以研究。"

参观活动结束了，同学们热烈鼓掌表示感谢。

"今天的参观收获不小。"同学们都这样表达自己的感受。

"请进来、走出去"的活动大受欢迎。大家走进了前沿的科学领域，这里神秘的面纱被打开。复杂的、高深的现代物理实验，却用了简单的、中学生也能懂的道理。科学家也会玩，还玩出了名堂。

十四

成功的秘诀

阿拉伯神话故事《天方夜谭》里有一篇《阿里巴巴和四十大盗》。故事说在一个山洞里，藏有无数金银财宝，山洞有巨石封口，要想打开洞门，就要念口诀"芝麻开门"。

想一想，"玩家老师"是怎样领进门的？开始的时候，老师带领大家做什么？一个字，就是"玩"。这个"玩"字，就是打开科学"山洞大门"的"秘诀"，学习科学要"从玩开始"。两年来，大家特别高兴，玩得痛快，收获不少。

收获虽多，仅仅是"开始"。要继续下去，也还要高人指点。

俗话说："师傅领进门，修行在个人。"看到同学们的进步，老师倍感欣慰，现在是时候对大家"入门"以后继续"修行"进行指点。

玩家老师："在这段时间，大家学会玩实验了。下一步，要玩得有味道、有水平、有境界。今天，我再传授给你们新的'秘诀'，希望你们能好好领悟。"

会创新

老师开始讲故事："科学向前发展，就是不断创新，实验就是创新的基础。所以，我们'玩'实验也要学会创新。在探索中，要大胆怀疑，敢于提问，敢于发表自己的见解，敢于坚持，敢于改错，敢于做别人没有做的事。说说容易，做起来是很难的，有历史为证。

"在100多年前，19世纪末，一些物理学家认为物理学发展到头了，经典物理的一些基本理论已经很完善，不会再有什么新的、伟大的发现了。

"但正是在这时候，实验物理学家有了一系列新发现：

1895 年，伦琴发现了 X 射线。

1896 年，贝克勒尔发现放射性现象。

1897 年，汤姆生发现电子。

1898 年，卢瑟福发现 α 射线和 β 射线。

1898 年，居里夫妇发现放射性元素钋和镭。

1900 年，普朗克研究黑体辐射，提出'能量子'假设。

1905 年，爱因斯坦提出'光量子'理论。

"这些实验结果使发展了 200 多年的经典物理遇到了挑战，原来的一些理论，竟然无法圆满解释新的实验现象。当时，物理学界的老前辈、英国皇家学会会长，也就是你们已经知道的开尔文勋爵，把光传播的媒质'以太'是否存在以及热辐射现象中能量均分看作物理学上空的'两朵乌云'。法国科学家庞加莱则直接指出存在'物理学危机'。

两朵乌云

"许多物理学家陷入困惑，有的拒绝承认经典物理有危机，有的企图做一些小的修补，还有的指责新发现有问题。但是，也有不少的物理学家勇敢地面对事实，把'危机'看作物理学变革的机遇，认为要敢于冲破经典理论的束缚。

"1905 年，26 岁的爱因斯坦发表了他的'狭义相对论'，建立起高速（接近光速）运动物体的新规律。而后，在 20 世纪 20 年代，一批年轻的物理学家，研究微观粒子的运动，提出了描述物质粒子的'波粒二象性'理论，建立了量子力学。

"以相对论和量子力学为代表的新理论，使物理学实现了革命，从经典物理转变为近代新物理理论。这个革命的功绩一点不亚于牛顿建立的经典力学理论，被誉为物理学发展史上的又一座里程碑。

"有人把这段历史说成是'惊心动魄''激动人心'的年代。可见，在科学领域，创新与守旧的斗争，也是很激烈的。一大批年轻的科学家以他们的智慧和勇气冲在了最前面。"

大家舒了一口气。

"听得好紧张啊！"石童感慨万分。

"好多没有听说过。"向吉说。

老师："简单说，以前以牛顿力学为基础的经典物理是描述宏观、低速运动物体的规律，而新的理论是描述微观、高速运动物体的规律。"

"为什么会有人接受不了？"文浩不理解。

老师："你想，原来认为原子是组成物体的最小颗粒，原子不能再分了，现在从里面跑出来电子和放射线，怎么解释？原来，物体运动速度再快就说像'子弹飞'吧，现在这些粒子有的要以接近光速运动，怎么能一样？"

"有什么不一样呢？"文浩还问。

"起码观察、测量的方法不同。"向吉插了一句。

"还有时间变长了，尺子变短了，质量变小了。"董栋说。

"哦，听说过坐高速飞船到宇宙旅行，回来时地球上的同学都变老了。"石童笑着说。

"据说，爱因斯坦的相对论发表后，没有几个人能懂，是这样吗？"文浩再问。

"如果有了爱因斯坦小时候的想象——'跟着光运动'，应该能理解。"老师说："所以，创新的实验离不开创新的思维，创新的思维离不开想象。"

大家听得似懂非懂。但是，能让科学家像"罩着乌云"那样郁闷、不解，甚至抵触，有危机感，说明新的实验事实有多么大的威力啊，竟能把整个物理学界搞得天翻地覆。每个人都要作出自己的判断和选择——承认还是否定事实，都要作出回答——怎样解释眼前的实验现象？古诗说得好："山重水复疑无路，柳暗花明又一村"，只有按照新的实验事实来作新的解释。当然，这需要勇气，青年人不保守，少框框，富有想象力，必然承担起这个任务。

关于创新，精彩的故事太多了。

老师："我再说说人的想象力创新，人对光的认识过程就是最好的例证。

"'光是什么？'牛顿提出光是由光源发出的一种微小的粒子，人们把他的这种观点叫作光的'微粒说'。就像乒乓球训练用的发球机，把一个一个球发射出去。与他同时代的荷兰著名物理学家惠更斯在光的干涉、衍射实验中，发现光的传播和声音的传播以及振动在水中的传播有类似的性质，提出光是一种连续的波，人们称为光的'波动说'。两种学说都有自己的道理，也能解释一些光现象，彼此又不能说服对方，因此一直并存。

"到了 19 世纪，麦克斯韦预言有电磁波，赫兹用实验证明电磁波的存在，进一步证明光也属于电磁波，这样就使新的'波动说'占了主导地位。

"前面说到，到了 19 世纪和 20 世纪之交，科学家发现了光电效应等新的实验现象。在实验中，他们发现光是一份一份发射到金属表面把电子'碰'出来的。这样，支持光是连续传播的'波动说'遇到了困难。这时，普朗克在对热辐射的实验研究中，发现辐射的能量不是连续发出，而是一份一份发出的，于是起名叫作'能量子'。爱因斯坦受到启发，也对一份一份的光起名叫'光量子'。'一份一份'是什么意思？就是独立的一个一个微粒。

"于是，'微粒说'又重新具有竞争力。但是，这个'光子'很奇怪。说它是个粒子，可是没有静止质量，但是有能量，不然怎么能产生光电效应把电子碰出来。可是，没有质量，这个'能量'怎么算呢？原来把光看成电磁波的时候，光的能量大小是可以计算的，就是和表示波的性质的物理量频率有关。现在，这种光的粒子的能量大小却用波的频率高低来表示，你们说这样的'粒子'奇怪不奇怪？

"新的矛盾出现了。那么，光到底是粒子还是波？两种观点都有实验事实支持。

"面对对立的观点和不能否定的实验事实，危机出现了，怎么办？勇敢的科学家大胆突破了旧有的粒子和波互相对立的看法，根据新建立的物理理论，大胆发挥想象，提出光既是粒子又是波，起名叫作光的'波粒二象性'。

"哎呀！有人会认为，是不是科学家'黔驴技穷'了，这不是在'抹稀泥'吗？两个都对，两边都不得罪。哈哈！其实，'波粒二象性'不是简单地把两个对立的模型强行捏到一起，而是对两种观点做出彻底的革新，这里的粒子和波已经不是牛顿、惠更斯时代那样简单的含义了，要用新的近代物理学的理论才能解释清楚。表面看起来很荒谬、不可思议的观点正是新理论对实验结果作出的高水平的解释。

"300 多年来，人们对光的本质的认识经历艰难的探索。随着每一次新的实验事实出现，人们对光的认识就得到进一步深化。没有创新的想象力还会想不通呢。"

文浩："既然波不是普通的水波、声波，那么，粒子也不会像我们想象的像乒乒球一样的小颗粒吧？"

老师："受光的'波粒二象性'的启示，科学家对一些不是电磁波的'实物粒子'，如电子、氢分子、氦原子和中子等进行实验，发现它们也有波动性。但是，这些波动的特点是显示了'粒子'射到不同地方的可能性，就是大量粒子的分布呈波动性，被称为'概率波'。这种全新的'波'的概念才使认识微观粒子的'波粒二象性'达到了新的高度。"

文浩："太难以理解了，这不成了'百变金刚'了，一会儿一变，不可捉摸。"

老师："不会，粒子具有'波粒二象性'，在不同的情况下，有的主要显示出'波动性'，有的又主要显示出'粒子性'，是有规律的。这样非同寻常的想象不是凭空瞎想，是有实验事实作为基础的。但是，要是不能接受新的实验事实，或者想不出怎么解释，科学就不能向前发展了。所以说，这种认识的变革创新也是艰难曲折的过程。"

说完历史，老师把话题转向现在。

"近一个月来，根据安排，大家走出去了解现代科技的发展情况，各组可以说说你们的发现。"

董栋："我们参加了少年宫举办的机器人大赛，我们参加制作的健美操机器人获得二等奖。各个代表队的制作都很吸引人，机器人在未来会有大的发展。"

向吉："我们在区科技活动中心参观了3D打印机，而且学习了整个设计过程，亲自打印出复杂的玩具。"

石童："我们到航天中心，真是大饱眼福，看到各种火箭、飞船还有空间站。在航天培训基地，我们尝试了失重训练。我们还看到探月、登月及探索火星等未来的计划。"

文浩："我们参观了军事科学研究展，新式武器令人震撼。有无人机、激光武器、各式导弹、雷达系统、反导弹系统、潜艇、航母等，大开眼界。"

有的参观了计算机和信息工程展览，看到我们自己的北斗卫星导航系统。还有一些同学访问了从事材料研究的科学家，了解新材料的研究，包括常温超导材料、记忆合金、纳米材料、强磁性材料等。还有的专门走访同能源有关的部门，了解清洁能源的发展情况，如太阳能、风能、潮汐能、氢能的利用。

有的关心大自然、关心环保，调查了空气、水、土地、噪声等的污染和治理的新科技，特别是整治雾霾的"蓝天行动"和整治水污染的"水清行动"等。

大家走到科技的前沿，亲身感受到发展的迅速，只有不断创新，才能跟上时代，才能"玩出名堂"。

老师："大家还记得，以前提到的'实验意识'吗？创新也要有'意识'。你有没有好的主意、和别人不一样的新想法，想得出来想不出来，敢不敢大胆提出来，这就是在培养'创新意识'。创新不要怕出错，不要怕出丑，也要养成习惯。"

"初生牛犊不怕虎"，同学们纷纷晒出自己的创意。

董栋："太阳光是地球生命生存的基础，可惜利用率太低，要是有很多像凸透镜或凹透镜那样的设备能把阳光聚焦集中，再大范围联网，就能用上更多的太阳能。"

大家纷纷点赞。还有人补充说："用电最'环保'，维持电流要有发电机，能不能让地球这个大磁铁为发电作贡献。"

另一位同学接着说："我想设计新型电池，用新的'力'把正、负电荷分开。"

向吉："现在有'千里眼'能'看'宇宙的深处，但是还看不到边；'火眼金睛'能'看'微观粒子，但是看不到底。还有，占宇宙中绝大部分的是暗能量和暗物质，我想找到'看到'它们的新方法。"

石童："低温会使一些物质的性质发生改变，比如超导；高温也可以使一些物质改变性质，比如去磁、石墨变钻石。要是在常温下能控制物质的性质按需要变化就好了。"

文浩："为什么有极限？光速不能超，最低温不能超，但高温有界限吗？超密物质有界限吗？超真空里什么都没有吗？"

还有不少同学有自己的问题和想法。

老师："你们能想到一些新奇的主意，就是培养'创新意识'。从培养'实验意识'入手也是培养'创新意识'的好方法，玩的多、想的也多，新的想法就会冒出来。灵感不是凭空来的。"

2

有韧性

"玩家老师"给出的"秘诀"第二招是"有韧性"。

老师："什么是'韧性'？首先做什么事情都要有长性，做实验也不例外，同样要坚持。自然科学有一个广泛适用的定律——'能量的转化和守恒定律'。自然界的机械能（动能和势能）、热能、电能、光能、核能以及化学能、生物能等各种形式的能，可以互相转化而且总量保持不变。就是说能量不能创生也不能消灭，只能从一个物体转移到另一个物体，或者从一种形式转化为另一种形式。这是大家都知道的。

"这个涉及面这么广、包罗万象的定律，不可能只研究一个学科，必须有多个方面的合作、配合才行。

"早在 19 世纪，就有许多不同领域的学者、科学家甚至其他职业的人，在研究、探索'能量'，其中有医生、工程师、生理学家、工厂主、贵族官员等。他们分别从自己接触和研究的领域，发现或提出这个规律。

"但是，只根据一些现象进行推测、得到结论是不够的。'互相转化'还可以说说，'总量守恒'就不是说说就行了。你怎么知道有多少能转化为多少其他的能？必须有严谨的、数量上的实验证明，而这是很难做到的。

"著名的英国科学家焦耳，投入测定'能的转化的数量关系'的实验研究中。能的变化离不开做功。开始的时候，他利用'电流的热效应'测量电流放出的热量（像电热器），研究'多少电流做功'转化成'多少热'的数量关系。后来，他又用压缩空气做功使空气温度升高（像打气筒）以及用桨叶搅动水使水温升高（像螺旋桨在水中转）等方法，研究做功和热的关系。

"大家知道，做热学实验的难度是很大的。如果不能有效地防止热的散失（实验器材和周围环境的吸热、放热），实验就不可能准确。为了做到最大限度地减小误差，就要一点一点发现问题，一点一点改进，一次又一次地做。就这样，从 1840 年到 1878 年，

40 年为了测一个数

在将近 40 年的时间里，焦耳用各种方法反复做了 400 多次实验，不断取得越来越精确的数据，为定律的建立提供了科学的依据。"

向吉："就是课本上一带而过的'热功当量'。"

董栋："那是用一辈子的时间做一件事啊！"

文浩："老是重复一样的事，还好玩吗？现在肯定用不着这样了。"

老师："文浩的问题提得好。几十年做一件单调、乏味的事，能去做就不容易，还谈什么好玩？可是，有人不这样看。我接下来要说的是居里夫人。关于她，你们知道哪些？"

文浩："她是第一位获得诺贝尔物理学奖的女科学家。"

向吉："而且是两次获得诺贝尔奖。"

石童："她发现了放射性元素镭。"

董栋："她的祖国是波兰。"

老师："说得好。她青年时到法国求学，攻读物理学，毕业后从事物理实验研究。1896 年，法国物理学家贝克勒尔发现有些铀盐有放射性后，居里夫人和她的丈夫皮埃尔·居里就投入对放射性现象的研究。他们发现沥青铀矿的放射性比铀盐大得多，就想从沥青矿中提炼出这种放射性物质。经过艰苦的提纯，他们终于发现了新的放射性物质。为了纪念她的祖国，他们建议把这种新元素命名为'钋'（Po）。紧接着，他们继续寻找并浓缩放射性更强的物质，又发现了新的放射性元素'镭'（Ra）。这是轰动一时的大事。

"有些科学家由于没有看见提纯的镭而表示怀疑，居里夫妇又用了四年的时间提炼，终于得到了纯的镭盐，测定了原子量。又经过三年的努力，他们终于提炼出纯净的金属镭。

大锅熬出无价之宝

"要知道，这样伟大的成就是在极其艰苦的条件下取得的。什么是提炼？就是用大锅熬。他们在一个简陋的、不避风雨的棚子下，支起火炉，在大锅里煮矿渣。没有排风设备，任凭烟气刺激眼和鼻；没有搅拌设备，就用手拿着铁棍人工搅拌。就这样，他们硬是从8吨沥青铀矿石中，一锅锅熬，最后提炼出0.1克镭。这需要多么坚强的毅力和顽强不畏艰辛的努力啊。这是'韧性'的体现，不怕苦、不怕难。

"他们是怎样看待这几年度过的时光呢？居里夫人回忆起当年，每当他们晚上进入工棚还未开灯时，看见提炼出来的那一点点放射性物质闪烁的荧光，心里就感到无比欣慰。居里夫人说'那几年是他们最快乐的时期，在破旧小棚里有最甜蜜的回忆'。

"辉煌的成就带来了巨大的荣誉，居里夫人成为科学史上最杰出的女科学家。对可以给他们带来巨大利益的发现，她毅然放弃了申请专利。她说：'镭不应该成为任何个人发财致富的工具，它属于全世界。'这就是科学家的情感和胸怀。"

向吉："真是让人感动！我要把她的照片贴在我的观察实验本上，做她忠实的'粉丝'。"

董栋："提纯放射性物质还有被射线辐射的危险！"

石童："她说的'最快乐''最甜蜜'比我们说的'好玩'要高多了。"

文浩："很难想象，科学家怎么能在那样的条件下干那种活儿？"

老师："是不是不可思议？"

文浩："在我的想象中应该在干净舒适的实验室和研究室。"

董栋："有现成的、先进的自动化实验仪器。"

向吉："有大批助手帮忙。"

老师："大家不要认为物理学家做实验，都有现成的高级仪器。其实，自己动手制造仪器，是许多实验物理学家的专长。美国发明家爱迪生，他小时候在火车车厢角落的'小实验室'做实验，用的都是利用自己找来的废旧物品经过改造制作成的实验器材。他用玻璃瓶做绝缘体，用铁丝做电线，用布条缠绕做线圈的底衬绝缘材料，都是些非常简陋的东西。就拿他发明的电灯来说，为了选择合适的材料做灯丝，他试验了各种金属丝、炭精丝、碳化的棉丝、竹丝，甚至纸条碳化的灯丝等。前后试验了 1000 多种材料，都要自己到处找、动手做。

"英国剑桥大学著名的卡文迪许实验室的第一任主任，就是总结出电磁学理论并预言电磁波存在的大名鼎鼎的物理学家麦克斯韦。他主张实验要学生自己动手，他指出：'这些实验的教育价值，往往与仪器的复杂性成反比。学生用自制仪器，虽然经常出毛病，但他们却会比用仔细调整好的仪器，学到更多的东西。使用仔细调整好的仪器，学生易于依赖而不敢拆成零件。'有他的大力提倡，使用自制仪器就成了卡文迪许实验室的好传统。

"大家可能认为那是过去，没有好条件。其实，到 20 世纪初，进入研究微观粒子时期，科学家做实验的许多仪器还是自制的，有的还是用木制品。著名原子物理学家哈恩在回忆他和发现原子核式结构的科学家卢瑟福一起做实验时，说道：'我们用大的锡罐头皮做 β 射线和 γ 射线静电计，在它上面焊上更小些的烟草盒或香烟盒。绝缘用硫黄，因为我们没有琥珀。'你们能想到，有些原子物理的重要实验成果，就是在这样的实验条件下获得的吗？"

董栋："真想不到大科学家比我们平常人更能吃苦。我自己动手做，只是喜欢、好玩，真的没有想那么多。我建议，自己动手找器材、做仪器，到时候办个展览，大家互相交流。"

向吉："同意。我们找的材料大多数应该是被当作废品处理的东西，经过加工、组合就成为有用的仪器。今后我会多留意日常生活中的废弃物，有些可以留下来，以备不时之需。"

石童："把苦当成乐。我们现在的条件太优越了，相比起来，'玩'的境界低。"

文浩："真惭愧。想想我们还应该做些什么？"

老师："'有韧性'就是不但能坚持，还能吃苦、不怕困难。"

3

力求真

"玩家老师"的第三个"秘诀"是"力求真"。

老师："做实验是要'求真','求真'是讲科学。做实验的人就要做'真人'。什么是'真人'？我认为就是'老老实实的人'。"

老师停了一下说："我们就来看看科学家的态度。知道丁肇中教授吗？"

文浩："诺贝尔物理学奖获得者。"

董栋："在实验中发现一种新的粒子。"

向吉："在欧洲领导一个实验室。"

石童："是华裔，祖籍山东。"

老师："1976年，在瑞典斯德哥尔摩的诺贝尔奖颁奖仪式上，他用中文作了如下简短的发言。"

"国王、王后陛下，皇族们，各位朋友：

"得到诺贝尔奖，是一个科学家最大的荣誉。我是在旧中国长大的，因此想借这个机会向发展中国家的青年们强调实验工作的重要性。中国有句古话，'劳心者治人，劳力者治于人'。这种落后的思想，对发展中国家的青年们有很大的害处。由于这种思想，很多发展中国家的学生都倾向于做理论的研究，而避免从事实验工作。事实上，自然科学理论不能离开实验的基础，特别是物理学，更是从实验中产生的。我希望由于我这次得奖，能够唤起发展中国家的学生们的兴趣，而注意实验工作的重要性。"

老师："他强调做实验的重要性，这是科学的态度，就是在'求真'。要求真，自己心要'真'。

"他对自己从事的实验有一个比喻：'在雨
季，一个像波士顿这样的城市，一分钟之内也许要
降落下千千万万个雨滴，如果其中的一滴有不同的
颜色，我们就必须找到那个雨滴。'

"大家可以想象实验的难度，如果没有认真
求实的态度是做不成的。我想起网上关于丁教授
的故事。

寻找那一滴不同颜色的雨滴

"有一次，一位记者提问题：'我感觉您对自己每一个人生阶段都有很明确的
选择。比方说小时候对科学、对科学家感兴趣；大学时代，就锁定了要研究物理；
然后每做一个实验也是力排众议，自己坚持下来。一个人怎么能够每一次选择都能
这么坚定和正确呢？'

"丁肇中的回答却是：'不知道，可能比较侥幸吧！'

"记者又追问道：'在这里面没有必然吗？'

"丁肇中回答：'那我就不知道了。'

"记者还是不死心：'怎么才能让自己今天的选择在日后想起来不会后悔？'

"丁肇中依然回答：'因为我还没有后悔过，所以我真的不知道。'

"记者无奈：'我发现在咱们谈话的过程中，您说得最多的一个词就是我不知道。'

"丁肇中这次正面回答：'是！不知道的，你是绝对不能说知道的，在我们那
里这是绝对不允许的。知道就是知道，不知道的你不要猜。"

老师："怎么会有那么多的'不知道'呢？其实，这才是科学家的'真'。

"近些年，他在欧洲核子研究中心领导一个寻找暗物质的研究小组。大家可能听
说过这个词。我们以前认为，宇宙中的物质世界，就是由我们看得见的物质组成的。但
在几十年前，科学家发现宇宙中有的星系的引力比由它的可见物质产生的要大得多，
他们就怀疑，那里还有看不见的物质存在。它们不发光，电磁波不发生相互作用，所
以看不见、探测不到，是'隐身'的；但是有质量，就有引力，所以叫暗物质。

"寻找暗物质只能从引力的变化或它们自己碰撞产生的效果间接证明。暗物
质相互碰撞会产生大量正电子，发现正电子就可以间接证明暗物质的存在。20 多
年前，丁教授领导的团队就开始进行有关实验。为了避免干扰，他们是通过安放在

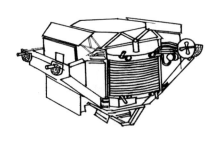

"阿尔法磁谱仪"要找"暗物质"

国际空间站上的大型仪器——'阿尔法磁谱仪'(AMS) 来探测太空中的正电子。几年来，实验已经取得很大的进展，他们收集到 540 亿个数据。要对数据进行分析，完成如此细致、枯燥和艰巨的工作，没有求真的态度和甘于寂寞的坚持是不可能做到的。

"既然看不见，对我们也没有影响，那么找暗物质做什么？大家不要小看它。根据研究，宇宙中看得见的物质，就是我们现在'看到'的地球、太阳系、银河系及其他星系等物质世界，只占宇宙全部物质的 4%，而看不见的暗物质占 23%，还有 73% 是神秘的暗能量。就是说，人类研究几千年，只接触到宇宙的很小部分，绝大部分没有被'看见'，我们还一无所知。如果证实暗物质存在，人类对物质世界的认识就要有重大的变化。

"另一位华裔诺贝尔物理学奖获得者、建设北京正负电子对撞机的倡议者李政道教授指出，在 20 世纪末和 21 世纪初，暗物质是现代物理学上空笼罩的一片乌云，它将预示物理学的又一次革命。

我们看看，面对自己熟悉的领域，丁教授怎样回答。

"有人问：'丁教授，请问您的 AMS 实验最终会发现什么？'

"'我不知道。'

"'您能预测不可知的引力是否有反引力吗？'

"'我不知道，确实不知道。'

"'您能保证您的 AMS 实验结论是正确的吗？要是找到的物质和您想象的正好相反怎么办？'

"'是呀，我也在想，到时候我发现的东西和今天所说的一点关系没有怎么办。我不能保证结论会正确，我只能尽自己最大的努力。我保证不会错，这句话本身就是错误的。哎，我不知道。'

"'您为什么老回答不知道呢？'

"'不知道就是不知道，不知道的东西不能回答知道，更不能猜。'

"在回答提问时，从丁肇中教授嘴里说出来的'不知道'起码得有几十个，丁教授的严谨态度简直到了常人不能理解的地步。然而，这就是作为科学家的丁肇中，他认为不知道的就一定要回答'不知道'。"

老师："这正应了孔子的话：'知之为知之，不知为不知，是知也'。"

文浩："科学家有怪脾气吗？"

向吉："不是脾气。越有学问的大科学家就越谦虚。"

石童："也不是谦虚不谦虚的问题。"

董栋："这是老师说的'真'。"

老师："我们真应该好好对照周围的'假'。"

说起"假"，大家深恶痛绝。

向吉："突出的表现是不诚实。作弊、抄袭、弄虚作假，骗人骗己。"

董栋："没有事实的胡编乱造，夸大成绩，掩盖过失。"

石童："热衷于'表演'，追逐名利，妄想通过'炒作'一夜成名的浮躁。"

文浩："最可气的是不问为什么就盲目轻信、跟风，甚至迷信。"

老师："这些现象腐蚀着社会风气。有些现象在学校内也有，影响很坏，应该引以为戒。我们做实验也要'防假'。"

文浩最近遇到一件纠结的事。

文浩："我先提个问题：温度高的水结冰快还是温度低的水结冰快？"

"还用问吗，当然是温度低的容易结冰。"大家一致回答。

文浩："我也这样认为。但是，为什么还提这个奇怪的问题？我在一篇文章中看到，非洲某国的一位学生说，有一次，他们几个同学做冰激凌，别的同学用的是凉牛奶等原料，他无意中用了热的牛奶等原料，分别放在杯子里，然后放进冰箱冷冻室。过了一会儿，打开冰箱一看，出乎意料，他的这杯比别人的先冻好。太不可思议了。于是，他又做实验比较，得出来热水比冷水先结冰这个反常的结论。

"我不相信他的结论，决定自己做试试。实验并不难做，直接把水放进冰箱的冷冻室就可以了。为保证在相同的条件下进行，我选相同的盛水的容器、倒进相同质量的水、放在冷冻室基本相同的地方，两杯水只有温度不同。

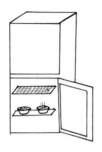

哪个先结冰?

"我用过瓷碗、搪瓷盘、玻璃杯,水温用过 10℃和 25℃、25℃和 35℃、25℃和 50℃、25℃和开水等多种搭配。除了用水,还用了牛奶、豆浆来做。做完后,你们猜是什么结果?"

大家一致回答:"热水先结冰。"

文浩:"错。没有一次是热水先结冰。每次做都希望能做成,结果事与愿违。"

向吉:"没有办法,尊重事实吧。"

文浩:"可是,人家那是发表在报刊上,而且有权威人士肯定的。"

董栋:"是不是做的条件不同。比如容器的大小、形状、深浅,以及敞口还是有盖子,水量多少,冰箱冷冻室的温度情况等。"

文浩:"只好从这些地方找原因了。不过,人家发现的规律却在我这里碰钉子,因此心里很纠结。"

石童:"没有必要。尊重事实。那个'规律'并不普遍,起码没有包括你做的情况。"

董栋:"我建议,我们大家回家都去做,人多了,各种情况都会发生,没准会出现不同的结果。"

大家一致同意。

老师肯定大家的想法:"'真'才是大自然的正道!'求真'是我们要努力追求的!"

高境界

"玩家老师"在屏幕上打出一张彩色照片，开始了他的最后一课。

老师满怀深情地说："这是一个令人难以忘却的形象。在人们的眼中，他只出现在轮椅上，他的身体不能动，头靠着椅背，歪向一边。但是，使人更加印象深刻的是那张脸，那张带着笑容的脸。透过眼镜，可以看见他善良、充满智慧的目光；通过这目光，可以'看到'他的大脑，一个比正常人还要活跃的大脑；何止是活跃，更是博大，因为在那里面能容下宇宙。你们说，他是谁？"

"霍金。"大家齐声答。

"对，英国物理学家霍金。他曾经三次到过中国。"

照片下有对霍金的介绍。

斯蒂芬·威廉·霍金，1942年1月8日出生。小时候就对操控模型着迷，做了许多飞机和轮船模型。17岁进入牛津大学学习，后在剑桥大学获得博士学位。

在大学的后期，他患上了被称为"渐冻症"的不治之症，这种病使人的肌肉逐渐萎缩并丧失功能。在28岁的黄金年龄，他就因病坐上了轮椅。

41岁时，他因肺部疾病被割开气管而丧失语言能力。但是，病情还在发展。后来，他只能

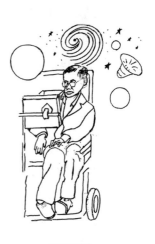

他在"飞翔"

用三根手指控制特制的电脑来选择字母、单词造句，看书要靠机器翻页，看资料要靠别人把资料一页一页地摊开在桌上，移动轮椅去看。再后来，他只能靠一台电脑语言合成器，用眼睛来控制，通过电脑发声来表达思想、进行交流。

几十年过去了，他不仅没有像预言那样只能活几年，顽强地活下来，还做了一般人做不到的事。

霍金致力于物理学和天文学研究，特别是对黑洞的研究取得了令人瞩目的成果。在宇宙起源、大爆炸理论、粒子理论及时空理论上，他都有深入的探索，作出了杰出的贡献，被誉为"当代的爱因斯坦"。他的著作，有大家熟知的《时间简史》《果壳中的宇宙》等。

他的著作发行量非常大。如此艰深的理论物理问题，竟然在全世界拥有众多读者，令人难以置信。

老师充满感情地说："一个全身瘫痪、几十年坐轮椅的人，虽然身体残疾，但是他的思维可以像鸟儿一样自由翱翔。他虽然不能亲自动手做实验，但是丰富的想象可以帮助他设计和'完成'宇宙实验。他的想象指引我们去认识时间、空间、宇宙起源等一系列根本问题。"

老师停了一下，强调说："想象力是如此重要，不仅对霍金，对我们也是至关重要的。我们提倡'创新'，没有想象就没有创新，而想象力的培养必须从小做起。

"大家知道伟大的物理学家爱因斯坦创立了相对论。前面提到他在小时候想的一个极有童趣的天真问题：'如果一个物体跟随光一起运动会发生什么事情？'这样新奇的想象，把他带上了科学的巅峰。所以，他说：'想象力比知识更重要，因为知识是有限的，而想象力概括着世界上的一切，推动着进步，并且是知识进化的源泉。'

"同学们，其他的'秘诀'要你们自己体会、自己找，惟独这一条，我要明确指出来，一定要开发、培养想象力。趁着年龄小，要给'想象'有足够的时间和空间，千万别让繁重的负担扼杀了美好的想象！"

屏幕上继续介绍。

2003年5月，当他刚在北京科学会堂作完学术报告时，一位年轻的女记者提出了一个问题："霍金先生，疾病将您永远地固定在轮椅上了，您难道没有为自己已失去太多而悲伤过吗？"

霍金脸上挂着微笑，缓缓地抬起手臂，用不大灵便的手指，艰难地敲击着胸前的键盘，宽大的投影屏上，缓慢而醒目地显示出了下列几行文字——

"我的手指还能够活动，

我的大脑还能思考；

我有终生追求的理想，

有我爱和爱我的亲人和朋友；

最重要的是我还有一颗感恩的心……"

骤然间，肃穆的会场上再次响起如潮的掌声。人们纷纷拥上台前，向这位坦然面对磨难、挑战困境并不断铸就辉煌的人生斗士，表达深深的敬意。

他经受了难以想象的痛苦，作出了难以估量的贡献，又给出这样令人难以置信的回答，这就是科学精神的伟大力量。

老师总结说："这是一种精神，也是科学家达到的一种境界。霍金在全世界有许多崇拜者，可以称为'金丝'，我们也是'金丝'。我们也要有目标，就是提高我们的科学素质，包括科学态度、科学方法、科学思想、科学精神。你们要以科学家为榜样，热爱科学，为科学奉献，这就是我给你们的最后一个'秘诀'。"

"同学们，飞翔吧！在无限的时空！"

"玩家老师"慷慨激昂、充满深情地结束了讲话。

结尾的话

时间过得真快，科学实验小组的活动要告一段落，我们的主人公有什么收获呢？

董栋，这位"动手迷"通过学物理、做实验，不仅动手玩得更专业、更熟练，在其他能力上也有长进。他动手做了一批实验器材，实验做得更多、更好了。同时，他还运用所学的物理知识，搞了一些小发明、小制作，有些参加了展览，有些还得了奖。他的口头语多了一句："玩实验使我可以动手做科学。"

"相机"向吉从玩实验中懂得了科学的观察方法和思维方法，观察能力进一步提高，她的格言在"观察是学习的源泉"之后又再加一句："实验观察是袖里乾坤"。使她引以为荣的是她观察到的有价值的现象、场景越来越多，记录也从笔记本提升到用电脑和多媒体手段。她雄心勃勃，要记下（拍下）最美的实验现象，积累成册。

凡事要问为什么的文浩，一直显示着自己提问的特长，从"提出问题就是解决问题的一半"更进一步，"问题要层层深入直到完全解决"。他把提问题和其他能力有机结合，形成一套实验探索的提问方法，把积累的问题整理成集，帮助大家学会问为什么以及怎么问。

石童在有丰富知识面的基础上，经过玩实验的一系列活动，觉得学得更扎实了，从"什么都想知道"发展到"知其然知其所以然"。她把这两年的探索收集整理成调查报告、资料和小论文，"百事通"要变成"事事通"了。

说起"科学实验小组"，大家都异口同声地说是学习和探索的好地方，真是"众人拾柴火焰高""三个臭皮匠赛过诸葛亮"，参加每次活动都特别兴奋、愉快，是一个令人难忘的团队。

现在同学们不觉得实验神秘了，喜欢做实验，学到了物理实验的知识、技能和能力，当然，物理课也学得好，成绩明显提高。

对学生们的进步，"玩家老师"喜形于色。除了在物理课上的变化，他更关注同学们课外的和内在的变化。他发现同学们更加热爱大自然，主动走近大自然、关心大自然、爱护大自然。他还发现同学们热爱生活、关注社会生活、关心家庭生活，关心他人，感受到他们的朝气、活力、好学精神和勇于实践的精神，科学素质的形成和培养在潜移默化地影响他们的言行。

王老师感到十分欣慰。"从玩开始"的活动宗旨和安排受到同学们的欢迎，取得显著的成效。教学相长，小组的活动和同学们的表现对自己也有启发和帮助，从同学们的身上也学到了很多。

学无止境。

后记

这本书终于出版了。写书的想法起始于 20 多年前，我在一篇教学论文（获北京市物理教学论文一等奖）中提出：在初中物理教学中要培养学生的观察、实验、联系实际和思维能力。论文的基础是自己从事物理教学和课外小组活动的经验总结。

我在 1988 年写出第一部书稿《怎样培养物理观察能力》，并把书稿寄给了中央教科所的研究员汪世清先生，征求意见。当时，我只知道汪先生主持过物理教师的进修活动，并无交往。没有想到，不久后就收到汪先生长达十几页的回信，他对书稿给予充分肯定和热情鼓励。1991 年，该书由广东教育出版社出版，汪先生作序。

接着我就计划写后面三本。但是，由于工作太忙，计划一直不能提上日程。直到 1995 年年末，才开始第二本《怎样培养物理实验能力》的初稿的构思，并于 1996 年 4 月开始动笔。经过 4 年多时间，到 2000 年 8 月写完了 25.8 万字的初稿，准备退休后修改。但 2003 年我经历了一次手术，两次住院，几乎打消了继续的念头。

在休息恢复期间，空闲的时间多了，身体状况还稳定，我又有了继续的想法。但是，要改稿不是件简单的事，经过对自己身体和精力、时间的分析，才决心做下去，并在 2004 年元旦正式开始重写。说是重写就是几乎把初稿推翻，原来偏理论的叙述，形式也比较死板。于是，我重新设计，改成通过科学实验小组的活动来呈现原有内容，并把其他两项能力——"联系实际能力"和"思维能力"的培养也融入书中（不可能再单独写了）。这完全是一本新写的书。我在计算机上打字，代替了在稿纸上动笔。

这样，我又用了 3 年时间，2007 年完成初稿，起名《学会做物理实验》。

随后，请人画插图，联系出版社，一下又过去 3 年。

面对科学的迅速发展和学生的实际情况的变化，自己对第二稿并不满意，决心要改，而且要大改。于是，从 2010 年 5 月起，我重新构思，打乱原有的结构体系和写法，改成有具体人物，有活动场景，构成一个个由实验联系起来的生动活泼的故事，书名也变为《从玩开始》。

画插图是个大问题，我只能先画出草图，表明我的意图，再请人画。但后来由于各种原因，实际成书中的绝大多数插图均由我这个外行自己绘制。

到了 2013 年，承蒙科学普及出版社杨虚杰老师的大力支持，我对书稿做了进一步修改。2017 年，本书出版项目获得了"北京市科协科普创作出版资金资助"。

这本书出得不容易，前后共写了 4 稿，历时近 20 年时间。我把自己终身从事的中学物理教学和教育的一点体会和经验回报给教育事业，实现了我的心愿。

在此，我深切地怀念汪世清先生，感谢他的知遇之恩，增强了我写书的自信心。本书中"三动"的观点就是他提出的，在写作中汪先生还提供物理学史方面的资料和其他帮助。

我要感谢北京市西城区教育研修学院郭震伦老师和李隆顺老师。我的《怎样培养物理观察能力》一书，受到他们的好评并向本区的物理教师推荐，这给予我莫大鼓励。郭老师还认真仔细审阅了书稿。

我要感谢我的母校首都师范大学教科所原所长乔际平老师，他聘请我参加首师大负责的教育部高层次教材初中物理教科书的编写组，后转为北京市初中物理教材编写组。参与编写教材，使我开阔了眼界，学到不少东西，对写作有很大帮助。

我深深体会到：教师的教育教学思想、观点、方法、经验、成绩来自和广大学生共同参与的教育教学实践，教师离不开学生。我在退休前一直在北京市月坛中学工作，那里的同学们积极参与的学习活动提供了本书的素材，许多场景就是同学们学物理生动、真实的写照。我要感谢我的学生们。我的学生王文琍为本书主要人物设计了生动的形象。月坛中学物理实验室虞红老师为本书的许多实验提供了帮助，在此也一并感谢。最后，我要感谢为本书出版付出辛勤劳动的各位编辑。